CARLOS PONCE B.

Además, soy empresario en la Bolsa

CARLOS PONCE B.

Además, soy empresario en la Bolsa

LID

MADRID | CIUDAD DE MÉXICO | BUENOS AIRES | BOGOTÁ
LONDRES | SHANGHÁI

Biblioteca SNX

Editado por LID Editorial Mexicana
Homero 109, 1404, Colonia Chapultepec Morales, Ciudad de México, 11570
Tel.+52 (55) 5255-4883
mexico@lidbusinessmedia.com - LIDeditorial.com - LIDlibros.com

A member of BPR

businesspublishersroundtable.com

Primera edición: octubre de 2017
Segunda edición: septiembre de 2019
Quinta reimpresión: marzo de 2025

ISBN: 978-607-8704-02-6

Corrección de estilo: Diana Goldberg
Diseño de portada e interiores: Edgar A. Reyes

Impreso en México / Printed in Mexico

Dedicatoria

Para mi esposa Marthita,
lo mejor que nos ha sucedido a mí
y a *Semilla, Charly* y *Bru* (nuestros hijos)

Su amor y apoyo incondicional solo puede
ser correspondido de la misma manera.

Desde mis primeros acercamientos a las finanzas bursátiles, los libros de Carlos Ponce han sido un gran apoyo para entender el mercado mexicano; él me permitió aprender que la disciplina es el valor más importante para tener éxito en las inversiones. Desde entonces me propuse compartir el conocimiento y la filosofía de que la Bolsa es para todos y que no se necesita tener un gran capital o un doctorado para participar en este mercado. Carlos Ponce fue una inspiración para avanzar en el mundo bursátil con la convicción de fomentar los beneficios que conlleva participar como empresario de grandes compañías que están a diario en nuestras vidas.

Eduardo Daniel González Ortiz
Trader de Equity, Punto Casa de Bolsa
Candidato de Nivel 2 en el CFA Institute

Fue un gusto tener a Carlos Ponce en nuestras aulas. Gracias por todo lo que nos dio, desde conocimientos en materia financiera, hasta aquellos en el ámbito personal. Espero siga ilustrando a generaciones posteriores; profesores como él y cátedras como la suya debería haber más en todo el país.

Diana Piña Cruz
Exalumna FCA (1ª generación materia
Inversión Patrimonial)

Gracias por su tiempo y por compartir su conocimiento y experiencias con nosotros. Gracias por ser una inspiración para mí y demostrarme que claro que pueden alcanzarse los sueños, solo se necesita saber hacia dónde vas. Espero verlo pronto y demostrarle cuán importante fue para mí su cátedra y lo que tanto aprendí de usted.

Guadalupe Beristáin Martínez
Exalumna FCA (1ª generación materia
Inversión Patrimonial)

Invertir en la Bolsa no es un tema que deba tomarse a la ligera, tal como lo menciona el profesor Carlos Ponce: "hay que hacer la tarea", es decir, jamás dejar de investigar, estar al tanto del mercado, las empresas y las tendencias; no se trata de apostar en la Bolsa, sino de invertir de manera estratégica e inteligente.

Juan Alberto Vargas Chávez.
Director, FABRICMET

Gracias por inspirarme acerca de estos temas, de lo que me gustaría lograr; estoy dispuesta a hacerlo. Gracias a esas clases maravillosas, que más que solo clases de finanzas, fueron clases de vida. Espero encontrarlo en otro semestre para seguir aprendiendo.

Adriana Vázquez
Exalumna FCA (1ª generación materia
Inversión Patrimonial)

Te agradezco inmensamente; tus aportaciones me han servido muchísimo para reflexionar y, sobre todo, para comenzar a crearme una actitud que me lleve al éxito.

Álex Juárez
Exalumno FCA (1ª generación materia
Inversión Patrimonial)

Conocí a Carlos en la FCA-UNAM y la primera impresión que me lleve de él fue que es una persona apasionada por lo que hace y eso, aunado a su vasto conocimiento sobre el mercado financiero, logró generar en nosotros, como alumnos y futuros profesionistas, la conciencia de la gran oportunidad que representa el mundo bursátil para los jóvenes. Aprecio profundamente que él comparta su conocimiento y experiencia, ya que este es uno de los caminos para, paulatinamente, transformar a México.

En su introducción me agradó que mencionará lo referente al equilibrio de vida, ya que desde mi punto de vista es algo de suma importancia cuando se inicia una vida profesional en cualquier ámbito.

Luis Alejandro Santillán Vergara
HR Trainee, Firmenich (Suiza)

Gracias de todo corazón por tu interés en enseñarnos a ver la vida de otra manera; gracias por el apoyo incondicional. Hubo clases en la que me hiciste entender muchas cosas.

Adriana Fernández
Exalumna FCA (1ª generación materia Inversión Patrimonial)

Carlos fue mi profesor de Inversión Patrimonial, una de las mejores clases que se imparten en la Facultad de Contaduría y Administración. No solo nos transmitió el conocimiento técnico para invertir, también nos compartió sus experiencias, lo cual para mí tuvo un peso mucho mayor. Por eso, estoy segura de que una vez que hayan terminado de leer este libro comprenderán que no es tan complicado invertir en Bolsa o en algún otro instrumento financiero como piensan todos (los que no tienen noción), y optarán por actuar para hacer crecer su patrimonio.

Ivonne López
Asesora de SGMM, JANEM
Consultoría en Administración de Riesgos

Me parece que ha sido la única clase a la que he asistido en la que veo a todo el mundo prestando atención y que no se están durmiendo. Esta fue una clase diferente, el profesor siempre motivándonos. La actitud marca la diferencia y veo en él a una persona íntegra. Qué buena suerte haber quedado en este grupo. Te vamos a extrañar los próximos semestres.

Vannia Vera
Exalumna FCA (1ª generación materia
Inversión Patrimonial).

Carlos, has sido en verdad hasta hoy el mejor profesor que he tenido. Vi el mundo de las finanzas como algo más tangible y cercano. Te admiro y eres la clase de persona que algún día me gustaría ser.

Ian Pood
Director y fundador,
Pood Travel y Pood Travel TV

Estimado Carlos, solo puedo decir que me siento afortunado de haberte conocido y tratado. Es un privilegio tratar a alguien como tú, alguien que la primera vez dices ¡auch!, un empresario de talla internacional; y seis meses después tienes el placer de decir que conociste un ser humano en toda la extensión de la palabra, muchas gracias por todo y que siga el éxito.

Santiago Fernández Mendoza
Exalumno FCA (1ª generación materia
Inversión Patrimonial)

Excelentes libros, excelente clase, excelente profesor, excelente ambiente... Simplemente lo mejor que puede encontrarse en una universidad. ¡Gracias por todo!

Teresa Castillo
Exalumna FCA (1ª generación materia
Inversión Patrimonial)

Siento un enorme gusto de haberte conocido; eres una persona increíble, muchas gracias por tus consejos, los conocimientos, obsequios, esfuerzo, la oportunidad de presentarnos a grandes personalidades del mundo bursátil y, sobre todo, por el tiempo que nos dedicaste. Tu compromiso con la universidad y los jóvenes es incomparable.

Óscar Eloy Alavez Ruiz
Exalumno FCA (1ª generación materia
Inversión Patrimonial)

«Mil excusas y ninguna buena razón.»
Mark Twain

El libro que tiene es sus manos se publicó a finales de 2017 y hoy forma parte de la **Biblioteca SNX, Constructores de patrimonio**. Los otros dos (al día de hoy) se titulan: *El riego es no invertir en Bolsa* y *Estudiar, trabajar y ahorrar no es suficiente... ¡Invierte en Bolsa!* Aunque todos se relacionan con la inversión bursátil, su contenido es distinto y, por lo tanto, complementario. Le aseguro que su lectura es fácil, le ayudarán a eliminar grandes mitos sobre la inversión bursátil y le abrirán los ojos a una realidad que, por desgracia, muy poco mexicanos conocen en nuestro país.

Evaluamos la necesidad de actualizar las cifras e información de las tres publicaciones de la Biblioteca SNX, sin embargo, preferí no hacerlo, ya que no necesitan tablas o gráficas recientes (que casi tendrían que actualizarse todos los días) para validar las lecciones que contienen. Cuando escribo una obra mi objetivo es que sea atemporal, que los capítulos que contiene no sean importantes por las tablas y números que incluye, sino por el mensaje que transmiten y la reflexión a la que invitan, en cualquier momento. Por otra parte, los comentarios expresados por directores de distintas instituciones sirven para fortalecer el valor del contenido de cada texto y dan testimonio de la historia y evolución del mercado de valores y de algunos de sus actores.

Inicié mi desarrollo profesional en 1985. Había terminado la carrera de Contaduría Pública y trabajaba en el despacho del mismo giro que mi papá había fundado varios años antes (Buró de Consultoría Empresarial). Todo apuntaba a que mi destino sería continuar con su legado. Una tarde me recomendó trabajar un año en la iniciativa privada, otro en el gobierno y otro más en el sector financiero para tener experiencia.

Como siempre, sus recomendaciones me han sido de gran valor, así que comencé a «tocar puertas». Tuve éxito en una entrevista laboral que me permitió ingresar al área de Análisis de una Casa de Bolsa (Somex). Descubrí así una actividad que me apasionó y en la que participé en instituciones de gran renombre, locales e institucionales, encabezando equipos de Análisis y Estrategia de Inversión. Llevo años promoviendo la inversión bursátil en México, convencido de su valía en proyectos de equilibrio de vida. En 2018 decidí «predicar con el ejemplo». Siempre he dicho que la inversión en la Bolsa te ayuda, en el tiempo, a alcanzar grandes objetivos, como por ejemplo iniciar un negocio independiente o retirarse a una edad temprana. Con la bendición de Dios, el apoyo de la familia, la confianza de amigos y ahora socios, José Luis Ramírez y Alexandro Santillán, la inversión en la Bolsa me sirvió para iniciar un proyecto propio. Nuestro objetivo: seguir promoviendo con más fuerza la inversión bursátil en México desde una situación que refleje mayor congruencia y completa alineación de lo que decimos con lo que hacemos.

Cuando fundamos la empresa SNX, Constructores de Patrimonio, nuestro objetivo fue romper paradigmas. Las siglas SNX son la abreviación de la frase, ¡*Sin excusas*! Es corta, pero dice mucho sobre la actitud que enmarca la comunidad de este proyecto: familia, amigos (clientes) y socios.

No existe una actividad más importante en la vida que la correcta administración de nuestro tiempo. Esta determina la calidad de nuestra vida. El tiempo es perecedero, no puede guardarse. Es insustituible, no existe nada igual. Es irreparable; una vez que se va o se desperdicia, no puede recuperarse. El tiempo es indispensable, especialmente para el logro de cualquier objetivo. Por eso, nuestra imagen institucional incorpora en su diseño un reloj de arena que recuerda la importancia del tiempo en un sentido amplio. Téngalo muy presente durante la lectura de este libro, y de los otros, de la Biblioteca SNX, Constructores de Patrimonio.

Agradecimiento especial

«Si caminas solo, llegaras más rápido. Si caminas acompañado, llegaras más lejos.»
Proverbio chino

Imposible terminar la actualización de este libro sin agradecer a Héctor Madero Rivero, Presidente y Director General de Grupo Financiero Actinver, la invitación a realizar proyectos conjuntos. Encontramos una coincidencia absoluta en difundir y llevar a cabo distintas actividades que permitan entender la gran oportunidad que representa para los mexicanos participar en el mercado accionario, lo que encendió de inmediato nuestro entusiasmo por tener una alianza estratégica con tan reconocida institución y, sobre todo, con los individuos tan extraordinarios que hemos conocido en Actinver.

Carlos Ponce Bustos

Gracias a la explosión de la tecnología de información y a su democratización, México ha sufrido una gran transformación en las últimas tres décadas. La hemos visto prácticamente en todos los frentes, incidiendo en lo social, incluyendo efectos en lo económico y, por supuesto, afectando también el aspecto político. La interrelación entre estos ámbitos ha hecho que se generen adicionalmente otras adecuaciones, en particular en los usos y costumbres de la sociedad. En solo unos años vemos formas muy distintas en la manera en la que se relacionan las personas entre sí. Vemos también cómo los trabajadores y los empresarios tienen maneras diferentes de abordar su quehacer laboral, lo cual se manifiesta en la necesidad de presencia física en el lugar de trabajo y en las herramientas que usan para efectuarlo. El esparcimiento ha migrado también, la era de la información inmediata y la cultura de satisfactores de muy corto plazo han producido un crecimiento en la movilidad de la gente y una diversificación en las actividades recreativas.

Desafortunadamente, no podemos decir lo mismo en cuanto a la manera en que la gente administra sus recursos financieros.

El sistema financiero también ha cambiado. Ha adoptado la tecnología como un aliado en aras de alcanzar mayor eficiencia y también como una base para ofrecer mejores servicios a sus clientes. Pero los cambios de los inversionistas han sido menores. Si bien ha habido algún grado de transformación, es doloroso aceptar que, en el frente de inversiones y servicios financieros, falta mucho para que podamos decir que aquí también ha ocurrido una democratización.

Nuestro país sigue siendo una economía donde hay un sector informal extraordinariamente grande; la población, por ende, se encuentra subbancarizada. Ni qué decir de servicios más «sofisticados», como instrumentos de inversión, donde aún hoy en día el nivel más complejo que suele considerarse es el de un fondo de inversión. Invertir en el mercado de deuda, en capitales, commodities, instrumentos estructurados, etcétera, pareciera todavía un universo lejano para el ciudadano común.

Estos primeros instrumentos, los fondos de inversión, han sido una herramienta extraordinaria en la evolución de los sistemas financieros internacionales. En México han tenido un crecimiento muy importante, pero no han llegado a ser el detonante que otras economías han aprovechado. Sí, las Afores y los sistemas de pensiones han puesto su granito de arena, pero en el gran contexto, es solo eso, un granito. Los demás instrumentos son opciones que un ciudadano promedio considera lejos de su alcance, pero si comparamos la penetración de estos y el tamaño de los mercados con el tamaño de la economía y de la población, es claro que hay mucho espacio para aprovechar.

Esto último es válido para ambas partes. Para las instituciones financieras existen vetas de negocio que deberían crecer explosivamente en el futuro cercano; y los inversionistas, sean empresas o personas físicas, podrían aprovechar una gama más amplia de instrumentos que les permitan obtener mejores rendimientos con un perfil de riesgo adecuado, u obtener financiamientos con costos mucho más competitivos.

¿Qué es lo que falta? ¿Cómo podemos hacer para que nuestro sistema financiero se desarrolle a la par de su potencial? Creo, sin miedo a equivocarme, que la solución es sencilla: educación.

Necesitamos más cultura financiera y conocimiento de los mercados entre los inversionistas individuales, a fin de que puedan considerar opciones de inversión más allá de un pagaré a plazo. Es necesario crear conciencia entre empresarios y emprendedores de que las opciones de financiamiento para las compañías son más diversas que un crédito bancario. Unir la necesidad de ahorro e inversión de las personas físicas con la necesidad de financiamiento de las empresas es, finalmente, cerrar el círculo que permitirá un desarrollo sano y armonioso del mercado.

Por supuesto, ver más allá de la «tasa libre de riesgo» para un inversionista individual requiere primero conocer sus opciones, entender cómo funcionan, y estudiar su operación y métodos para poder adquirirlas.

Llama la atención el desconocimiento sobre el mercado de capitales. Usualmente se le concibe como un espacio para especular o apostar, y no como un lugar en donde podemos comprar una proporción de empresas de acuerdo con lo que pensamos, como inversionistas, que será un buen negocio en el futuro. Al final del día es un mercado tal como el de la esquina, sujeto a las leyes de oferta y demanda y a los cambios en el entorno económico. Asimismo, tenemos que entender que, al convertirnos en dueños de una parte de la empresa que elegimos, tenemos la misma clase de derechos que los grandes socios, y también estamos al final de la fila en cuanto a las obligaciones comerciales, laborales, financieras y fiscales de «nuestra» empresa. Asumiendo que estos riesgos suponen un mayor rendimiento, tenemos que medirlos y decidir cuánto de nuestro dinero puede colocarse en este tipo de inversiones y cuánto en opciones menos volátiles. Conocer la teoría para construir un portafolio de inversión es útil aquí y nos ayudará a no encasillarnos en un solo tipo de activo, como el pagaré a plazo antes citado.

Carlos Ponce ha sido un promotor de las bondades de los mercados financieros desde hace muchos años pero, sobre todo, ha sido un impulsor de la cultura financiera en México. Lo ha hecho a través de su labor diaria como analista, mediante la publicación de un buen número de libros y también en su participación como docente en la máxima casa de estudios de nuestro país. Con él comparto el optimismo y entusiasmo sobre el futuro de los mercados financieros en México y, sobre todo, la visión de que es con educación con lo que verdaderamente lograremos avanzar hacia un sector financiero desarrollado en congruencia con su potencial. Es natural que la evolución de nuestra población y de la economía nos lleven de la mano hacia una mayor integración de la actividad productiva, regulación e inversión. Eso sí, aquellos que mejor lograrán aprovechar estas oportunidades serán quienes tengan un conocimiento, al menos básico, de cómo funcionan los mercados, qué ofrece cada tipo de instrumento de inversión y cómo balancear nuestras decisiones de inversión y financiamiento en un entorno dividido entre riesgo y rendimiento.

Estoy seguro de que sorprenderá y agradará nuestra alianza con SNX, Constructores de Patrimonio, que va más allá de esta biblioteca, porque tiene que ver con una forma de comunicar, actuar y servir con la que Actinver comulga, promueve, cree y, por lo tanto, apoya. Estoy seguro de que servirá de ejemplo para que se sumen mayores instituciones. ¡Ayudemos a las personas, mejoremos la industria, hagamos un mejor país!

Héctor Madero Rivero
Presidente de Grupo Financiero Actinver

Índice

—Oye Carlos, hace tiempo que no publicas otro libro (4 años).
—Sí, ya estoy trabajando en ello.

—¿Y va a ser muy extenso?
—No lo sé, pero espero que sea muy útil.

Noviembre de 2014

Presentación

Una de las tareas más nobles y generosas del ser humano es transmitir los conocimientos que obtiene a lo largo de los años, particularmente los que adquiere durante el ejercicio profesional, empresarial, académico, artístico, o en cualquier otra actividad a la que dedique tiempo y esfuerzo relevantes.

Compartir nuestras experiencias es compartir la vida, dando en ello parte de lo nuestro al prójimo. Es precisamente el caso del libro *Además, soy empresario en la Bolsa*, que presenta historias reales, comparaciones atractivas y lecciones útiles sobre la importancia de saber invertir en Bolsa y considerar dicha inversión no únicamente como una posición pasiva para el destino de nuestros ahorros, sino también como la parte activa —y atractiva— de ser un empresario bien preparado, al tiempo de apoyar la evolución de las empresas emisoras.

En efecto, el contenido y los mensajes del libro nos ayudan a entender de manera sencilla y práctica lo que significa invertir en la Bolsa, a comprender que no es mera especulación, sino una forma de acompañar a las compañías en su camino al éxito y trascendencia en su esfera de actuación.

El capital que aportan los inversionistas a través del mercado bursátil es, sin duda, uno de los factores que contribuyen al crecimiento, profesionalización y transparencia de las empresas. Pero eso no es todo. Al entrar en la Bolsa no solo somos inversionistas en el mercado, también nos convertimos en accionistas de esas sociedades, es decir, formamos parte del grupo de dueños. Esa es la mentalidad que nos debe guiar y animar.

Libros como este tienen el gran valor de coadyuvar al mejor entendimiento del mercado de valores, abonan a su desarrollo y fomentan la siempre necesaria cultura financiera, sobre todo en las nuevas generaciones que, con una visión fresca y acceso ilimitado a la información, desean aprender a invertir, con lo que se pueden transformar en empresarios y comenzar a formar un sólido patrimonio.

Deseo sinceramente que esta publicación sirva al público lector para alcanzar los efectos señalados, y que el autor siga compartiendo generosamente su valiosa experiencia profesional mediante obras como esta.

Jaime Ruiz Sacristán [1]

[1] El licenciado Jaime Ruiz Sacristán es fundador y presidente del Consejo de Administración del Banco Ve por Más, cargo que ocupa desde julio de 2003. También fungió como presidente de la Asociación de Bancos de México en el periodo marzo 2011 – marzo 2013 y es presidente del Consejo de Administración de la Bolsa Mexicana de Valores, S.A.B. de C.V. y demás empresas del Grupo BMV, desde enero de 2015. Su participación y opiniones en esta obra son estrictamente a título personal.

Prólogo

Recibí la honrosa invitación de escribir unas líneas sobre esta obra, que el C.P. Carlos Ponce Bustos dedica a un tema apasionante que tengo el privilegio de conocer por mis treinta años de trayectoria profesional dentro del mundo financiero global, y en el cual sigo aprendiendo día con día.

Mi primera experiencia bursátil fue una visita a la Bolsa (cuando todavía estaba ubicada en la calle de Uruguay, en el centro de la Ciudad de México), como las que siguen haciendo actualmente miles de estudiantes universitarios, con gran estusiasmo y ganas de aprender.

Pocos meses después tuve la fortuna de entrar a trabajar a Inverlat, una de las principales casas de bolsa que había en el país. Desde entonces he sido testigo de los retos y barreras que enfrenta el mercado de valores en México, como el daño que hizo el crac de 1987, en donde inversionistas sin los conocimientos y preparación adecuados tuvieron malas experiencias; el miedo a las políticas de gobierno corporativo, que impide ver las ventajas que conlleva la institucionalización de la empresa; la aversión a la transparencia financiera y el desconocimiento de la regulación, de los distintos productos disponibles y de los requerimientos mínimos para que los empresarios puedan financiarse en la Bolsa, y para que muchas más personas inviertan en esta.

La lista es muy larga, pero puede resumirse diciendo que el reto principal que enfrenta el desarrollo del mercado es la falta de cultura y educación financiera, desafortunadamente prevaleciente en el país.

Debido a lo anterior, accedí con entusiasmo a la petición del autor. Un trabajo como este siempre es bienvenido y de gran utilidad porque contribuye de manera relevante a la divulgación de la cultura bursátil, tan necesaria en México, especialmente entre las nuevas generaciones de estudiantes, empresarios, inversionistas y público en general.

También me animaron las características propias del libro, que de forma clara, sencilla, práctica y con múltiples citas y anécdotas, nos lleva por un universo de conceptos bien seleccionados y estructurados, indispensables para acercarnos al mundo bursátil; y para animarnos a formar parte de este, con una visión novedosa.

El libro se divide en tres secciones que, de manera didáctica y con un buen hilo conductor, nos ofrecen información útil e interesante sobre las alternativas de inversión en el mercado de valores, desde la forma en que podemos transformar nuestra mentalidad para convertirnos en accionistas de empresas listadas en la Bolsa, los aspectos técnicos y de análisis más comunes en el mercado, y algunas reflexiones finales a tomar en cuenta en este escenario, que complementan muy bien las dos partes previas.

Al igual que lo refleja el autor a lo largo de sus diversas publicaciones, estoy convencido de que el mundo bursátil es fascinante, lleno de oportunidades que podemos explorar y aprovechar según nuestras necesidades e intereses, para lo cual es conveniente informarnos, acercarnos con los expertos y determinar las estrategias más adecuadas para cada perfil, para cada persona. Por eso, una publicación amena, como la que ahora tenemos en las manos, es de gran utilidad.

Además de la información y del interés de los inversionistas y demás actores, es necesario un mercado de valores robusto, con un marco regulatorio adecuado, instituciones sólidas, empresas emisoras con buenas prácticas de gobierno corporativo y de revelación de información, así como múltiples instrumentos de inversión.

Conscientes de ello, las empresas que integran al Grupo Bolsa Mexicana de Valores (Grupo BMV), que dirijo, ofrecen servicios integrales para facilitar la operación y posnegociación del mercado de valores y derivados en el país, con el apoyo de una moderna infraestructura tecnológica y de vanguardia, contribuyendo de esta manera al financiamiento de las empresas y, por lo tanto, al crecimiento y desarrollo de la economía de México.

El Grupo BMV opera una bolsa de valores (BMV), otra de productos derivados (MexDer), una empresa de corretaje de valores y derivados no listados (SIF), el depósito central de valores donde se realiza la custodia y liquidación de valores (S.D. Indeval), una cámara de compensación de valores y otra de derivados (CCV y Asigna), así como una empresa proveedora de precios y servicios de administración de riesgos (Valmer).

A la luz de su compromiso permanente la sociedad, las emisoras, los intermediarios financieros, inversionistas y público en general, en el Grupo BMV se trabaja día con día para ofrecer mejores servicios y productos, teniendo en mente ser más competitivos y eficientes. Sin embargo, los esfuerzos institucionales no se limitan a estos propósitos.

Otro objetivo del Grupo es la promoción de la cultura bursátil por medio de diversas iniciativas, como son el patrocinio y celebración de seminarios y eventos de divulgación de temas selectos del mercado de valores, y la reciente formación de la Escuela Bolsa Mexicana, que ofrece programas de preparación para el público, diplomados varios, así como programas de capacitación para los responsables de ejercer funciones que requieren certificaciones en diferentes ámbitos financieros.

Adicionalmente, cada año se otorga el "Premio Mercados Financieros", para brindar a los jóvenes, profesionistas e investigadores, la oportunidad para desarrollar ideas que fortalezcan la investigación, el conocimiento, la creatividad, así como propiciar la inclusión de un mayor número de personas en el contexto económico y financiero actual. Esto es, se premian los trabajos innovadores que propongan soluciones teóricas o prácticas aplicables al mercado mexicano.

Por todo lo anterior, es un privilegio acompañar con este mensaje al C.P. Carlos Ponce Bustos en su nueva publicación, ya que es un prestigiado experto en materia bursátil, con un gran compromiso social y preocupado por las nuevas generaciones.

Es a estas últimas a quienes especialmente queremos transmitir la pasión y los conocimientos para que se sumen y formen parte del mercado de valores mexicano, como lo anuncia el sugerente título de la obra que nos ocupa: *Además, soy empresario en la Bolsa.*

José-Oriol Bosch Par[2]

[2] El licenciado José-Oriol Bosch Par es director general del Grupo BMV y de la Bolsa Mexicana de Valores, S.A.B. de C.V. desde enero de 2015. Durante los 22 años previos ocupó diversos cargos directivos y gerenciales en J.P. Morgan (institución financiera global), tanto en Estados Unidos como en México. Su participación y opiniones en esta obra son estrictamente a título personal.

Introducción

«Persigue y trabaja tus sueños o alguien más te contratará
para que persigas y trabajes los suyos.»
Anónimo

En 1986 iniciaba mi carrera profesional como analista bursátil (tenía 23 años de edad). Nuestra actividad era muy distinta a la de ahora; había menos participantes locales interesados en la Bolsa (aunque siguen siendo muy pocos); la información de las empresas era menos detallada y llegaba con menor oportunidad (no había internet ni celulares); no existían áreas de relaciones de inversionistas en las empresas para atender a los participantes ni conferencias telefónicas posteriores a la publicación de los reportes financieros trimestrales que ofrecieran mayor detalle sobre la información y/o guías para los trimestres siguientes. Todos esperábamos con gran interés las asambleas anuales ordinarias de las empresas para poder conseguir algo más de información. No obstante eso, el mercado accionario mexicano tuvo épocas de gran prosperidad.

En una de mis primeras visitas en la que acompañé a un asesor de mayor edad (40 años aproximadamente) con un cliente importante para nuestra institución (la extinta Somex), el asesor comentó y propuso al cliente (como era común) distintas ideas para su portafolio en la Bolsa. Mi trabajo en esas visitas era compartir información básica y análisis sobre algunas de las empresas que el asesor mencionaba.

Al final de la exposición, el cliente, un señor de edad mayor que el asesor lo miró firmemente a los ojos y le dijo:

—Joven, estoy seguro de que su condición económica es sumamente cómoda y que usted ha podido gozar de los beneficios de este mercado a partir del conocimiento y experiencia que expresa pues, de no ser así, una de dos: o usted es muy tonto o es un mentiroso al venir a darme opiniones en las que usted en realidad no cree, pues no invierte en ellas.

Recuerdo como si fuera ayer la pausa y el silencio del asesor, la broma evasiva como respuesta y una salida bastante vergonzosa.

Yo sabía que el asesor no contaba con la condición, si no de riqueza, de una buena estabilidad económica que suponía o reclamaba con razón el cliente.

Aquella fue sin duda una de las reuniones más importante que he tenido en el ámbito profesional. Entendí de la mejor manera el significado de la palabra congruencia y decidí entonces hacer mi mayor esfuerzo por conocer más y mejor este mercado, comunicarlo como consideraba yo era correcto y predicar sobre todo con el ejemplo, convirtiéndome en un actor real.

"Actuar es fácil, pensar es difícil; actuar según se piensa es aun más difícil", aseguraba Johann Wolfgang von Goethe, poeta, novelista y científico germánico del siglo XVII.

Esta aseveración está íntimamente asociada con la congruencia que debería caracterizar a todo individuo. No ser congruente, no ser disciplinado, no ser agradecido puede tener un sinfín de justificaciones. Sin embargo, en el fondo todos sabemos que no debería haber excusas para no serlo.

Actuar según se piensa resulta menos complicado cuando el pensamiento en cuestión resulta ser un objetivo asociado con enormes satisfacciones.

Siempre me he considerado una persona sumamente afortunada. Encontré una actividad profesional que me apasiona y en la que creo profundamente. Soy empresario gracias a la inversión bursátil que he realizado desde hace muchos años y han sido precisamente los frutos de esa actividad los que me permiten tener un mejor equilibrio de vida. Sigo luchando por mantenerlo y mejorarlo todos los días.

Durante muchos años he promulgado las bondades de la inversión bursátil a través de un proceso disciplinado en la implementación de un modelo orientado a la disminución de riesgo. Ser paciente es otro ingrediente indispensable para quien trabaja en un propósito a mediano y largo plazo.

Invertir en la Bolsa de la manera correcta te permitirá alcanzar objetivos patrimoniales asociados con proyectos personales como una jubilación a una edad temprana, un negocio propio, la educación de los hijos, etcétera. Lo he dicho una y otra vez.

Cuando digo que la inversión en la Bolsa es una materia de conocimiento general obligatorio, procuro hacer algo al respecto: escribo en revistas, publico libros, doy conferencias e imparto clases en la Universidad Nacional Autónoma de México. No cobro por ninguna de estas actividades, lo hago por la obligación que siento de compartir algo importante.

Cuando digo que la inversión en la Bolsa es la mejor manera de construir patrimonios, es porque lo he atestiguado de manera personal. De ninguna manera podría yo invitar a nadie (cliente, lector, amigo, alumno) a algo que desconozco o no he hecho (esto es congruencia).

Cuando lo invito a atreverse a tomar decisiones, a salir de una zona de confort para buscar trascender, o a cambiar de un ambiente de apatía, desgaste y poco entusiasmo hacia nuevas oportunidades, es porque sé lo que ello representa. Señalaba el famoso escritor francés Víctor Hugo: "El futuro tiene muchos nombres. Para los débiles es lo inalcanzable. Para los temerosos, lo desconocido. Para los valientes, la oportunidad".

Cuando le aseguro que esto es para todos, no solo para especialistas, es porque un servidor no es nadie extraordinario. No pertenezco al *jet set* mexicano. Mis mejores amigos no aparecen en portadas de revistas ni son grandes inversionistas. Somos amigos porque coincidimos en formas de pensar y actuar. No tengo un estudio de doctorado que me permita un entendimiento mucho mejor de lo que el sentido común me deja ver muchas veces y mi herencia no esta formada por dinero, es algo más valioso: mucho cariño, educación integral en casa y en la escuela (¡gracias pa' y mamá!).

Busco capitalizar experiencias (buenas y malas), ser, ya dije, disciplinado (que cuesta mucho trabajo) y mantener ese buen equilibrio.

El equilibrio

El equilibrio de vida es muy personal, se distribuye entre distintos tipos de actividades (familiares, espirituales, laborales, sociales, deportivas, académicas, etc.) y cambia a lo largo del tiempo. Mi muy personal punto de vista sobre un buen equilibrio es cuando puedes sentirte satisfecho, pero principalmente contento, feliz (no deje de leer el último capítulo titulado "El dinero y la felicidad").

Mi equilibrio, a los 53 años de edad, consiste en disfrutar con mayor intensidad cosas extraordinarias que muchas veces dejamos pasar y que usted, amable lector, y yo sabemos que ya no regresarán. Ya mencionaba algunas antes, pero la lista de deseos es grande:

- Poder escaparme con tranquilidad con Marthita, mi esposa, para ir a cenar juntos, ver una película o simplemente platicar con ella, escucharla y verla (¡disfrutarla!).

- Poder estar algunas tardes viendo entrenar a mis hijos (Martha María – *Semilla*, Charly y Bruno) para después intentar todavía ganarles algún 21 en una reta de basquetbol.

- Visitar más seguido a mis papás y platicar con ellos. Seguir aprendiendo de lo que me dicen y de lo que no me dicen pero que veo.

- Tomar un poco más de tiempo para entrenar, salir a andar en bicicleta con mis amigos y evaluar si regresar o no a mis competencias de triatlón (si las lesiones me lo permiten).

- Sacar a pasear más seguido a mi perro Rex.

- Sentarme a armar con cuidado y tranquilidad un modelo a escala, una actividad que hago desde la primaria.

- Tomar más días de vacaciones con mi familia, solamente para estar juntos, reírnos y divertirnos, porque nada vale la pena si uno no se divierte.

- Tener más tiempo para reunirme con mis amigos sin algún motivo en particular, solo por lo agradable que es platicar con ellos y estar juntos.

Todo esto sin descuidar por supuesto mi actividad profesional y mis estrategias de inversión, pues como comentaré con mayor detalle más adelante en uno de los capítulos de esta obra, es tan importante la creación de un patrimonio como su conservación.

¿Lo ve? No somos nada diferentes. Estoy seguro de que varios de estos objetivos y otros más (de usted) los comparte. Y lo mejor es que pueden alcanzarse.

Lo dije antes. He sido empresario en la Bolsa desde hace años. Poseo acciones de empresas que considero tienen un enorme potencial, las vigiló permanentemente y tengo proyectos personales de difusión como esta obra (mi quinto libro sobre la materia) que me permiten compartir experiencias, opiniones y puntos de vista que le aseguro le serán útiles.

La estructura de este nuevo libro está distribuida en tres secciones:

La primera contiene algunos capítulos que pretenden mostrar de una manera distinta la realidad sobre la inversión bursátil, esto es, una alternativa para ser empresario y sobre cómo lograr (identificar) ser dueño de las mejores empresas.

En la segunda sección desarrollo de una manera sencilla lo que considero son las nueve premisas básicas para participar en el mercado accionario de manera exitosa. Es una buena síntesis del contenido que integra la materia de Inversión Patrimonial que imparto en la Universidad Nacional Autónoma de México (UNAM) desde hace varios años, aderezada con reflexiones y anécdotas personales. Es también la esencia del material del seminario bursátil que comparto con asesores e inversionistas con cierta regularidad. Estas nueve premisas o piezas forman lo que llamo el rompecabezas bursátil. En esa sección me refiero a la metodología que comencé a desarrollar hace años, que ahora se conoce como "Estrategia Integral C4".

La tercera sección titulada "Reflexiones finales" incluye temas diversos que complementan muy bien las dos primeras secciones. Se las recomiendo mucho. Son breves en contenido pero extensos en experiencia y utilidad.

En México aún hay mucho que hacer por este mercado. Pero más importante es darse cuenta de lo mucho que este mercado puede hacer por usted.

Carlos Ponce Bustos

Sección I

Una manera distinta de percibir la Bolsa (o de ser empresario)

1

Creadores de patrimonio: inversionistas y empresarios

«Si naciste pobre, no es tu culpa.
Pero si mueres pobre, eso sí es tu culpa.»
Bill Gates

Voy a ser muy directo y contundente en la aseveración que haré a continuación. Puede no gustar, pero es cierta y se lo demostraré: los grandes creadores de patrimonio no son empleados, médicos, abogados o ingenieros. Tampoco son deportistas, artistas y mucho menos especuladores (*traders*). Los individuos que mayor patrimonio han logrado crear en la historia a nivel mundial son empresarios e inversionistas.

Quiero dejar constancia nuevamente (lo he hecho en otros libros) de mi absoluta convicción de que el dinero está muy lejos de ser lo más importante en la vida. No obstante, para lograr un buen equilibrio de vida que permita atender cosas mucho más importantes que el dinero (la salud y la compañía por supuesto), es indispensable lograr una condición de estabilidad económica.

La cultura de ahorro en México es muy pobre, pero la de inversión es aun menor. Cifras de 2011 a 2016 indican que en nuestro país existen más de 80 millones de cuentas en bancos, las de tarjetas de crédito y débito (*) alcanzan 131 millones, pero el número de contratos en casas de bolsa es apenas 234,000 (considere además que muchos inversionistas abren cuentas en más de una casa de bolsa). Cada vez que me preguntan por qué es tan baja esta cifra, por qué las personas en México no invierten en la Bolsa, la respuesta es: ¡falta de conocimiento e información!

Cuadro 1.1 Número de cuentas* (miles)

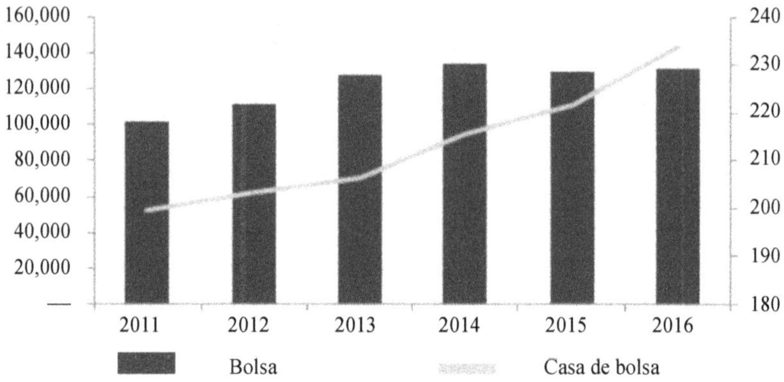

Fuente: Comisión Nacional Bancaria y de Valores (CNBV).

Sobre la PEA

La Población Económicamente Activa (PEA) corresponde a la fuerza laboral efectiva de un país. Está constituida por las personas mayores de 14 años, ya sea que estén empleadas o no. La PEA en México hacia finales de 2016 se ubicó en 54 millones de personas de una población total de 122.7 millones, según informó el Instituto Nacional de Geografía y Estadística (INEGI). La edad promedio de la PEA fue de 39.7 años. Esto significa que la cantidad de individuos de la PEA que invierten en la Bolsa en México es de 0.43%, mientras que en países como Estados Unidos la proporción es cercana a 60%.

Para evidenciar la oportunidad de esta alternativa (inversión bursátil) e independientemente del contexto de los años previos a 2017 en que hemos tenido tasas de interés históricas mínimas (¡sí!, han comenzado a subir pero seguirán siendo tasas reales bajas al restar su inflación personal, es decir, la variación anual ponderada de aumento en el precio de los distintos bienes y servicios que consumimos de manera personal y/o familiar y que puede ser distinta al cálculo oficial para la inflación), lo invito a revisar la lista de individuos que han logrado crear los mayores patrimonios a nivel mundial y que cada año publica la reconocida revista *Forbes*.

Forbes existe en Estados Unidos desde principios del siglo XX. La lista de millonarios de *Forbes*, que se popularizó en la década de los ochenta, no es 100% científica pero resulta útil para demostrar que el origen de los grandes patrimonios del mundo pertenece a empresarios e inversionistas, una condición o categoría que comparten todos aquellos que deciden participar en el mercado accionario con un enfoque de "dueño de empresa".

La lista de *Forbes* está integrada por dueños de empresas y/o inversionistas que han tenido como principales virtudes las siguientes: oportunidad de negocio, conocimiento y paciencia. Todos ellos han superado distintos ciclos de baja de los mercados accionarios, en diferentes industrias. Recuerde que cuando usted invierte en la Bolsa se convierte en dueño proporcional de una o varias de empresas.

El análisis y selección de estas le permite diferenciar el grado de potencial de las mismas. No es un tema de suerte ni exclusivo para grandes capitales. La lista de multimillonarios de *Forbes* se actualiza con regularidad. En este libro hago referencia a la que se publicó hacia finales de 2016. La actualización de marzo de 2017 no es oficial.

En realidad, la fecha o actualización de la lista es poco importante para lo que quiero transmitirle: los mayores creadores de patrimonio son empresarios e inversionistas en la Bolsa y, si usted lo decide, muchos de ellos son potenciales socios suyos cuando decide invertir también en la Bolsa.

Para ser miembro del club de la lista de multimillonarios de *Forbes* hay que tener una fortuna superior a los $1,000 mdd. El *ranking* mide los patrimonios netos más grandes del mundo con base en información pública. Al cierre de 2016 la lista estuvo encabezada, una vez más, por Bill Gates, fundador y presidente de Microsoft, quien se mantiene en su sitio a pesar de haber perdido $4,200 mdd a lo largo de ese mismo año.

Gates, quien ha ocupado el primer lugar del conteo durante 17 de los 21 años que ha aparecido en esta lista, también ha sido uno de los principales filántropos a nivel mundial. Desde que él y su esposa fundaron la Bill and Melinda Gates Foundation, con el fin de reducir la inequidad, han donado más de $30,000 mdd.

Le siguen Amancio Ortega, fundador y patriarca del grupo español Inditex, quien vio un repunte de $2,500 mdd en su fortuna, y el Oráculo de Omaha, el reconocido inversionista Warren Buffett, cuya fortuna se contrajo en $11,900 mdd durante 2016, una fotografía completamente distinta de lo ocurrido en 2015, cuando fue el mayor ganador gracias a un repunte bursátil de Berkshire Hathaway (su fondo de inversión público).

Sigue en la lista el mexicano Carlos Slim y dos emprendedores del sector tecnológico: Mark Zuckerberg y Jeff Bezos (sitios quinto y sexto, respectivamente) que no solo protagonizaron algunas de las grandes historias de negocios de 2015 con Facebook y Amazon, sino que también vieron sus fortunas crecer en el orden de los 8 dígitos y avanzaron 10 sitios en el *ranking* anual de *Forbes*, desde el 15 y 16, con la misma relación. De hecho, Zuckerberg tuvo el mejor año de todos los multimillonarios: a sus 31 años, añadió 11,200 mdd a su fortuna.

Con su repunte estratosférico, Zuckerberg y Bezos desplazaron a los hermanos Charles y David Koch desde el sexto sitio en 2015 hasta el noveno, superados también por el empresario de los medios, Michael Bloomberg. El ex alcalde de Nueva York vio su fortuna crecer en $5,500 mdd, lo cual lo llevó por primera vez a la lista de los “10 más”.

Detrás de estas cifras hay una historia de gran agitación, ya que 221 personas salieron de la lista, mientras que 198 recién llegados se unieron a sus filas; otras 29 personas murieron desde 2015 y 29 que previamente había caído, volvieron a ingresar al club. De los que han sido multimillonarios entre 2014 y 2016, 892 han visto sus fortunas reducirse, mientras que 501 se han vuelto más ricos.

Entre los recién llegados más notables se encuentran Cameron Mackintosh, el primer productor de teatro en volverse billonario; Adam Neumann y Miguel McKelvey, de WeWork; Ben Silbermann y Evan Sharp, de Pinterest. Neumann, Silbermann y Sharp también forman parte del selecto club de multimillonarios menores de 40, que este año alcanzó una cifra récord de 66. La multimillonaria más joven del mundo es la noruega de 19 años, Alexandra Andresen, quien heredó 42% del negocio de su familia. Su hermana Katharina es la segunda más joven, con apenas 20 años.

Otro nuevo participante que vale la pena mencionar es Zhou Qunfei, cuya fortuna de $5,900 mdd (derivada de su emporio de pantallas para teléfonos inteligentes) es suficiente para hacer de ella la mujer más rica entre las que crearon su propia fortuna. Es una de las 190 mujeres de la lista, 7 menos que el año pasado. Entre las notables bajas se encuentran la diseñadora de moda Tory Burch, el director de Sam Adams, Jim Koch, y la cabeza de Dick's Sporting Goods, Edward Stack.

¡Bienvenido Michael!: el "novato" más famoso en los últimos años de esta lista es Michael Jordan, quien fuera el mejor jugador de basquetbol de todos los tiempos y el deportista mejor pagado. *Forbes* lo perfiló por primera vez como multimillonario en junio de 2015. La mayor parte de su fortuna proviene de los pagos que la empresa de artículos deportivos Nike le hace por su icónica marca. La marca Jordan vendió un estimado de $2,250 mdd en 2013 y MJ "*His Airness*" se quedó con $90 mdd, sin embargo, su activo más valioso es su participación en el equipo de basquetbol profesional de Charlotte Hornets, con cerca de $500 mdd. Cuando el ex CEO de Microsoft, Steve Ballmer, compró a Los Angeles Clippers por $2,000 mdd, se disparó el valor de todos los equipos de la NBA, acuñando a 3 nuevos multimillonarios: el antiguo jefe de Jordan, Jerry Reinsdorf, dueño de los Chicago Bulls, quien se unió a la lista con una fortuna de $1,300 mdd; y el dueño de los Houston Rockets, Leslie Alexander, que aumentó su patrimonio neto a $1,600 mdd.

Estados Unidos tiene 540 multimillonarios, más que cualquier otro país del mundo, seguido por China continental, con 251 (Hong Kong tiene otros 69) y Alemania 120. Rusia tiene 77 multimillonarios, 11 menos que el año pasado, mientras que Brasil perdió 23, para sumar un total de 31.

La lista actual está integrada por poco más de 1,800 personas. Y crece cada año.

Cuadro 1.2 Los 20 más ricos en 2016

2015	2016		Fortuna (en mdd)	Cambio *vs.* 2015	Edad	Origen de fortuna	País
1	1	Bill Gates	75,000	-4,200	60	Microsoft	EU
2	4	Amancio Ortega	67,000	2,500	79	Zara	ESP.
3	3	Warren Buffett	60,800	-11,900	85	Berkshire Hathaway	EU
4	2	Carlos Slim Helú	50,000	-27,000	76	Telecomuni-caciones	MÉX.
5	15	Jeff Bezos	45,200	10,400	52	Amazon.com	EU
6	16	Marck Zuckerberg	44,600	11,200	31	Facebook	EU
7	5	Larry Ellison	43,600	-10,700	71	Oracle	EU
8	14	Michael Bloomberg	41,000	5,500	74	Bloomberg LP	EU
9	6	Charles Koch	39,600	-3,300	80	Diversificada	EU
10	6	David Koch	39,600	-3,300	75	Diversificada	EU
11	16	Liliane Bettencourt	36,100	-4,000	93	L´Oreal	FRAN.
12	19	Larry Page	35,200	5,500	42	Google	EU
13	20	Sergey Brin	34,400	5,200	42	Google	EU
14	13	Bernard Arnault	34,000	-3,200	66	LVHM	FRAN.
15	9	Jim Walton	33,600	-7000	68	Walmart	EU
16	11	Alice Walton	32,300	-7,100	66	Walmart	EU
17	12	S. Robson Walton	31,900	-7,200	72	Walmart	EU
18	29	Wang Jianlin	28,700	4,500	61	Bienes raíces	CHIN.
19	25	Jorge Paulo Lemann	27,800	2,800	76	Cerveza	BRA.
20	17	Li Ka-Shing	27,100	-6,200	87	Diversificada	CHIN.

Fuente: Revista *Forbes*.

Me distraje unas líneas en dar detalles de la lista porque son de interés, pero no perdamos el mensaje central: los constructores de patrimonio más importantes del mundo son empresarios e inversionistas. Los que aparecen en *Forbes* son los que tienen empresas o invierten en acciones que cotizan en la Bolsa (ver más adelante la metodología de *Forbes*).

¡La misma proporción de reparto de utilidades que reciben ellos, (todos los grandes dueños de empresas) por pago de dividendos y/o el mismo beneficio proporcional por el incremento en el precio de sus acciones en el mercado accionario, es exactamente igual para usted si compra acciones de esas empresas! Esto significa que usted es su socio.

Entender esta perspectiva como dueño de empresa o empresario, propicia un entendimiento completamente diferente al que hasta ahora, por muchos años, muchos mexicanos han percibido sobre la inversión en la Bolsa: como una alternativa más parecida a una apuesta, muy asociada a la suerte, con la posibilidad de hacer dinero pronto a costa de mucho riesgo y para la que se requieren muchos millones. Esta impresión equivocada ha ocasionado que no se hayan considerado grandes oportunidades para la formación de patrimonios y, peor aun, que no se hayan realizado.

¿Alguna vez se imaginó ser dueño de algunas de las cadenas comerciales más grandes de México y/o del mundo, de las empresas de tecnología más avanzadas, de las compañías de entretenimiento de mayor prestigio o de las que fabrican artículos deportivos de reconocidas marcas cuyos productos se venden a nivel mundial?

Y qué decir de las empresas industriales que producen autopartes o de las que ofrecen servicios, como las aerolíneas o los grupos financieros. ¡Sí! Por difícil e imposible que les resulte a algunos creerlo, usted puede, además de su actividad profesional, ser un empresario a través de la inversión en la Bolsa, en la que, vuelvo a señalar, no se requieren cantidades millonarias para poder participar.

Concluyo este primer capítulo precisando la mecánica del cálculo que se usa para la construcción de la lista de multimillonarios en *Forbes* y el concepto de interés compuesto.

Metodología de *Forbes*

- **Solo patrimonio empresarial.** Al momento de calcular las fortunas, tiene en cuenta las participaciones (como acciones), fondos y otros activos empresariales, pero no considera las inversiones privadas (casas, joyas o yates) ni el dinero "líquido".
- **Fuentes limitadas.** Solo toma en cuenta información accesible de manera pública (Mercado de Valores y/o Registro Mercantil). *Forbes* únicamente la ordena, suma y clasifica.
- **Cuentan los activos, pero no los pasivos.** Si un empresario posee parte de una empresa, se le atribuye a su fortuna el precio de esas acciones, pero no la deuda de la empresa.
- **¿Familias o individuos?** No incluye 100 millonarios, sino 100 fortunas. En ocasiones le son atribuidas a una persona y en otras a una familia. ¿Con qué criterio? Bastante aleatorio.
- **Valor en libros contra valor en la Bolsa.** Cuando las empresas no cotizan en la Bolsa, las fortunas se calculan con el valor en libros, que en general no refleja el valor real o actual de la empresa.

Natural desigualdad (¡magia de inversiones!)

El informe de enero de 2017 de la organización Oxfam Internacional reveló que 8 hombres eran poseedores de una riqueza equivalente a casi la mitad (48%) de la población total del mundo (aproximadamente 7,400 millones de personas).

Bill Gates, Warren Buffett, Carlos Slim, Jeff Bezos, Mark Zuckerberg, Amancio Ortega, Larry Ellison y Michael Bloomberg tenían en esa fecha un valor grupal cercano a $426,000 mdd. Paul O'Brien, vicepresidente de políticas y campañas de Oxfam América mencionó que: "Esta dramática desigualdad está atrapando a millones de personas en la pobreza, fracturando sociedades y envenenando la política".

El informe indicó que 7 de cada 10 personas viven en un país donde la desigualdad ha empeorado entre 1990 y 2017 y, en los últimos 25 años, el 1% superior ha percibido más ingresos que el 50% inferior en conjunto. El estudio se basa en la misma lista anual de multimillonarios de la revista *Forbes* y en el banco de datos sobre la riqueza global de Credit Suisse.

Conocimiento y magia del interés compuesto

Sin dejar de reconocer las implicaciones sociales y políticas de lo anterior, lo cierto es que el crecimiento de dicha desigualdad resulta un tanto "natural". Una parte de esta creciente brecha se explica por el acceso al conocimiento, en este caso al conocimiento de la inversión: los que lo tienen y lo realizan se alejan cada vez más en la construcción de patrimonios de quienes no lo tienen. Otra parte se explica por el beneficio exponencial que patrimonios ya de por sí grandes obtienen con cualquier rendimiento adicional que suman cada año. Es lo que llamamos la "magia del interés compuesto".

El cuadro siguiente presenta un ejercicio en donde una inversión acumula una ganancia de 5%. De primera mano, muchos pensarían que el beneficio acumulado luego de 4 años sería equivalente a 20%. La realidad es que el beneficio es mayor, pues cada año se acumula la ganancia del anterior. Esto significa que para una inversión de $100, en el primer año el beneficio acumulado es de $105, pero para el segundo año no es $110, sino $110.25, así en cuatro años la ganancia no es $20, sino $21.55.

El otro tema que resulta primordial identificar en su camino para convertirse en dueño de empresa en la Bolsa es el valor o monto inicial. Si bien el beneficio como tasa de rendimiento anual es el mismo para los distintos importes del cuadro siguiente, el beneficio final en términos absolutos (pesos) es evidentemente mayor para quien empezó con una inversión más alta. Para el que inició con $100, luego de 4 años tendrá $21.55 más (21.55% y no 20%), pero si empezó con $100,000, terminará con $21,550.63. Por ello la desigualdad crece. La moraleja es la misma: vuélvase socio de este grupo de empresarios y de otros cuya condición desigual es consecuencia de un gran éxito como empresarios y de la "magia del interés compuesto" o de "las inversiones". ¡Hágalo pronto! ¡El tiempo juega a favor!

Cuadro 1.3 Ejercicio de inversión a 4 años con tasa del 5% anual

Tasa anual	**5.0%**	**5.0%**	**5.0%**	**5.0%**	**Acumulado**
Inversión inicial	Año 1	Año 2	Año 3	Año 4	Acumulado 4A
100.00	105.00	110.25	115.76	121.55	21.55
1,000.00	1,050.00	1,102.50	1,157.63	1,215.51	215.51
10,000.00	10,500.00	11,025.00	11,576.25	12,155.06	2,155.06
100,000.00	105,000.00	110,250.00	115,762.50	121,550.63	21,550.63

Fuente: Elaboración propia.

2

Empresario en la Bolsa

«Prefiero ser accionista de una buena empresa
que dueño de una mala.»
Tristán Bernard

Sobreviven 11 de cada 100 negocios nuevos en México

Sin afán de desanimar a un espíritu emprendedor, reflexionemos sobre las bondades de entender y participar en el mercado accionario de la manera correcta: ¡actuando como verdadero dueño de negocio! El INEGI presentó hace tiempo los resultados del estudio "La esperanza de vida de los negocios en México", que abarca de 1989 a 2004, y aseguró que de cada 100 negocios que nacen en el país, solo 11 logran sobrevivir 20 años después, siendo las pequeñas empresas las que tienen un mayor índice de mortandad, principalmente antes de haber cumplido los primeros 5 años de operación.

En la Bolsa: rentabilidad neta y operativa de empresas de 13% y 41%

Con las actuales tasas de interés de ahorro (6.25% en abril de 2017 y estimadas a finales de 2017 en casi 7.5%) y con una inflación personal seguramente mayor a 10% (reflexione sobre su verdadera canasta de consumo y la manera en que han subido sus costos en general en los años previos a 2017) no cabe duda que optar por una actividad empresarial independiente resulta más atractivo, ya que la rentabilidad promedio de una empresa exitosa es mejor. En los últimos 15 años, el margen de utilidad operativa (utilidad operativa como proporción de las ventas) en una muestra amplia de las empresas que cotizan en la Bolsa Mexicana de Valores ha sido de 20%, mientras que la rentabilidad de la inversión en el capital de la empresa (utilidad operativa como proporción del capital que se invierte al constituir una empresa) de la misma muestra promedia 35%.

La inversión en la Bolsa, lejos de ser una apuesta o un juego, ofrece, como he venido insistiendo, la posibilidad de ser dueño proporcional (socio-accionista) de un grupo de empresas exitosas. Si bien ninguna compañía está exenta de sufrir en el descenso de un ciclo económico, las empresas en la Bolsa han demostrado capacidades de permanencia y rentabilidad superior al promedio. El cuadro siguiente recuerda los niveles de rentabilidad promedio de las empresas que han formado parte del Índice de Precios y Cotizaciones en los últimos años *vs.* los Cetes... ¿Quiere ser empresario?

La esperanza de vida de los negocios en México

Durante la presentación de los resultados del estudio "La esperanza de vida de los negocios en México", que abarca de 1989 al año 2004, Eduardo Sojo, presidente del INEGI, indicó que la mayor incidencia en la mortandad de las pequeñas empresas ocurre antes de cumplir 5 años.

Dijo que algo que intuían los analistas, pero que no se tenía comprobado, es que 5 años es el punto de inflexión en general para los negocios en nuestro país. Si llegas a 5 años, ya tu posibilidad de supervivencia aumenta significativamente. Después de ese periodo, la tasa de mortalidad es mínima.

El periodo de estudio abarcó 5 censos económicos y el análisis de 14 millones de cuestionarios, de tal forma que se formaron 16 generaciones para estudiar lo que pasó desde 1989 hasta 1998, lo cual fortalece la investigación.

La presentación de resultados estuvo a cargo del director general de Estadísticas Económicas del organismo, Arturo Blancas, quien reveló que para los primeros 5 años, 70% de los negocios muere, y a los 20 años solo sobrevive 11%.

Cuadro 2.1 Comparativo ROE* IPyC *vs*. Cetes (4 años)

IPyC	ROE Neto	ROE Operativo	Cetes
1T10	18.16%	46.18%	4.46%
2T10	17.34%	44.65%	4.60%
3T10	17.06%	42.40%	4.36%
4T10	16.94%	43.00%	4.45%
1T11	17.69%	43.22%	4.30%
2T11	16.81%	43.36%	4.33%
3T11	15.91%	41.40%	4.34%
4T11	16.10%	42.00%	4.31%
1T12	16.82%	43.50%	4.28%
2T12	14.86%	44.41%	4.27%
3T12	15.01%	43.32%	4.12%
4T12	14.92%	43.75%	4.04%
1T13	14.69%	44.76%	3.95%
2T13	14.72%	43.41%	3.82%
3T13	13.81%	41.62%	3.50%
4T13	13.45%	41.01%	3.16%
1T14	12.39%	41.47%	3.19%
2T14	13.28%	41.12%	2.90%
3T14	12.82%	40.98%	2.85%
4T14	11.73%	33.70%	2.74%
1T15	11.58%	35.02%	2.75%
2T15	11.23%	35.90%	3.00%
3T15	10.12%	34.96%	3.27%
4T15	9.58%	34.18%	3.05%
1T16	10.02%	34.43%	2.75%
2T16	9.65%	34.18%	3.00%
Promedio	**14.10%**	**40.69%**	**3.68%**

* ROE: Rentabilidad financiera, por sus siglas en inglés (*return on equity*).

Fuente: Grupo Financiero B×+ / BMV *) ROE *Return on Equity* (Utilidad / Inversión).

En tanto que la esperanza de vida para los negocios es de 7.7 años, independientemente de su tamaño, al permanecer por más tiempo la esperanza se incrementa de tal forma que cuando alcanzan 20 años, se prevé sobrevivir otros 20 o 21.

Y es que de cada 100 negocios que nacen en México, 64% sobrevive, mientras que a los 5 años ya cerró 70% y llegan a la edad de 20 años tan solo 11.

Por sector de actividad, informó, manufactura tiene una mayor esperanza de vida que el comercio y los servicios. De esta forma, 15 de cada 100 negocios del sector manufacturero llegan a cumplir 20 años; así como 12 empresas de servicios, en tanto que el resto cierra en el camino.

Sector manufacturero, el más seguro

También se analizó la volatilidad de los negocios y, prácticamente en todas las edades, la esperanza de vida de los más grandes es mayor; los que tienen hasta dos empleados tienen una esperanza de 6.9 años, pero tras cumplir 5 años crecen de manera importante.

Así, advirtió que para el sector manufacturero casi 7 de cada 10 negocios llegan con vida al cumplir el primer año, y para los sectores de comercio y servicios privados no financieros el indicador se reduce a 60%.

Mala planeación y conocimiento de mercado

En conferencia de prensa, el presidente del INEGI advirtió que una de las principales causas de mortandad de los negocios es la capacidad empresarial, es decir, que se detectó falta de rentabilidad debido a una mala planeación y conocimiento del mercado.

"Es muy difícil identificar cuál es la causa exacta", pero adelantó que se prepara un estudio longitudinal con 1,600,000 empresas presentes en 2009 que desaparecieron en 2014, para ver cuáles eran sus características, si tenían acceso a financiamiento, si usaban tecnologías y de qué tipo eran. Ello con el fin de dar información "…. para que los hacedores de políticas públicas tengan más elementos para incrementar la esperanza de vida de los negocios en México".

Al respecto manifestó que, dentro del sector comercio (uno de los de mayor mortandad), el porcentaje de crecimiento de las tiendas de autoservicio y departamentales en 2009 fue de 10.4% y para 2014 representó 11.9%, en tanto que en el comercio al por menor representó 31.4% y ahora es de 27.8%.

3

El cine y la Bolsa... no de palomitas

«Dime y lo olvido, enséñame y lo recuerdo,
involúcrame y lo aprendo.»
Benjamín Franklin

En más de una ocasión he señalado la importancia del sentido común como un elemento primario e indispensable en el proceso de identificación de oportunidades para un empresario a través de la Bolsa. Este capítulo demuestra la manera en que frecuentemente se presentan oportunidades de inversión que dejamos pasar por no contar con la preparación adecuada y/o no contar con una buena asesoría.

Un no empresario (inversionista) en el cine

Un entretenimiento de gusto general es sin duda el cine. ¿Qué hace usted cuando elige ver una película? Seguramente busca un buen asiento, compra palomitas, nachos y refresco, y disfruta el momento. ¿Después? Lo comenta con quienes asistió, la recomienda o no, y repite el proceso con frecuencia. ¿Cuándo comenzó a ir al cine? ¿Su comportamiento es el mismo?

El empresario en la Bolsa en el cine

El 30 de abril (Día del Niño) de 2015, se estrenó la película *Los Vengadores 2: la Era de Ultrón*, una cinta de ciencia ficción basada en cómics de héroes creados en Estados Unidos pero de conocimiento universal (Capitán América, Iron Man, Thor, Hulk, etc.). Con hijos en edades entre 11 y 16 años, me fue imposible no asistir. Dos semanas después se publicó que la película había recaudado casi $1,500 mdd para colocarse como una de las de mayor recaudación de la historia. El estudio productor de la cinta es Marvel, que se especializa con mucho éxito en este género. Marvel es propiedad de la empresa Disney. La división de películas de Disney representa actualmente casi el 20% de sus ventas y además también es propietaria de los estudios Disney (el año anterior obtuvo ingresos espectaculares por la cinta *Frozen*); Pixar (ganador de varios premios Oscar) y Lucas Film, que unos meses después estrenó una película más de la serie *Star Wars*.

Star Wars... un proyecto de 6 películas más

El 17 de diciembre de 2015 se estrenó el episodio 7 de la saga *Star Wars* luego de varios años de ausencia en las pantallas. Disney compró en octubre de 2012 el estudio Lucas Film por $4,000 mdd. En los primeros tres fines de semana, la película recaudó cerca de $2,000 mdd y el ingreso por mercancía relacionada se calculó entre $4,000 y $6,000 mdd. Se convirtió así en la tercera película más taquillera luego de *Titanic*. En diciembre de 2016 se estrenó la segunda (*Rogue*) de las 6 películas planeadas para la nueva fase de *Star Wars*, recaudando en una semana cerca de $450 mdd.

Los estudios Disney en conjunto son actualmente los de mayor capacidad de producción mundial y tienen prevista una gran cantidad de estrenos en los próximos años. El precio de la acción de Disney acumuló en entre 2015 y 2017 (24 meses) ganancias en dólares por casi 60% y en pesos de más de 100%. Los verdaderos héroes no fueron *Los Vengadores*, sino los productores y ejecutivos de esta firma. ¿Le gustaría ser dueño de Disney?... Probablemente en su próxima visita al cine verá más allá.

Un poco más sobre Disney

Aquí tiene usted el calendario de películas que los Estudios Disney tienen programados para los próximos dos años y una específica de los Estudios Marvel. Le puedo garantizar que muchas de estas serán nuevamente un éxito y los accionistas de la empresa verán crecer su patrimonio.

Cuadro 3.1 Calendario de estrenos de películas de Disney a 2017

Año	Película
2014	*Big Hero 6*
2015	*Cinderella*
	Inside Out
	Avengers. Age of Ultron
	Tomorrowland
	Ant-Man
	The Jungle Book
	The Good Dinosaur
	Star Wars. The Force Awakens
2016	*Zootopia*
	Captain America. Civil War
	Alice in Wonderland 2
	Finding Dory
	Doctor Strange
	Moana
	Star Wars
2017	*Untitled Project*
	Guardians of the Galaxy 2
	Toy Story 4
	Pirates of the Caribbean 5
	Thor

Fuente: Disney.

Cuadro 3.2 Calendario de estrenos de películas de Marvel

Año	Película
2016	*Captain America. Civil War* *Dr. Strange*
2017	*Guardianes de la Galaxia 2* *Thor* *Black Panther*
2018	*Avengers. Infinity Wars. Parte I* *Captain Marvel* *Inhumans*
2019	*Avengers. Infinity Wars. Parte II*

Fuente: Disney.

Las películas más taquilleras… ojo con Disney

Como cultura general y como información valiosa para los empresarios en la Bolsa, el cuadro siguiente recuerda las 30 películas con mayores ingresos, de las cuáles 10 son de Disney (33%). Su rentabilidad se mide al comparar los ingresos *vs*. costo de producción.

Cuadro 3.3 Las 30 películas de mayor recaudación

Película	Distribuidora	Taquilla	Presupuesto	Rentabilidad	Año de estreno
Avatar	20th Century Fox	2,782.2	237.0	1,073.9%	2009
Titanic	Paramount Pictures/ 20th Century Fox	2,186.7	200.0	993.4%	1997

Jurassic World	Universal Studios	1,665.1	150.0	1010.1%	2015
The Avengers	**Marvel Studios/ Walt Disney Pictures**	**1,519.5**	**220.0**	**590.7%**	**2012**
Furius 7	Universal Studios	1,511.7	190.0	695.6%	2015
Avengers: Age of Ultron	**Marvel Studios/ Walt Disney Pictures**	**1,402.8**	**250.0**	**461.1%**	**2015**
Harry Potter y las reliquias de la muerte, parte 2	Warner Bros	1,341.5	250.0	436.6%	2011
Frozen	Walt Disney Pictures	1,274.2	150.0	749.5%	2013
Iron Man 3	**Marvel Studios/ Walt Disney Pictures**	**1,215.4**	**200.0**	**507.7%**	**2013**
Minions	Universal Studios	1,151.0	74.0	1,455.4%	2015
El señor de los anillos: el retorno del rey	New Line Cinema	1,119.9	94.0	1,091.4%	2003
Transformers: el lado oscuro de la luna	Paramount Pictures/ Dream Works	1,123.7	195.0	476.3%	2011
Skyfall	Sony/MGM/ Columbia	1,108.3	200.0	454.2%	2012
Transformers: Age of Extinction	Paramount	1,104.0	210.0	425.7%	2014

The Dark Knight Rises	Warner Bros	1,084.4	250.0	333.8%	2012
Pirates of the Caribbean: Dead Man's Chest	**Walt Disney Pictures**	**1,066.1**	**225.0**	**373.8%**	**2006**
Toy Story 3	**Walt Disney Pictures/Pixar**	**1,063.1**	**200.0**	**431.6%**	**2010**
Pirates of the Caribbean: On Stranger Tides	**Walt Disney Pictures**	**1,043.8**	**250.0**	**317.5%**	**2011**
Parque Jurásico	Universal Studios	1,029.1	63.0	1,533.5%	1993
Star Wars: Episode I - The Phantom Menace	20th Century Fox	1,027.0	115.0	793.0%	1999
Alicia en el país de las maravillas	**Walt Disney Pictures**	**1,025.4**	**200.0**	**412.7%**	**2010**
El Hobbit: un viaje inesperado	New Line Cinema/ Warner Bros	1,021.1	315.0	224.2%	2012
The Dark Knight	Warner Bros	1,004.5	185.0	443.0%	2008
El rey león	**Walt Disney Pictures**	**987.4**	**45.0**	**2,094.2%**	**1994**
Harry Potter y la piedra filosofal	Warner Bros	974.7	125.0	679.8%	2001
Despicable Me 2	Universal Studios	970.7	76.0	1,177.2%	2013

Piratas del Caribe: en el fin del mundo	**Walt Disney Pictures**	**963.4**	**300.0**	**221.1%**	**2007**
El Hobbit: la desolación de Smaug	Warner Bros	960.3	225.0	326.8%	2013
Harry Potter y las reliquias de la muerte, parte 1	Warner Bros	960.2	250.0	284.1%	2010
El Hobbit: La batalla de los cinco ejércitos	Warner Bros	955.1	250.0	282.0%	2014

Fuente: Wikipedia.

Ajuste por inflación

Debido a los efectos a largo plazo de la inflación, principalmente el incremento significativo en los precios de las entradas, la sección anterior otorga injustamente mejor resultado a las películas más recientes; una película estrenada en 1910, con precios mucho más bajos en la taquilla de ese entonces, tendría que vender aproximadamente 100 veces lo que vendería una película de 2007, con tal de que ambas tengan relación proporcional en sus recaudaciones. También se encuentra la problemática de los cambios del valor de las monedas.

En Estados Unidos, el sitio Box Office Mojo, el libro mundial de Récords Guinness y Entertainment Weekly consideran que la película *Lo que el viento se llevó* (1939) es la de mayor recaudación de todos los tiempos, considerando un eventual ajuste por inflación. Sin embargo, no toman en cuenta los 10 relanzamientos de la película, ajustando la recaudación total de la película a los dólares de 1939. La relación entre los precios de cada entrada y la inflación no necesariamente dependen uno del otro. Por ejemplo, en 1970 las entradas costaban $155 dls. en Estados Unidos, lo cual representa $6.68 dls. al ajustar la cifra a la inflación, más alta que el precio promedio actual. Además, existen factores económicos, políticos y sociales que influyen, directa o indirectamente, en el número de personas que están dispuestas a pagar para acudir al cine. Tras normalizar factores, tales como la disponibilidad de efectivo, el número de pantallas de cine, el costo relativo de las entradas, la competencia con la televisión, los lanzamientos en DVD, el desarrollo de las nuevas tecnologías de proyección, así como del equipo proyector doméstico, el ingreso *per cápita* estimado para cada entrada equivalía a 34 entradas anuales en promedio por persona. En 2004, este promedio se redujo considerablemente a solo 5 entradas por individuo al año, principalmente por los efectos competitivos de la televisión.

Cuadro 3.4 Las 10 películas más taquilleras ajustadas por inflación y otros factores

Película	Recaudación (mdd)	Año
Lo que el viento se llevó	3,301.4	1939
Avatar	2,782.3	2009
Star Wars (1ª)	2,710.8	1977
Titanic	2,413.8	1997
The Sound of Music (La novicia rebelde)	2,269.8	1965
ET, El Extraterrestre	2,216.8	1982
Los 10 mandamientos	2,098.6	1956
Dr. Zhivago	1,988.6	1995
Tiburón	1,945.1	1975
Blanca Nieves y los siete enanos	1,746.1	1937

Fuente: Wikipedia.

Oportunidad permanente

Utilicé la visita al cine y el caso de Disney como ejemplo, pero lo mismo sucede con la música que escucha, con el auto que maneja o con lo que le gustaría tener, con los productos deportivos que utiliza y/o con los aparatos que le resultan indispensables (celulares, *laptops*, etc.), con la comida y restaurantes que acostumbra, con las cadenas comerciales en las que compra, con los juguetes preferidos de sus hijos, con la casa u oficinas que tiene, etcétera.

Se trata de oportunidades que suceden frecuentemente y que no identificamos por falta de preparación. Al grupo de 140 empresas que cotizan en la Bolsa Mexicana de Valores (BMV) se suman desde hace tiempo las empresas más importantes de Estados Unidos que cotizan en la Bolsa y que se adquieren desde México.

4

Crear y preservar

«Si usted cree que la educación es cara,
pruebe con la ignorancia.»
Derek Curtis

Hace tiempo escuché una anécdota de un joven empresario que solía dejar propinas muy generosas en un restaurante al que acudía con frecuencia. Un buen día le comentó a los meseros que le gustaba tanto el lugar, que se lo había recomendado a su papá, quien acudiría al día siguiente. Así sucedió, los meseros se esmeraron como siempre en su servicio. Al final de la comida, el caballero salió del lugar con una propina modesta. Los meseros sorprendidos le peguntaron si el lugar o la atención no había sido de su agrado. Él contesto que sí. Entonces ellos preguntaron por qué había dejado una propina mucho menor a la que solía dejar su hijo... Él contestó: "Porque yo no tengo un padre millonario".

Sirva esta anécdota para introducir la importancia no solo de la creación del patrimonio, sino también de su cuidado y preservación. Lea con atención la siguiente información:

Desde 2004, la revista *Sports Illustrated* (SI) publica anualmente la lista de los 50 atletas activos con mayores ingresos anuales. En 2013 por primera vez la lista se construyó uniendo esfuerzos de SI con la revista *Fortune*. La investigación no es fácil y las cifras finales son aproximadas, al incluir el concepto de endosos que en su mayoría provienen de contratos de publicidad, bonos por resultados y/o presentaciones especiales. La lista la encabezaba el boxeador Floyd Mayweather Jr. y estaba formada por 25 beisbolistas, 12 basquetbolistas, 9 jugadores de futbol americano, 2 golfistas y un corredor de autos (Nascar).

Cuadro 4.1 Los 10 deportistas mejor pagados en Estados Unidos (2013) /Ingresos anuales

Nombre	Deporte	Equipo	Sueldo (mdd)	*Endosos	Total dls.	Total (mdp)
Floyd Mayweather	Box	*NA*	90,000	-	90,000	1,080,000
Lebron James	Basquetbol	*Miami Heat*	17,545	39,000	56,545	678,540
Drew Bress	Futbol americano	*New Orleans Saints*	40,000	7,800	47,800	573,600
Kobe Bryant	Basquetbol	*Los Angeles Lakers*	27,850	19,000	46,850	562,200
Tiger Woods	Golf	*NA*	7,839	33,000	40,839	490,068
Phil Mickelson	Golf	*NA*	3,529	36,000	39,529	474,344
Derrick Rose	Basquetbol	*NA*	16,403	17,000	33,403	400,836
Peyton Manning	Futbol americano	*Denver Broncos*	18,000	13,000	31,000	372,000
Alex Rodriguez	Beisbol	*New York Yankees*	29,000	0,900	29,900	358,800
Zack Greinke	Beisbol	*Los Angeles Dodgers*	29,000	0,020	29,020	348,240

Fuente: CNN Money / * Se refiere de manera importante a ingresos por publicidad de distintos artículos, bonos, etc. / NA: No aplica.

Para quienes nos gusta y practicamos deporte, existe siempre un sentimiento de ilusión (y un poco de envidia) con el conocimiento de estas millonarias cifras que, aunque espectaculares, cabe señalar que: 1) son realmente muy pocos los deportistas que alcanzan estos niveles de ingresos (piense en los millones de individuos que practican deportes en Estados Unidos y en el mundo *vs.* los que alcanzan este nivel); y 2) en la lista de multimillonarios de *Forbes* que comenté en el capítulo anterior no aparece ningún deportista (salvo "su majestad" Michael Jordan, pero por su condición como empresario e inversionista, pues hace ya varios años que se retiró como jugador).

De esta manera reitero que si bien las personas con mayor exposición pública como los deportistas profesionales y los artistas suelen asombrar cuando se conocen sus espectaculares ingresos, recuerde que no son los que a nivel mundial lograr los mayores patrimonios.

Por otra parte, muchos de ellos no terminan siempre bien. Por lo que el gran mensaje en este capítulo es sensibilizarlo sobre la importancia no solamente de construir un patrimonio, sino también de preservarlo.

Éxito temprano y consecuencias

El 16 de junio de 2015 se decidió el campeonato nacional de basquetbol en Estados Unidos. En una serie de 6 partidos (gana el que triunfa en 4 de 7 encuentros posibles), el equipo de Golden State (Warriors) venció a los Cavaliers de Cleveland. De inmediato, medios especializados comenzaron a especular sobre el futuro de varios jugadores al recordar su condición salarial actual.

Los jugadores del equipo campeón de aquel año tenían un promedio de 27 años (32 el mayor y 22 el más joven) y un sueldo promedio de $4.9 mdd al año. Su estrella máxima y jugador más valioso de la temporada (MVP – *Most Valuable Player*), Stephen Curry, tenía 27 años y un contrato por concluir de $11.3 mdd (sin otros ingresos por regalías de marcas) que seguramente será mucho mayor en su próxima renovación.

En Estados Unidos, las atletas profesionales de actividades en equipo (no individuales) con mayores ingresos en promedio son precisamente los basquetbolistas, le siguen los jugadores de beisbol, después los de hockey sobre hielo, siguen los de futbol americano (yo pensaba que ganaban mejor que los de hockey) y, finalmente y con un rezago importante, los jugadores profesionales de futbol soccer (recuerde que esto es en Estados Unidos, no en Europa).

En el siguiente cuadro, el detalle de los ingresos promedio y de la vida profesional promedio de cada disciplina.

Cuadro 4.2 Estadística de atletas profesionales

	Promedio salario anual	Promedio de vida profesional	Promedio de ganancia en carrera
NBA National Basketball Association	$5.15 millones	4.8 años	$24.7 millones
MLB Major League Baseball	$3.2 millones	5.6 años	$17.9 millones
NHL National Hockey League	$2.4 millones	5.5 años	$13.2 millones
NFL National Football League	$1.9 millones	3.5 años	$6.7 millones
MLS Major League Soccer	$0.16 millones	3.2 años	$0.5 millones

Fuente: *Sports Illustrated* / ESPN - NBA National Basketball Association / NFL National Football League / NHL National Hockey League / MBL Mayor League Baseball.

Si le resulta relevante saber que el ingreso promedio de un jugador de basquetbol en Estados Unidos en cinco años puede ser cercano a $30 mdd, equivalente a $570 mdp (a un tipo de cambio de $19.0 pesos por dólar), seguramente se sorprenderá aun más con la siguiente información:

La revista deportiva especializada *Sports Illustrated* estimó que 60% de los jugadores de basquetbol profesional en Estados Unidos (NBA National Basketball Association) se declaran en bancarrota ("quiebra") durante los primeros cinco años después de su retiro, mientras que 80% de jugadores jubilados de futbol americano profesional (NFL National Football League) "quiebran" durante los tres primeros años después de jugar profesionalmente.

Cuadro 4.3 Estadística de atletas profesionales

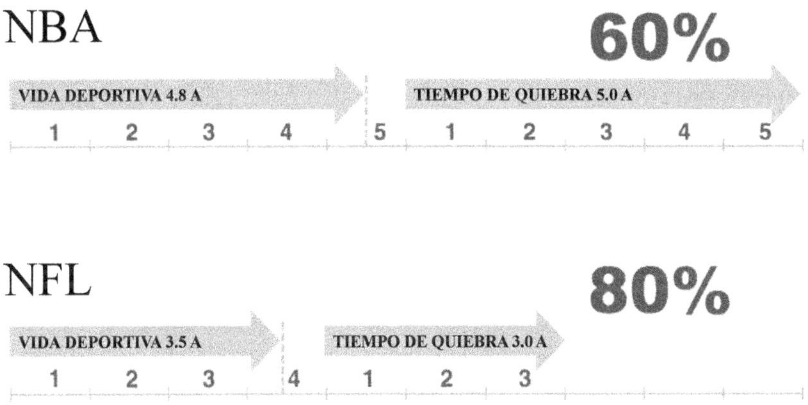

Fuente: *Sports Illustrated* / ESPN - NBA National Basketball Association / NFL National Football League / NHL National Hockey League / MBL Mayor League Baseball.

Esta condición no es muy distinta a la de otros deportistas en diversas disciplinas y en muchos países, y resulta muy difícil entender cómo pueden perder tan rápido millones de dólares. A este proceso de pérdida patrimonial en deportistas profesionales lo llaman S*índrome Superman* y refleja una percepción equivocada de que una condición superior en capacidades físicas y de alta remuneración económica durará siempre.

Construcción y mantenimiento

Gran parte de nuestra función como asesores-analistas-estrategas de inversión y de los inversionistas en sí pareciera estar orientada únicamente al proceso de construcción de patrimonios cuando, en realidad, el cuidado del mantenimiento del patrimonio mismo, una vez que se logra, es igual o incluso más importante.

Es indispensable estar consciente del fenómeno de pérdida patrimonial que sucede para muchos individuos con distintas actividades, con proporciones tal vez diferentes, pero con consecuencias igualmente lamentables. En mis más de 30 años en este medio de inversiones he visto recurrentemente historias de destrucción de patrimonio dignas de una película de terror.

Causas de quiebra

Una vez que una persona decide dedicarse al deporte como profesión, comenzará a pasar mucho tiempo en este (prácticas, entrenamiento, pesas, alimentación, descanso, viajes, juegos, etc.). Esto propicia un enfoque absoluto en su actividad, evitando poner atención y prepararse en otras áreas o disciplinas. Este grupo de individuos pasan los primeros años de su vida entrenando para ser atletas de clase mundial, sin embargo, no se dan cuenta de que posiblemente vivirán más de 40 años una vez que dejen de ser atletas profesionales. La mayoría de los atletas termina a los 25 años de edad (tal vez a los 30, si son realmente buenos), sin embargo, la esperanza de vida de un ser humano es de más de 70 años.

Expertos en el estudio de este "fenómeno" de quiebra en atletas identifican 6 razones principales que la causan:

1. **Falta de planeación financiera**: Los deportistas no son distintos de la mayoría de los graduados con experiencia profesional y especialmente en lo que se refiere al conocimiento financiero y de inversión. No obstante, la mayoría de los jóvenes no alcan-

zan, en sus primeros años después de la universidad, los niveles de ingresos que logran muchos atletas profesionales. *La falta de asesores serios de inversión se identifica como la principal razón de quiebra.*

2. **Apoyo a la "comunidad"**: muchos atletas con éxito económico se sienten obligados a apoyar financieramente a toda su familia (cercana o lejana) y amigos. Comparten su generosidad con un gran número de personas, mermando rápidamente su patrimonio.

3. **Divorcio**: muchos investigadores especializados señalan este suceso como uno de los principales. El divorcio propicia gastos en honorarios legales y otorgamiento de activos. El atleta termina con la mitad de lo que ganó en su carrera y pueden tener grandes y onerosas pensiones alimenticias y pagos de manutención infantil.

4. **Falta de conocimiento (sensibilidad) sobre la velocidad en que su carrera puede terminar**: a menudo se olvida que su enorme salario como atleta activo no va a durar siempre. Independientemente del relativo bajo promedio de vida activa, además está sujeto a lesiones y/o accidentes que pueden hacer todavía más corta su carrera e ingresos como profesional.

5. **Dificultad para disminuir gastos acostumbrados**: la desatención al gasto con el propósito de ahorrar (se entiende que únicamente se ahorra si se tiene mayor ingreso) es mucho más peligrosa para un deportista acostumbrado a gastar y comprar en exceso, asumiendo que sus altos ingresos estarán ahí para siempre.

6. **Falta de una segunda carrera**: muchos atletas profesionales suelen tener largas temporadas de "descanso" que podrían aprovechar para tener una mejor preparación que les sirva una vez que termine su vida deportiva, pero muy pocos lo hacen. Por otra parte, los muchos años de jubilación anticipada son para la mayoría poco productivos.

Los que no son atletas
Como mencionamos antes, la pérdida de patrimonio es común no solo para los "súperatletas", muchas personas en el mundo con distintas disciplinas sufren esta situación. Varios casos coinciden con algunas de las situaciones antes señaladas. Otras causas comunes son:

7. **Enfermedades y falta de seguros médicos**: la presencia repentina de una enfermedad grave sin un seguro que cubra los gastos es un evento recurrente en la pérdida de patrimonio.

8. **Poca diversificación**: la concentración de inversiones incorpora un riesgo mayor. Un mal resultado en este "arrastra" una mayor proporción de pérdida.

9. **Malas inversiones (empresas "patito")**: invertir en proyectos (negocios, préstamos, etc.) con amigos y/o familia cuya estructura es poco institucional o tienen un pobre expediente en tiempo (experiencia) o resultados es sin duda una idea sumamente riesgosa.

La mayor coincidencia presente en cualquier disciplina es la falta de una asesoría profesional seria.

20 famosos que quebraron

Recordemos algunos atletas de renombre que han quebrado. Muchos de ellos estuvieron activos hace mucho tiempo. Las referencias de sueldo y riqueza acumulada en este tiempo son mucho mayores.

Cuadro 4.4 Atletas famosos que quebraron

Atleta	Deporte	Detalle
Vince Young	Futbol americano	Ganó $26 mdd en apenas 7 temporadas en la NFL. Se declaró en quiebra en enero de 2014.

Mike Tyson	Box	Excampeón de peso pesado, acumuló cerca de $300 mdd. Sus gastos de varios millones en joyas, ropa y otros bienes, además de financiar su adicción a la cocaína años atrás, lo llevaron a la quiebra.
Michael Vick	Futbol americano	Se declaró en bancarrota mientras cumple una sentencia por organización de peleas de perros. Su deuda asciende a más de $50 mdd.
Kenny Anderson	Basquetbol	Hizo más de $60 mdd durante sus días como jugador, pero se vio obligado a declararse en bancarrota en 2005, debido a que hizo muchas de malas inversiones.
Bill Buckner	Beisbol	El exprimera base de las Medias Rojas de Boston se declaró en bancarrota en 2008, después de que su concesionaria de coches tuviera grandes pérdidas.
Allen Iverson	Basquetbol	Ganó más de $200 mdd en su carrera en la NBA, pero los malos hábitos de gasto, inversiones equivocadas y un estilo de vida de "excesos" provocó su quiebra.
Curt Schilling	Beisbol	Llego a tener más de $22 mdd en distintos bienes, sin embargo, tomó un préstamo por $75 mdd del estado de Rhode Island para poner en marcha una empresa de videojuegos que nunca tuvo éxito.
Lawrence Taylor	Futbol americano	Fue miembro del Salón de la Fama, cotizado en más de $10 mdd. Su vida "extrema", malas inversiones y diversos vicios lo llevaron a la bancarrota en 2009.

Diego Maradona	Futbol soccer	Considerado por muchos como el mejor jugador de futbol soccer de la historia. La Administración Tributaria italiana lo demandó por $54 mdd de impuestos no pagados. Se declaró en bancarrota a la edad de 53 años.
Sheryl Swoopes	Basquetbol	Acumuló más de $50 mdd durante sus días como jugador, pero esta leyenda de la NBA se vio obligada a declararse en bancarrota en 2004.
Marcos Brunell	Futbol americano	Tenía deudas por $25 mdd cuando se declaró en quiebra en 2010, lo cual es absolutamente sorprendente si se considera que solo tenía $5.5 mdd en activos en ese momento.
Scottie Pippen	Basquetbol	Ganador de 6 anillos de la NBA con los Chicago Bulls perdió más de $120 mdd por inversiones fallidas en negocios de aviación, comida para gourmets y la construcción de un complejo de lujo que fue un fracaso. Tras la bancarrota, el retirado jugador tuvo que jugar de nuevo en equipos de Finlandia para ganar algo de dinero.
Darren McCarty	Hockey	Se declaró en bancarrota en 2006, debido a una combinación de malas inversiones, malos hábitos de gasto y $6.2 mdd de deuda.
Evander Holyfield	Box	El exboxeador estrella alcanzó $250 mdd en ganancias en su carrera antes de declarar la quiebra.
George Best	Futbol soccer	Uno de los mejores jugadores en la historia del Manchester United, pero el alcoholismo y los gastos excesivos lo orillaron a la quiebra en su retiro.
Brad Friedel	Futbol soccer	Se vio obligado a declararse en bancarrota en 2011, tras haber ganado más de 5 mdd como resultado de su inversión en una academia de futbol ilegal.
Lenny Dykstra	Beisbol	Valía más de $ 58 mdd en 2008, pero entró en bancarrota en 2009 y fue enviado a prisión por fraude en 2012.

Johnny Unitas	Futbol americano	Se declaró en bancarrota en 1991 como resultado de $4 mdd en préstamos pendientes de pago. Esto nubló el estado de ánimo de un hombre que algunos consideran como el mejor mariscal de campo en la historia del futbol americano.
Marion Jones	Atletismo	Múltiple medallista olímpica en carreras de atletismo, su caída económica empezó cuando se vio obligada a devolver las medallas ganadas en Sidney 2000 por dopaje. Además, tuvo que pagar altas multas por competir con sustancias ilícitas, cumplir una condena de cárcel y sus ingresos cayeron casi a cero. Por ello, se vio obligada a vender la casa de su madre.
Tony Gwynn	Beisbol	El difunto Gwynn es conocido como uno de los mejores jugadores de béisbol en la historia, tuvo algunas dificultades financieras a principios de su carrera, que se destaca por la declaración de quiebra en 1987.

Fuente: *Sports Illustrated* / ESPN.

5

El riesgo de la "automedicación bursátil"

«Los mejores médicos son: el doctor dieta,
el doctor reposo y el doctor alegría.»
Jonathan Swift

En la búsqueda de construcción de un patrimonio y de su conservación, muchos individuos deciden hacerlo ellos mismos sin la asesoría de un especialista. Puede funcionar, pero la estadística demuestra que es sumamente peligroso al no tener la preparación o experiencia necesaria, sobre todo si hablamos de inversiones en la Bolsa.

Ya he compartido en otros libros mi opinión sobre la similitud entre la actividad de un médico y la de un asesor en inversiones. Mientras que los primeros proveen bienestar físico y mental, los asesores debemos proveer bienestar (estabilidad) económica y financiera.

Ambos diagnosticamos y "recetamos" en función del particular perfil de cada paciente (cliente). De manera similar, los peligros de la automedicación en estas disciplinas son muchos.

En el tema de inversiones, porque es necesario dedicar tiempo a una adecuada consulta. La información y el análisis abundantes y distintos que hay disponibles hoy en día puede incluso confundir. Elementos básicos como diversificación inteligente y un manejo o control correcto frente a la entendible naturaleza de emociones equivocadas (ver la gráfica Ciclo emocional de las inversiones más adelante) son más fáciles de atender (y evitar) cuanto se tiene al profesional adecuado al lado.

Inclinaciones conductuales

El cuadro siguiente describe algunas de las situaciones más comunes que generan riesgo para un inversionista que se automedica y que difícilmente se identifican sin un buen asesor.

Cuadro 5.1 Los riesgos de la automedicación bursátil

Conducta	Riesgo asociado
Exceso de confianza	• Un profesional exitoso (empresario o empleado) no siempre resulta un inversionista exitoso. Esta actividad requiere conocimiento y experiencia específicas. Desafortunadamente, muchos participantes han aprendido esta lección de la manera difícil (tomando decisiones equivocadas).
Atracción por precios alcistas	• Cuando el precio de un producto sube, como por ejemplo la carne o la gasolina, las personas tienden a disminuir su consumo o a sustituirlo. Sin embargo, en activos (inversiones) financieras sucede lo contrario. Muchos inversionistas se sienten mucho más atraídos por los precios de las acciones cuando suben y no tanto cuando bajan. Independientemente de que una empresa haya observado en el pasado un exitoso crecimiento en sus utilidades, rentabilidad atractiva, mucho cuidado en el manejo de su deuda, etc., recuerde siempre que una buena historia pasada no garantiza continuidad a futuro y viceversa.
Mente en "manada"	• Siempre es "confortable" ser parte de un grupo. Cuando otros hacen algo, nos sentimos mejor haciendo lo mismo. A pesar de reconocer la fuerza del mercado, las decisiones de inversión es mucho mejor llevarlas a cabo por convencimiento y conocimiento propio y no únicamente porque todos lo están haciendo.
Miedo a lamentarse	• Muy frecuentemente somos reacios a tomar decisiones de inversión por temor a equivocarse. Muchos potenciales inversionistas dejan su dinero sin invertir o en instrumentos con intereses "ridículos" porque consideran que se trata de un mal momento para el mercado. Reconocidos estrategas internacionales coinciden en que, en el mercado accionario, el mejor momento para participar es cuando se tiene el dinero para hacerlo, mientras que el momento correcto para vender es cuando se necesita el dinero.

Afinidad a las trampas	• Con mucho tino señalaba el historiador económico Charles Kindleberger: "No hay nada más perjudicial para el buen juicio y razonamiento de uno que ver a un amigo haciéndose rico". No se deje llevar por las apariencias ni por las noticias en los medios. El temperamento traducido en disciplina y paciencia son características y virtudes que pueden desarrollarse mejor con un asesor de cabecera.

Fuente: Goldie, D. y Murray, D. (2011). *The Investment Answer.* Nueva York, Business Plus.

6

Defendiendo el precio objetivo

«Lo peor de la ignorancia es que
a medida que se prolonga, adquiere confianza.»
Anónimo

Un concepto que comentaremos en la segunda sección con mayor profundidad, pero que me resulta indispensable anticipar dada su importancia, es el precio objetivo de la acción de una empresa.

Se trata del pronóstico para un momento determinado sobre el precio potencial que en el mercado de valores podría alcanzar una acción. Tal pronóstico lo realiza un profesional especializado (áreas contables, administrativas, financieras y económicas) que desarrolla modelos financieros de empresas que visita frecuentemente, entrevista a sus funcionarios, da seguimiento permanente a los eventos e información de esas empresas y sabe que al momento de emitir su opinión (sobre el precio objetivo) va de por medio su reputación.

Todos los elementos fundamentales de atención que deben tenerse presentes como dueño de empresa, incluyendo su valuación, se traducen precisamente en un precio objetivo.

Sin embargo, me sorprende la recurrencia con la que al presentarme con algún inversionista para analizar su portafolio y preguntar sobre los precios objetivos que espera alcancen las acciones de las empresas de las que es dueño, la respuesta es "no sé". Entiendo que puede no ser un especialista o conocedor, pero su asesor debería ser la primera información que le comparta al proponerle un portafolio o él tendría que exigirla.

En la práctica, percibo con regularidad severos cuestionamientos que algunos participantes suelen manifestar hacia los precios objetivo de empresas en la Bolsa al considerarlos en extremo "positivos" en épocas difíciles... O, pensándolo bien, prácticamente en cualquier época.

En una gran mayoría, esos precios objetivo se alcanzaron en el tiempo por una sola razón: los modelos y los supuestos en que se basaron funcionaron y suceden, pues ya sea con mayor o menor tiempo, el "señor Mercado" recobró la cordura, reconoció su valor y premió a quienes tuvieron paciencia.

¿Cuál es su método de valuación?

Cuando usted decide participar de la inversión bursátil y entiende que se trata de una alternativa que le ofrece la oportunidad de ser dueño proporcional de una o de un grupo de empresas, seguramente deseara averiguar qué método de valuación utilizar para identificar las mejores oportunidades.

En ese momento, descubrirá que existen gran cantidad de técnicas y métodos disponibles para valuar empresas, desde los más simples, como las comparaciones de indicadores financieros (ventas, utilidades, márgenes, nivel de deuda), tamaños, múltiplos etc., hasta los más sofisticados, como el "flujo de efectivo descontado a valor presente" (Discounted Cash Flow) que involucra además de estimaciones de resultados financieros durante varios años de las empresas analizadas, la determinación de una tasa de descuento que incorpora variables como tasa libre de riesgo, premio de mercado, betas, perpetuidades, riesgo país, etcétera.

La pregunta es: ¿cuál conviene utilizar? Desafortunadamente, no existe un solo método que sea el más adecuado. Cada acción de empresas que cotizan en el mercado es diferente; cada sector e industria a la que pertenece tiene características propias y específicas que la hacen requerir métodos de valuación específicos. Los métodos de valuación normalmente se dividen en dos categorías: 1) modelos de valuación absoluta y, 2) modelos de valuación relativa. ¿Usted cuál utiliza?... Las emisoras de su portafolio, ¿en qué modelo se fundamentan?

1. **Valuación absoluta**: estos modelos intentan encontrar el valor intrínseco o verdadero a partir de cuestiones fundamentales como los dividendos, el flujo de efectivo y la tasa de crecimiento. En esta categoría se incluyen: 1) Modelo de descuento de dividendo *(Dividend Discount Model);* 2) Modelo de flujo descontado de caja *(Discounted Cash Flow Model);* 3) Modelos de ingreso residual *(Residual Income Model);* y 4) Modelos basados en activos *(Asset-Based Models).*

2. **Valuación relativa**: estos modelos operan mediante la comparación de la empresa en cuestión con otras empresas similares o con referencias históricas propias. Estos métodos generalmente involucran cálculo de múltiplos o las proporciones en las siguientes categorías: 1) Enfoque en utilidades o resultados, como el múltiplo precio sobre utilidad (P/U), el valor de la firma *vs.* los resultados operativos sin depreciaciones (FV/Ebitda) y, 2) Enfoque en el valor de activos, inversiones ("fierros") como el P/VL o el VM/VS, etcétera.

Precios objetivo: la experiencia y el conocimiento de los mejores

En la práctica, los analistas y estrategas especializados en conocer, entender y estimar los resultados financieros y valuaciones de las empresas en la Bolsa traducen sus modelos en precios objetivo.

Usted como no especialista no está obligado a conocer, entender a la perfección ni a revisar periódicamente tales valuaciones. Sin embargo, sí es responsable de conocer las bases y los argumentos que justifican los precios objetivo.

Cuando usted considera en sus decisiones en la Bolsa precios objetivo actualizados a partir de un consenso de analistas reconocidos, su decisión se fundamenta en los mejores modelos de valuación que un analista o estratega experto llevo a cabo. Puede o no estar de acuerdo con el precio objetivo y es cuando el reto del entendimiento crece, pero lo importante es que sus decisiones estén fundamentadas por elementos de carácter sólido y no por un argumento débil que tenga por objetivo hacer ganar dinero "fácil" (rápido).

La primera pregunta

La conclusión o el mensaje fundamental de este capítulo es sencillo: la primera pregunta que cualquier participante en la Bolsa tiene que hacer al momento de decidir de qué empresas ser dueño es: ¿Cuál es el precio objetivo? La respuesta es: de las emisoras recomendadas.

El rendimiento potencial implícito que se obtiene al comparar el precio objetivo *vs.* el precio actual del mercado le permitirá conocer lo atractivo de dicha propuesta. Las referencias que usted puede utilizar para "medir" la conveniencia del rendimiento implícito en el precio objetivo es comparando el rendimiento estimado para el mismo plazo en el Índice de Precios y Cotizaciones (IPyC) o en la tasa de referencia del mercado (Cetes a 28 días). Si el rendimiento implícito del precio objetivo es mayor, usted es dueño de una empresa correcta.

Entre mayor es el rendimiento potencial, mayor será su "margen de seguridad". De esto "platicaremos" más adelante.

7

El Tiger 21… ¿qué come?

«Solo hay una cosa más dolorosa que aprender
de la experiencia… y es no aprender de la experiencia.»
Antonio de Gala

El Tiger 21 es un club de reconocidos y exitosos inversionistas internacionales con características y cualidades muy particulares. La que más agradece y reconoce un servidor es su generosidad y transparencia para compartir con regularidad sus opiniones y estructuras de portafolios.

Su historia, resumida, es la siguiente: cuando el banquero texano Jody Grant y el magnate del sector energético, del mismo estado, Kalcy Warren comenzaron explorar planes de inversión conjunta, participaron en una reunión a la que llamaron Tiger 21 (Tigre 21). Fundada formalmente en 1999 por el empresario de firmas inmobiliarias de Nueva York, Michael Sonnenfeldt, actualmente es el acrónimo para un grupo de inversión de súpermillonarios que buscan mejorar sus rendimientos y enfrentar problemas que acompañan las grandes riquezas mediante reuniones personales. El grupo tiene 300 miembros (emprendedores, inventores y ejecutivos en su mayoría) en 18 capítulos alrededor del mundo. Sus miembros son cuidadosamente investigados (antecedentes y otros controles), y deben tener un mínimo de $10 mdd de patrimonio neto, preferentemente creado por ellos mismos (¡muy importante, no son herederos, crearon su propio patrimonio!).

Pagan cuotas anuales de $30,000 dls. y periódicamente se someten a algo llamado "defensa de portafolio", donde los miembros exponen sus inversiones para recibir la opinión del grupo. El valor total de los activos del Tiger 21 hacia finales de 2016 se calculaba en más $40,000 mdd.

En una entrevista a miembros del club Tiger 21 en 2015, cuando se pospuso en Estados Unidos el plan original de iniciar un proceso de alzas constantes en las tasas de interés debido a una mejor condición económica en el país, pero una situación fundamental incierta a nivel mundial (debilidad económica de China, amenaza de países del bloque de Europa, etc.), su presidente, Michael Sonnenfeldt, reveló que sus miembros están "preocupados, pero no excesivamente preocupados, por la crisis actual".

Alrededor de la mitad de los miembros del club consideraban que una corrección bursátil estaba a la mitad de su potencial, mientras que un tercio pensaba que podría ponerse peor, por lo que estaban asumiendo posiciones más liquidas.

No obstante, la declaración más importante que se expresó durante aquella entrevista tuvo que ver con su experiencia en la importante crisis financiera de 2008, la cual deberá tomarse como la experiencia más valiosa de este capítulo (y una de las más importantes de este libro). Sonnenfeldt señaló:

> Lo que aprendimos en la crisis de 2008 fue que poseíamos una gran cantidad de estructuras complicadas que no entendíamos y lo que hemos hecho desde entonces es volver a lo básico; esto es un proceso ordenado pero simple de selección de acciones como Berkshire Hathaway y/o Apple.

Los miembros del Tiger 21 generalmente mantienen alrededor de 12% de sus activos de inversión en efectivo, como una práctica para reaccionar a las oportunidades que se presentan.

Evolución de la estructura de portafolio Tiger 21

Aunque la composición de un portafolio de inversión resulta un tema muy personal, su estructura final debe atender el perfil de cada inversionista a partir de tres variables específicas: 1) horizonte de inversión;

2) objetivos de inversión y 3) aversión al riesgo (algunos especialistas incorporan también las variables de experiencia y liquidez), por lo que resulta interesante conocer la estructura que ha mantenido este grupo de destacados empresarios e inversionistas que integran el prestigiado Tiger 21. La gráfica anexa ilustra el comportamiento de la distribución de los activos en su portafolio durante los años ahí mencionados. Como puede observarse, este grupo de exitosos inversionistas ha venido destinando en promedio cerca de 30% de su portafolio a renta variable (acciones).

Cuadro 7.1 Portafolio Tiger 21, 2007-2014

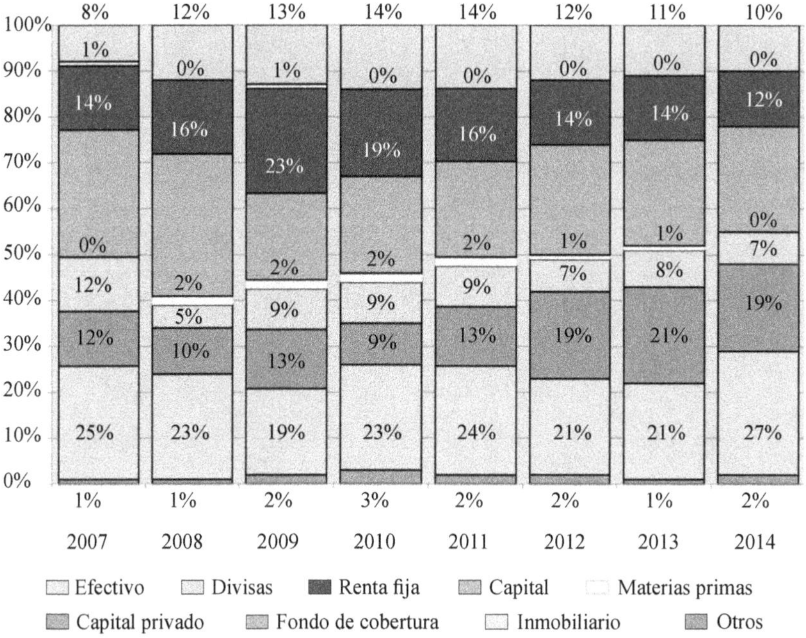

Fuente: *Tiger 21 2Q15 Report.*

La manera en que he venido desarrollando propuestas de estrategias de inversión a lo largo de mi desarrollo profesional son similares al estilo del Tiger 21. Los portafolios accionarios que recomiendo replican cerca de 50% de la estructura del índice o parámetro a vencer (*benchmark*), que en el mercado mexicano es el Índice de Precios y Cotizaciones

(IPyC), y el resto con selecciones de valores individuales de atractivo potencial en precios objetivos a partir de sólidos indicadores fundamentales y valuaciones con descuento. Los resultados ganadores a lo largo de varios años avalan la estrategia. Todo esto lo describiremos con detalle en los próximos capítulos, pero recuerde por favor: ¡No tiene que considerar instrumentos complicados o de mayor riesgo!

El proceso de inversión exitoso es más fácil de lo que cree, se trata de identificar compañías extraordinarias en su potencial con valuaciones atractivas y decidirse a ser dueño de ellas.

8

¿Información, análisis o estrategia?

«Algunas personas quieren que algo ocurra,
otras sueñan con que pasará, otras hacen que suceda.»
Michael Jordan*

Este es el último capítulo de la primera sección (previo a comenzar con las piezas del rompecabezas). Lo considero valioso para quienes comienzan a relacionarse con la inversión bursátil, pero también para quienes lo han hecho ya por algún tiempo.

Una vez más, no oculto mi afición por los deportes, seguramente por la similitud de elementos que identifico con la inversión bursátil para el logro de un buen resultado (conocimiento básico, metodología y temperamento).

En más de una ocasión he escuchado conferencias de análisis en las que el expositor señala el comportamiento de los mercados del día anterior, la apertura de los futuros, las acciones de mayor alza y baja y el volumen operado entre otros. Para mi sorpresa, muchos asistentes parecen sentirse cómodos con esa información, sin darse cuenta que este tipo de conferencias distan mucho de ofrecer análisis y mucho menos una estrategia.

* Michael Jeffrey Jordan, conocido como Michael Jordan (Nueva York, 17 de febrero de 1963) y apodado *Air* (*Aire*), *His Royal Airness* (*Su Majestad del Aire*) o *Air Jordan*, es un exjugador profesional de baloncesto estadounidense. En la actualidad es el propietario de los Charlotte Bobcats, franquicia de la NBA. Está considerado por la mayoría de aficionados y especialistas como el mejor jugador de baloncesto de la historia. Se retiró definitivamente en 2003, tras haberlo hecho en dos ocasiones anteriores, en 1993 y 1999.

Una forma sencilla en la que personalmente percibo la diferencia entre la información, el análisis y la estrategia es la siguiente (la nota original en la que expuse esta idea se tituló "El regreso de Michael Jordan"): suponga que asiste usted a un partido de basquetbol en el que vuelve a jugar Michael Jordan (MJ) y que hipotéticamente se mantiene con el mismo nivel atlético con el que logró 6 títulos de la NBA (National Basketball Association).

El comentarista del partido seguramente describiría el aspecto de MJ en su presentación previa al juego: su uniforme rojo, su número 23 y sus tenis color negro… ¿Esa es información o es análisis?... ¿No le resulta muy parecido al contenido de las "conferencias de análisis" que mencionaba yo al inicio del capítulo? ¡Por supuesto! Cualquier persona con acceso a medios de información (internet) puede conocer estos datos, de la misma forma que alguien que puede estar en el partido o verlo por televisión sabe cómo viste MJ.

No obstante, si en ese mismo partido el comentarista añade que MJ ganó 6 anillos de campeonato con los Chicago Bulls, que promedia 30.1 pts. por partido, el mayor promedio en la historia de la liga, que ganó 10 títulos de máximo anotador, 5 MVP (jugador más valioso-*Most Valuable Player*) en temporada y 6 MVP en los partidos de las finales, que fue el mejor defensivo durante 9 temporadas, líder en robo de balón durante 3 años y que perteneció al mejor quinteto de la NBA en 10 ocasiones, además de ser nombrado el mejor atleta del siglo XX por ESPN y segundo tras Babe Ruth por Associated Press, entonces sí estamos hablando de análisis. Esto equivaldría a decir en una conferencia de análisis que una de las empresas cuyo precio estaba subiendo en la mañana es una compañía de un sector de especial potencial este año debido a la escasez mundial del producto que fabrica, que sus utilidades operativas se estiman con un crecimiento por arriba del promedio del sector, que tiene una estructura financiera muy sana, que sus valuaciones (múltiplos) actuales están por debajo de su promedio histórico y que su consejo de administración es ampliamente reconocido.

La estrategia en el caso del juego de basquetbol sucedería cuando con dicho análisis, el entrenador, que para los Chicago Bulls tendría que ser * * "Phil" Jackson, decide en qué momento MJ debe descansar o participar en el juego. MJ resultaba especialmente valioso y efectivo al decidir quién tenía que realizar el tiro definitivo para ganar el campeonato. Para un portafolio en la Bolsa, la estrategia nos ofrece, por ejemplo, saber en qué proporción podemos considerar cada empresa en un portafolio, cuándo disminuir una exposición o cuándo hacerla más agresiva.

¿Qué le parece?... Considérelo la siguiente vez que escuche de los "análisis en la Bolsa". Yo no dejo de pensar en ello especialmente cada año durante la temporada de la NBA y sigo extrañando a "su majestad", MJ.

Ciclo emocional de las inversiones

Las situaciones recurrentes y peligrosas al invertir en la Bolsa también se relacionan con la naturaleza de emociones equivocadas. Esto se traduce en comprar cerca de niveles máximos del mercado y vender cerca de los mínimos.

** Philip Douglas, *Phil*, Jackson (Deer Lodge, Montana, Estados Unidos, 17 de septiembre de 1945) es un exentrenador y exjugador de la National Basketball Association (NBA). Como entrenador tiene el récord absoluto con 11 títulos, superando la anterior marca histórica de 9 campeonatos como entrenador de Red Auerbach (de los Boston Celtics). Jackson es conocido por aplicar la estrategia del "triángulo ofensivo", ideado por Tex Winter, así como por un método holístico de entrenamiento que nace de una filosofía oriental. Ha escrito varios libros exitosos sobre sus estrategias baloncestísticas y sus diferentes equipos. En 2007, Jackson fue elegido para entrar en el Basketball Hall of Fame (Salón de la Fama del Basquetbol).

Cuadro 8.1 Gráfica del ciclo emocional de las inversiones

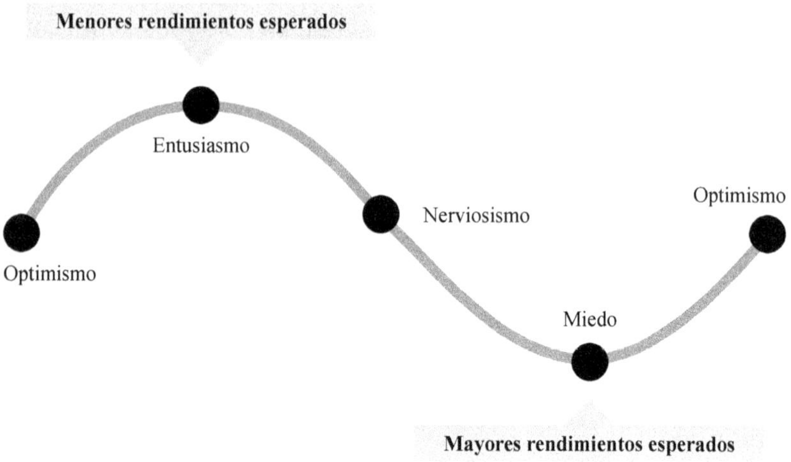

Fuente: *The Investment Answer.*

Características del asesor

Sobre las características que usted necesita identificar para encontrar a "su mejor asesor", la experiencia demuestra que el proceso es muy similar a la elección del médico. Al final será con el que empatice, se sienta cómodo y logre establecer un vínculo de mucha confianza.

Se recomienda tener una primera entrevista y poner atención a dos aspectos:

1. **Conocimiento**: identifique su metodología o filosofía de inversión, preparación académica, experiencia laboral, los resultados que ha tenido y pueda documentar a través del tiempo, solicite algunas referencias de clientes.

2. **Actitud**: la congruencia (pregunte ¿en que invierte él a título personal?), la comunicación clara y abierta, la pasión (¿cuál fue el último libro que leyó en su preparación como asesor?) son importantes, pero lo principal es su honestidad.

Sección II

El rompecabezas bursátil
(9 premisas para invertir en la Bolsa)

9

El rompecabezas bursátil. ¿Qué es importante?

«Estar preparado es importante, saber esperar lo es aun más, pero aprovechar el momento adecuado es la clave de la vida.»
Arthur Schnitzler

Cada vez que tengo la oportunidad de participar en una conferencia frente a estudiantes o el primer día de clases, empiezo preguntando aspectos que los jóvenes consideran importantes: "Si pudieran aconsejar a un amigo, hermano menor o persona que estiman sobre temas o actividades que consideran han sido y deberán ser importantes para un buen desarrollo personal, ¿qué señalarían?".

La mayoría de las respuestas mencionan invariablemente y de manera muy afortunada los siguientes temas:

- **Buena formación académica general** (escuela): Historia, Geografía, Ortografía, Redacción, Civismo.
- **Salud mental**: espiritual (fe) / afectiva (amor) / familia.
- **Salud moral / valores**: bondad (felicidad) / respeto / honestidad / responsabilidad / amistad.
- **Limpieza** (higiene personal).
- **Actividad física**: deporte.
- **Diversión / esparcimiento / buena actitud**.

Con una proporción muy menor de respuestas, algunos jóvenes llegan a mencionar:

- **Salud física**: alimentación, sueño, evitar excesos.
- **Salud financiera**: ahorro / inversión.

Pero cuando hago el mismo ejercicio en un auditorio con personas mayores de 40 años, el resultado cambia de manera radical y son precisamente los últimos temas los que resultan más importantes.

Mi conclusión es que, de manera lógica y natural, cuando uno es joven, por lo general (y afortunadamente) cuenta con buena salud y sus principales necesidades económicas las cubren los padres; no se aprecia la importancia de la salud física y financiera.

No es hasta una edad mayor cuando "aprieta el zapato", es decir, aparecen algunos síntomas de debilidad física (enfermedad) y/o "de dinero", que uno descubre lo importante y necesario que debió haber sido conocer, cuidar y atender desde antes estos 2 aspectos.

Por ello, compartir temas de inversión tiene mucho sentido para quienes estamos convencidos y hemos sido testigos de los beneficios del mundo bursátil. ¡Tenemos que compartir experiencias y conocimiento!

Sin embargo, a lo largo de mi carrera, he percibido repetidamente lo difícil que puede resultar para alguien que no es "especialista en la Bolsa" entender las variables que influyen en nuestro mercado accionario, así como ciertos elementos asociados con estrategias de inversión. Cualquier primer contacto con conceptos como: ciclos, PEA, ineficiencia del mercado, DCF, indicadores económicos, resultado neto, múltiplos, *benchmark*, metodologías, fusiones, valuaciones, IPyC, inversionistas institucionales, promedios móviles, reportes trimestrales, riesgo país, inversos, etc., ya sea a través de cursos, conferencias y lectura, transmite sin duda una sensación de complejidad, "solo para especialistas", que ahuyenta a potenciales inversionistas quienes, en consecuencia, pierden la oportunidad de crear patrimonios.

Una visión aislada de estas variables equivale, desde mi punto de vista, a observar 2 piezas de un rompecabezas con diferentes características en forma y color. Imagine una grande y alargada, azul, contra otra pequeña, ancha, verde... una primera impresión sería que no tienen relación alguna. No obstante, con algo de dedicación y paciencia, usted puede comenzar a armar el rompecabezas y descubrir la enorme relación que tienen ambas piezas. La azul forma parte del cielo de un paisaje, mientras que la verde corresponde al bosque o jardín... ¡Lo mismo sucede con el mercado bursátil!

A partir de este capítulo, la intención de la presente obra será ayudarlo a encontrar la relación entre una serie de conceptos y variables (piezas o premisas) que le servirán primero para entender asuntos generales de la inversión bursátil para después participar en ella... ¡Vamos a armar el rompecabezas bursátil!

Es muy importante entender que no vamos a hablar de la historia de los rompecabezas ni de tipos de rompecabezas. De la misma manera que existen textos que explican los instrumentos, las reglas y los antecedentes del mercado accionario, lo que usted necesita saber en realidad es cómo armar su rompecabezas... ¿Cómo invertir de manera "simple" en la Bolsa para construir un buen patrimonio?

En la práctica, puede haber muchas más piezas. Yo decidí utilizar 9; algunas son más grandes que otras y a cada una le dedico una sección. Las relacionadas con la Estrategia Integral C4 son las piezas grandes.

Con el tiempo, he perfeccionado la metodología de inversión que desarrollé y que aplico desde hace mucho tiempo (los resultados validan su efectividad). Su evolución (mejora) ha sido, además, resultado del ensayo, el error y la documentación, gracias al apoyo y retroalimentación de lectores, clientes, amigos y extraordinarios colaboradores.

Es aquí que recuerdo siempre la charla que tuve con un muy buen amigo cuyo conocimiento y disciplina de inversión en la Bolsa han generado tan buenos resultados, que le sugerí compartirla. Sin embargo, la opinión de mi amigo ha sido la de esperar a madurar aún más su proceso de aprendizaje para después darlo a conocer.

A mí me parece que el proceso de aprendizaje es permanente en cualquier disciplina y es mejor compartir su origen y evolución, que esperar y, tal vez nunca, compartir (nunca se termina de aprender) o hacerlo demasiado tarde.

A diferencia de proyectos anteriores, en este libro consideré importante hacer referencia a similitudes en conceptos y experiencias que a lo largo de casi 30 años de actividad laboral he encontrado en textos y reuniones con reconocidos colegas internacionales con objeto de fortalecer argumentos y conclusiones locales, bajo una lógica muy sencilla: "en este mercado no hay coincidencias".

Finalmente, y regresando a las preguntas hacia jóvenes y adultos con las que inicié este capítulo, he de repetir que estas preguntas están orientadas hacia una reflexión posterior mucho más profunda… ¿Cómo ser feliz?

Buen tema, sin duda, y es por ello que el último capítulo del presente libro se titula "El dinero y la felicidad".

Aquí vamos todos. A seguir aprendiendo.

10

¿Ahorro o invierto?

«La economía consiste en saber gastar
y el ahorro en saber guardar.»
Orison Swett Marden

Por evidente y básico que parezca, antes de "armar el rompecabezas" es importante entender la diferencia entre el ahorro y la inversión, y es que la propuesta de este libro es que usted invierta en la Bolsa.

Muchas personas utilizan y entienden estos conceptos como sinónimos y hacen de ellos un uso indiscriminado. Sin embargo, son diferentes. Una decisión de inversión incorpora siempre un mayor riesgo asociado a la búsqueda de un mayor rendimiento y un horizonte a mayor plazo. En la inversión bursátil, largo plazo se entiende por un periodo no menor a 3 años. Aquí sus principales características:

Ahorro

- Ahorrar implica una acumulación paulatina de dinero.
- El ahorro es la diferencia entre el ingreso y el gasto (personal o familiar).
- Por definición, el ahorro no representa riesgo sobre capital y el rendimiento es fijo (un interés).
- La clave del ahorro no siempre es ganar (ingresar) más, también es bueno gastar menos.
- El ahorro puede tener plazos cortos, medios o largos.

Inversión

- Invertir se refiere a que, una vez que se tiene un capital, ponerlo en riesgo con el objetivo de obtener rendimientos atractivos.
- En las inversiones se asume un grado de riesgo a cambio de un rendimiento mayor, que también es incierto (especulativo).
- Las inversiones ven sus frutos realizados en el largo plazo (3 años).
- La disponibilidad del dinero también varía, pero las inversiones prefieren tener disponibilidad más restringida para generar mayores rendimientos.

Diversos estudios demuestran que hábitos y disciplinas de ahorro en montos y proporciones sobre el ingreso mensual familiar dan buenos resultados a quienes buscan cierta "estabilidad económica" a futuro. No obstante, cifras de la Organización para la Cooperación y Desarrollo Económico (OCDE) indican que en el mundo se ahorra poco. Si bien la tasa de ahorro respecto al ingreso familiar en México parece casi nula, especialistas locales insisten en que la tasa de ahorro promedio en nuestro país es negativa, lo que significa que los mexicanos gastamos más de lo que ganamos.

Una percepción generalizada y equivocada respecto al ahorro es que este puede lograrse únicamente con un mayor ingreso, cuando en realidad funciona mucho mejor cuando se cuida el gasto. Solemos gastar en la medida en que ganamos más.

La falta de una mayor cultura financiera en México se ha traducido además de en falta de ahorro, en decisiones incorrectas sobre alternativas. Las decisiones de inversión no son recetas generales, responden al perfil de cada uno de nosotros a partir de 3 elementos básicos: 1) horizonte de inversión; 2) objetivos de inversión y 3) aversión al riesgo.

En los últimos años, muchos mexicanos ajenos a esta información han optado por alternativas "seguras", sin identificar la pérdida de poder adquisitivo que en realidad tienen. Por ejemplo: una tasa de inversión tradicional (Cetes a 28 días), ha venido pagando cerca de 4.5% anual. La tasa efectiva después de impuestos termina siendo poco menos de 4%. ¿De cuánto ha sido la inflación en nuestro país en el mismo periodo? ¡Muy parecida o un poco mayor! Es decir, lo que usted "gana" en el año "ahorrando", lo pierde con la inflación. El resultado es más alarmante si usted considera que su inflación personal seguramente es mayor que la oficial. Esto significa que su gasto familiar de colegiaturas, prediales, hospitales, vivienda, consumo en general y diversiones (vacaciones) seguramente no aumenta a la par que la inflación oficial. ¿Cuánto tiempo lleva así?

Una alternativa poco conocida y de percepción equivocada en general es la inversión bursátil. En la primera sección del libro detallé la proporción, muy pobre, de la población económicamente activa (PEA) en México que invierte en la Bolsa. Los argumentos tradicionales para no invertir en la Bolsa suelen ser:

- Se necesita mucho dinero
- Es sumamente riesgosa
- Es muy complicada
- Es una apuesta y depende de la suerte
- Únicamente gana el asesor

En una inversión, el componente de riesgo parece mayor, no obstante, tanto el ahorro como la inversión suponen riesgos. Aquí mencionamos algunos:

- **Inflación**. Que sus inversiones tengan un rendimiento inferior al de la inflación de su país o personal, lo que representa una pérdida del poder adquisitivo de dinero.
- **Riesgo de no pago**. Si tiene bonos o certificados representa que el emisor de tu bono no pueda realizar los pagos de interés a los que se comprometió.

- **Riesgo de la tasa de interés**. Cuando las tasas de interés suben, los bonos que ofrecieron tasas de interés menor bajan en valor, ya que los nuevos inversionistas prefieren las emisiones a un interés mayor.

- **Riesgo cambiario**. Es el riesgo de que la moneda en la que se esté invirtiendo se devalúe en contra del euro o dólar, que son las monedas de referencia, generando que su rendimiento disminuya.

- **Riesgo del mercado**. Es el más evidente en la Bolsa y se refiere al riesgo de que el mercado cambie su tendencia y usted decida vender a un precio menor del que compró.

Para el mercado accionario en particular, se clasifican también 2 tipos de riesgos: el sistemático y el específico.

- **Riesgo sistemático**: aquel que se relaciona con una condición general del mercado. Dicha condición puede asociarse a factores tanto internos (devaluaciones) como externos (crisis en Estados Unidos). Cuando el mercado se asocia a este riesgo, el participante no entiende de excepciones (sectores buenos, empresas baratas, empresas con expectativas de crecimiento, etc.), simplemente toma decisiones de ventas generales.

- **Riesgo específico**: es particular para algún sector o empresa. Algunos ejemplos de este riesgo serían la baja en el precio del oro (afecta a las empresas mineras), la cancelación de algún proyecto importante, la presencia de algún tipo de demanda hacia alguna empresa o los cambios en el Consejo de Administración de una empresa.

Más adelante usted descubrirá que existen otros riesgos en la Bolsa, pero no se preocupe, la metodología que voy a proponer (Estrategia Integral C4) tiene como una de sus características principales la permanente búsqueda de un menor riesgo en las distintas etapas en las que este pueda presentarse.

Al invertir en la Bolsa, su objetivo principal no debe ser la búsqueda de mayores rendimientos a toda costa pues, si lo hace así, incurrirá (incluso sin darse cuenta) en distintos riesgos.

Su prioridad debe ser disminuir riesgos y entender los rendimientos como consecuencia del control de riesgos.

Pero, más allá del riesgo, le repito que la principal razón de que no haya más participantes en este mercado es la falta de conocimiento e información.

Por otra parte, el riesgo es inherente en todo proceso de decisión; las únicas personas que no se arriesgan son las que no toman decisiones y ello representa en sí mismo la peor decisión. Las decisiones aparentemente menos importantes conllevan un riesgo: cuando decidimos sobre algún viaje, dónde comer, de qué lado cruzamos la calle.

Reflexione sobre lo siguiente: invertir con éxito consiste en tomar decisiones hoy que sean certeras a futuro, pero como nadie puede predecir con exactitud el futuro, entonces el riesgo es inevitable.

En la Bolsa no es difícil identificar acciones con potencial de alza. Si usted las identifica de manera constante, sus resultados serán buenos, pero será difícil que logre mantener un paso exitoso durante un periodo largo si no está dispuesto a asumir determinados riesgos.

Por ello, el primer paso de un inversionista exitoso consiste en entender el riesgo; el segundo, en identificar cuando el riesgo es alto, y el tercer paso es saber controlarlo.

A continuación, un cuadro estadístico que demuestra la manera en que la inversión en la Bolsa (Índice de Precios y Cotizaciones - IPyC) en México ha superado con creces cualquier otra alternativa de inversión. El cuadro supone una inversión inicial de $10,000 pesos, en cualquier año entre distintas alternativas, y muestra el saldo acumulado hacia finales de 2016.

Cuadro 10.1 Comparativo histórico entre alternativas de inversión y saldos con $10,000 (una sola vez)

Años	Plazo	IPyC % por año	IPyC	Dólar	Dow Jones	*MSCI	Oro	Petróleo	**Cetes 28d
1990	27 años	50.09%	1,089,511	77,239	554,327	433,050	221,907	244,899	334,528
1991	26 años	127.65%	725,885	70,501	528,930	473,265	206,539	175,100	237,355
1992	25 años	22.91%	318,856	67,603	421,536	378,457	219,761	248,481	196,045
1993	24 años	47.92%	259,417	66,412	397,513	388,212	229,832	233,222	167,866
1994	23 años	-8.72%	175,372	66,711	351,123	312,264	196,814	318,677	144,721
1995	22 años	16.96%	192,127	40,247	207,395	179,373	121,079	155,169	125,804
1996	21 años	20.97%	164,274	26,918	104,077	100,558	80,165	94,946	78,178
1997	20 años	55.59%	135,800	26,254	80,447	86,526	82,123	70,575	57,385
1998	19 años	-24.28%	87,282	25,700	64,213	73,657	102,433	99,871	47,122
1999	**18 años**	**80.06%**	115,270	20,920	44,998	49,133	83,569	120,852	36,957
2000	17 años	-20.73%	64,016	21,818	37,563	40,333	87,079	58,050	29,908
2001	16 años	12.74%	80,753	21,479	39,443	46,364	91,127	55,433	25,685
2002	15 años	-3.85%	71,627	22,628	44,614	57,937	93,453	70,267	22,972

2003	14 años	43.55%	74,494	19,940	47,254	63,043	66,033	35,237	21,402
2004	13 años	46.87%	51,895	18,454	34,911	43,353	51,219	33,691	20,111
2005	12 años	37.81%	35,333	18,588	34,061	37,691	48,841	29,882	18,790
2006	11 años	48.56%	25,638	19,504	35,942	35,494	43,442	19,329	17,148
2007	10 años	11.68%	17,257	19,176	30,211	28,715	34,475	18,276	15,962
2008	9 años	-24.23%	15,453	18,982	28,285	25,337	26,234	10,661	14,858
2009	8 años	43.52%	20,394	15,003	33,657	34,437	19,574	20,300	13,765
2010	7 años	20.02%	14,210	15,844	29,996	26,857	16,630	10,033	13,043
2011	6 años	-3.82%	11,840	16,763	28,565	25,098	13,570	9,412	12,487
2012	5 años	17.88%	12,310	14,834	23,995	23,848	10,931	6,541	11,970
2013	4 años	-2.24%	10,443	15,922	24,216	22,081	10,940	7,640	11,477
2014	3 años	0.98%	10,682	15,834	18,878	17,655	15,193	7,769	11,058
2015	2 años	-0.39%	10,579	14,055	15,584	14,967	13,668	14,318	10,728
2016	1 año	6.23%	10,620	12,042	13,658	13,064	13,073	20,371	10,417

Fuente: BMV / Bloomberg / Notas *) Índice de Morgan Stanley de Acciones Globales; **) Promedio anual.

Por ejemplo, con una inversión de $10,000 en 1999 (el año que nació Martha María, *Semilla*, mi hija mayor) en Cetes (inversión tradicional en el banco), usted tendría a finales de 2016 un saldo de $36,957. En dólares el saldo sería $20,920, no obstante las recientes devaluaciones; en oro, $83,569 y, en la Bolsa, sin ninguna estrategia que pudiera maximizar el resultado y minimizar el riesgo $115,270 pesos.

Al ver los números recuerde que no estamos hablando de un periodo especialmente favorable en nuestra economía o en el mundo. La crisis económica propició el refugio en metales y un alza en la demanda de petróleo por distintos conflictos geopolíticos que elevaron temporalmente sus precios, repitiendo patrones de ciclos económicos. No obstante, a mayor plazo, el resultado en la Bolsa ha sido de lo mejor (y lo seguirá siendo).

Observe por favor en la misma tabla (la tercera columna indica la variación nominal del IPyC cada año) la tendencia a largo plazo en su mayor parte positiva en la Bolsa en México (mucho mayor la cantidad con plusvalías que con minusvalías). Esto, entre otras razones, debido a la favorable manera en que su índice (IPyC) se revisa cada año y se reconstituye con el grupo de las mejores 35 empresas.

¿Qué le parece? ¿Había visto antes un comparativo con estos resultados?

Esta condición (no exclusiva de México, sino de los mercados accionarios en general) es la que han entendido, y han favorecido durante muchos años, los empresarios e inversionistas que aparecen en la revista *Forbes* y a muchos otros más, que en México no hemos sabido aprovechar.

En el próximo capítulo titulado "Las 9 piezas (premisas)" presento un resumen de los resultados que durante 16 años ha obtenido la metodología expuesta en este libro. Anticipo que ha promediado anualmente cerca de 8 puntos porcentuales (8%) más que el promedio anual del Índice de Precios Cotizaciones (IPyC) y, además, con un riesgo mucho menor. El IPyC ofreció en el mismo periodo ganancias anuales promedio de 16.31% *vs*. 24.16% de nuestra Estrategia C4.

Ahora dígame por qué usted no ha decidido invertir en la Bolsa, ¿por el riesgo o por desconocimiento?

11

Las 9 piezas (premisas)

«El mundo es un rompecabezas cuyas piezas cada uno
de nosotros arma de diferente manera.»
David Viscott

De lo mejor que he aprendido como analista, estratega y asesor es ser objetivo y comenzar con conclusiones breves.

El receptor de información siempre agradece una síntesis de las principales ideas, así que aquí tiene usted las 9 piezas que armaremos en los próximos capítulos. Ya le anticipé que algunas son más grandes que otras, pero le aseguro que cada una es importante.

Las 9 piezas del rompecabezas bursátil

1. **Ciclos: fíjese en el dentista**: las alzas y bajas son normales y también necesarias. ¿Cómo saber en qué fase está el mercado?
2. **El mercado es ineficiente**: genera oportunidades permanentes para encontrar el valor (precio) atractivo. Las coyunturas (ineficiencia) se explican por 4 factores (fundamental, estructural, psicológico y técnico). El "señor Mercado" es mi socio.
3. **La inversión no es una ciencia exacta**: para su éxito necesita, 1) capacidades básicas; 2) sentido común y 3) temperamento (disciplina y paciencia).
4. **No es el mismo riesgo para todos**: los inversionistas en la Bolsa no asumen el mismo riesgo solamente por invertir en la Bolsa.

5. **Las 4 fases de riesgo bursátil**: 1) La definición de proporción para invertir en la Bolsa (de un portafolio total); 2) La selección de emisoras que integran un portafolio; 3) La diversificación de emisoras (número y proporción) y 4) Identificar el momento adecuado para participar (o dejar de participar). Me tomó muchos años identificar y plantear esto en un modelo.

6. **Perfil y estilo de inversionista**: el perfil determina el estilo, 1) institucional (dueño de empresa) a mayor plazo o 2) especulador *(trader)* de corto plazo, este último, con mucho mayor riesgo. Recuerdo, además, que ninguno aparece en la lista de grandes creadores de patrimonio de la revista *Forbes*.

7. **Nuestro estilo debe ser: ¡pensar como accionista!** Es decir, como dueño proporcional de una empresa. Una empresa que me gustaría que fuera mía (por empatía o por interés); una empresa de la que me siento orgulloso. No invierto en algo que no conozco: para encontrar la empresa extraordinaria se necesita el aspecto cuantitativo y cualitativo.

8. **La clave**: identificar empresas extraordinarias a valor (precio) atractivo (no justo).

9. **Toda propuesta de inversión debe estar acompañada de resultados**: Para esta última premisa, anexo en la siguiente página una tabla comparativa entre los resultados que desde 2001 observó la estrategia en la Bolsa conocida como Metodología Integral C4, la cual me tomó varios años diseñar y que se ha venido perfeccionando en el tiempo. Desde su inicio, siempre ha superado el rendimiento anual del IPyC pero con la ventaja adicional de un riesgo mucho menor (más controlado). Los resultados los he presentado en distintos reportes públicos de las diferentes instituciones en las que he tenido el gusto de colaborar (GBM, Santander, Ixe y B×+).

Si bien son resultados de carácter teórico, que además no consideran comisiones finales al cliente, deberán entenderse como el mejor ejemplo del resultado de una metodología disciplinada en términos de la selección y distribución de las empresas de las que hemos propuesto volverse socios. En 2016, por primera vez nuestro resultado fue inferior al del IPyC al acumular una variación negativa de -2.07% *vs*. un avance de 6.2% del indicador bursátil en el mismo periodo. Sin pretender justificación alguna, todo el año nos mantuvimos muy cerca del rendimiento del IPyC con una estrategia defensiva ante la incertidumbre y el difícil contexto de ese año (fuertes alzas en tasas de interés, baja en la perspectiva económica del mundo y de México en particular, baja en perspectiva económica de calificadoras hacia México, de *estable* a *negativo*, valuación del mercado en máximos de 11 años y amenaza de Donald Trump como posible Presidente de Estados Unidos). Finalmente, el 9 de noviembre de 2016, y para la sorpresa de todo el mundo (yo aún no lo creo), Trump fue elegido presidente de Estados Unidos y el impacto inmediato fue muy negativo para un grupo de acciones en México. Aunque nos pudimos reponer muy bien los siguientes meses y para marzo de 2017 ya superábamos de nuevo el IPyC, la "foto" de 2016 no fue favorable.

Cuadro 11.1 Comparativo IPyC *vs*. Estrategia C4

	Rendimiento por año			Rendimiento acumulado		
Fecha	Estrategia C4	IPyC	Fondos de Inversión comunes	Estrategia C4	IPyC	Fondos de Inversión comunes
*2001	11.38%	8.24%	5.01%	11.38%	8.24%	4.73%
2002	-1.92%	-3.85%	-5.60%	9.24%	4.07%	-2.45%
2003	58.18%	43.55%	30.74%	72.80%	49.40%	27.97%
2004	57.10%	46.87%	31.74%	171.47%	119.42%	68.91%
2005	42.97%	37.81%	26.60%	288.11%	202.38%	113.55%
2006	62.32%	48.56%	32.97%	529.99%	349.22%	182.74%
2007	22.14%	11.68%	14.89%	669.47%	401.69%	226.51%
2008	-19.48%	-24.23%	-20.90%	519.60%	280.13%	157.49%

2009	52.76%	43.52%	31.37%	846.47%	445.57%	240.31%
2010	28.86%	20.02%	11.67%	1,119.61%	554.79%	276.01%
2011	-2.81%	-3.82%	-5.52%	1,085.39%	529.76%	257.27%
2012	25.98%	17.88%	6.87%	1,393.38%	642.35%	282.20%
2013	6.43%	-2.24%	2.39%	1,489.34%	625.72%	291.98%
2014	2.90%	0.98%	-0.52%	1,535.44%	632.83%	288.31%
2015	15.58%	-0.39%	1.98%	1,790.19%	629.98%	**301.90%
2016	-2.07%	6.20%	ND	**1,751.08%**	**675.25%**	
Promedio	22.52%	15.67%	10.91%	109.44%	42.20%	**20.13%

Cuadro 11.2 Comparativo histórico de la Estrategia C4, el IPyC y las Sociedades de Inversión

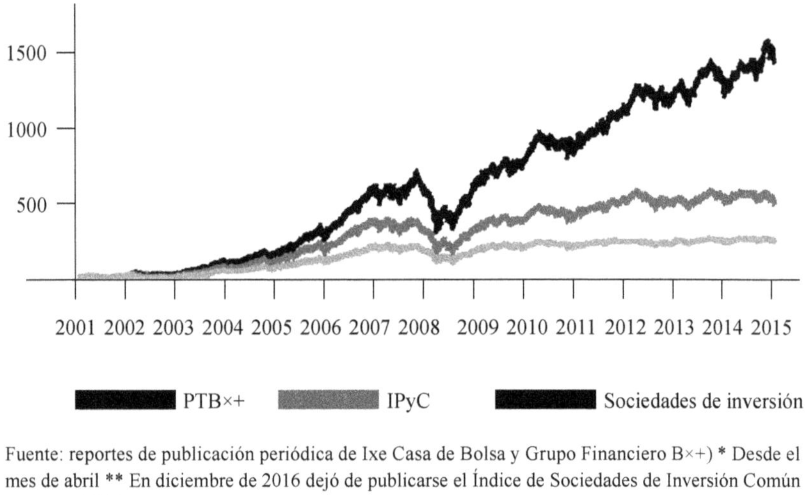

Fuente: reportes de publicación periódica de Ixe Casa de Bolsa y Grupo Financiero B×+) * Desde el mes de abril ** En diciembre de 2016 dejó de publicarse el Índice de Sociedades de Inversión Común (renta variable).

12

Pieza 1
Ciclos: fíjese en el dentista

«El caer no ha de quitar la gloria del haber subido.»
Pedro Calderón de la Barca

Ciclo: serie de fases por las que pasa un fenómeno periódico hasta que se reproduce una fase anterior.

Muchos consideran que el futuro bursátil depende únicamente de las decisiones de quienes compran y venden, por lo tanto, su comportamiento es impredecible. Al igual que los terremotos, se puede vaticinar que a futuro sucederá una tendencia bajista o alcista, pero no cómo ni cuándo, de lo contrario todos seríamos millonarios. Tal característica de incertidumbre hizo que los economistas de principios del siglo XX consideraran inútil analizar sus vaivenes, pero con la llegada de la ciencia estadística todo cambió. Con objeto de anticipar desastres como los causados por la Gran Depresión de 1929, desde los años cincuenta empezaron a proponerse métodos del análisis bursátil. Entre estos, destacan el fundamental, basado en el estudio de cifras financieras de las empresas en la Bolsa, y el análisis técnico, cuyo soporte son datos y formaciones que produce el propio mercado (precios, volumen, etc.) Por último, las múltiples teorías de ciclos, basadas en la constatación de que a una subida sigue siempre una caída. Existen muchas: desde los que abarcan 64 años, hasta los que aseguran que la Bolsa sube los viernes y baja los lunes. Frente a todos estos métodos predictivos, en los últimos tiempos aparecieron modelos basados en la física, como la teoría del caos o del camino aleatorio, que sostienen la imposibilidad total para predecir el mercado bursátil. Los que llevamos un tiempo en esto hemos visto que son varios los factores que intervienen en la Bolsa (fundamental, psicológico, estructural y técnico) y que cualquier suceso puede cambiar la tendencia de modo inesperado.

Sin dar muchas vueltas, el mensaje de esta primera pieza es:

> Cada vez que usted escuche que la Bolsa sube o baja no se preocupe ni se entusiasme demasiado, debe entender que es perfectamente normal; así funciona la economía, los mercados en general y hasta la propia naturaleza y la vida. Así ha sido y así será siempre.

En este capítulo usted encontrara distintas teorías, asociaciones e indicadores relacionados con estos ciclos, pero para "abrir boca" le recomiendo nuevamente que tenga siempre muy presente el sentido común.

Peter Lynch, uno de los más reconocidos estrategas de inversión a nivel internacional, cuya principal característica ha sido el sentido común, visitaba supermercados con regularidad y también negocios especializados para verificar los productos de las empresas donde invertía. Lynch charlaba atentamente con clientes y empleados, tratando de evaluar si estaban contentos y satisfechos con los productos de las firmas elegidas, un procedimiento simple para de esta manera lograr una impresión real de los riesgos y oportunidades en la inversión.

Peter Lynch desarrolló un método llamado La teoría de la reunión (The Cocktail Theory) para identificar las fases de un ciclo de mercado, el cual sugiere observar el comportamiento de los asistentes cuando en una misma reunión convive un administrador o estratega de inversiones bursátiles y un dentista (u otro personaje ajeno al mundo bursátil). Personalmente la he comprobado con regularidad. El cuadro siguiente describe los indicadores. Disfrútelos, vívalos, recuérdelos y procure invitar siempre a un dentista a sus reuniones.

Cuadro 12.1 La teoría de la reunión

Fase	Bolsa	Características de la reunión
Fase 1	El mercado viene de una baja y nadie espera que suba de nuevo. Nadie habla del mercado accionario.	• Cuando en la reunión, los que se enteran de que entre ellos se encuentra un manejador de inversiones y eso les interesa poco, cambian el tema para hablar de los resultados de un evento deportivo del fin de semana, de las elecciones políticas o del clima. • La atención se centra en un dentista y en cómo pone las placas.
Fase 2	El mercado ha comenzado a subir.	• En una reunión similar, algunos nuevos conocidos se animan a preguntarle al manejador de inversiones: "¿Qué tan riesgoso resulta invertir en acciones?" • Después, le preguntan al dentista sobre las placas dentales.
Fase 3	El mercado avanzó ya varios puntos.	• Un grupo de asistentes a la reunión ignora al dentista para atender (rodear) al manejador de fondos toda la tarde. De manera sucesiva, un grupo de entusiastas le preguntan al manejador: "¿Qué acciones deberíamos comprar?" • Gran parte de los asistentes a la reunión han invertido en la Bolsa y discuten sobre lo que puede suceder.
Fase 4	Las ganancias en la Bolsa son realmente atractivas.	• El mismo grupo de asistentes a la reunión rodean al manejador de inversiones, pero esta vez para decirle a él qué acciones debe comprar. • Incluso el dentista da 3 o 4 consejos y en los siguientes 5 días esas mismas recomendaciones efectivamente han subido.

Fuente: Peter Lynch, *One Up on Wall Street*. Nueva York, Simon and Schuster.

Esta teoría de la reunión tiene una relación directa con el llamado "ciclo bursátil", cuyo movimiento de alza identifica también 4 fases (renuencia, consolidación, aceptación y exuberancia) y el de baja, 2 (baja fuerte y "goteo").

Usted podrá escuchar distintos nombres para estas fases en otros textos, sin embargo, lo importante es identificar el tipo de situaciones o "señales" en el contexto económico y corporativo que tradicionalmente sucede en cada fase. Los cuadros siguientes ofrecen esa información.

Cuadro 12.2 "Señales" del ciclo bursátil completo

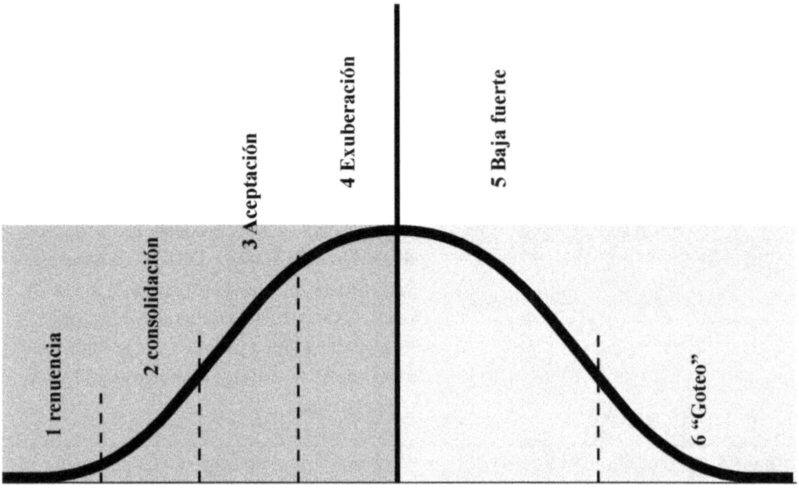

Fuente: *Jbandina.panseo.org/cicle02.htm.*

Las cotizaciones de la Bolsa en general se mueven según tendencias, las cuales se clasifican en 3 grupos:

1. **Primarias**: duran, como mínimo, 1 año y dan lugar a una variación de las cotizaciones de, como mínimo, 50%.

2. **Secundarias**: una tendencia primaria alcista está compuesta de 3 (o más) tramos alcistas, interrumpidos por 2 (o más) tramos bajistas. Cada uno de estos tramos secundarios tiene duración de entre

1 y 12 meses. Obviamente cada suelo de una corrección secundaria queda por encima del suelo de la corrección anterior. Lo mismo vale para una tendencia primaria bajista, pero al revés.

3. **Menores**: cada tendencia secundaria está, a su vez, compuesta de movimientos o tramos menores, los cuales tienen una duración máxima de 1 mes. Aquí nos centraremos, fundamentalmente, en el estudio de las fases que componen las 2 tendencias primarias, y daremos, a la vez, una breve referencia sobre el ciclo económico corto que se desarrolla paralelamente.

Fases y características del ciclo del mercado bursátil

Cuadro 12.3 Tendencia primaria alcista *bull market*

Fase	Características / señales
I **Fase de resistencia (acumulación)**	• La economía está en su peor momento del ciclo económico corto y las utilidades de las empresas son muy reducidas (pérdidas); las expectativas de los empresarios son pesimistas. La tasa de inflación comienza a llegar a niveles muy bajos. • Los inversionistas que perdieron dinero en la fase bajista anterior no quieren saber nada de la Bolsa, el volumen es mínimo, los comercios vacíos, las cotizaciones aparecen en diarios (si aparecen) en algún rincón de la sección económica. Los inversionistas institucionales más conocedores (Buffett, Soros, Slim, etc.) comienzan a comprar.
II **Fase de consolidación (liquidez)**	• Al haberse reducido sustancialmente la tasa de inflación, el gobierno intenta reanimar la economía con una política económica expansiva. La combinación de inflación baja y expansión monetaria da lugar tasas de interés muy bajas. A pesar de esto, la economía continúa en depresión en el ciclo económico corto. • La baja en tasas de interés reduce la rentabilidad de la renta fija y esto propicia migración hacia renta variable. Como los "expertos" compran antes, la oferta es menor, lo cual da como resultado que las cotizaciones suban más rápido.

III **Fase de aceptación (fundamental)**	• La inflación continúa baja y también las tasas de interés. Ahora la economía va mejorando. • Las ventas y utilidades de las empresas aumentan: primero, las de bienes de consumo. Cuando ya trabajan a plena capacidad, aumentan las ventas de las de bienes de inversión (equipos industriales, construcción, etcétera.) • En la medida en que se van obteniendo noticias que confirman la recuperación económica y los balances de las empresas van presentando cada vez mejor aspecto, corre la noticia de que la Bolsa está ganando mucho. Los medios de comunicación comienzan a fijarse en la evolución bursátil. • Una masa creciente de dinero se dirige a la Bolsa, provocando un alza sostenida y general de precios.
IV **Fase de exuberancia (especulativa)**	• La economía está en un *boom*. Casi todas las empresas trabajan a plena capacidad, aun con las ampliaciones de la capacidad de producción que se han llevado a cabo. Todos los negocios van bien. • La inflación comienza a mostrarse como peligro creciente. Los sindicatos, frente a la pérdida de poder adquisitivo y la situación de pleno empleo, presionan para obtener mejores salarios. Los empresarios ofrecen escasa resistencia porque, en una situación donde la demanda de sus productos es tan intensa, pueden trasladar fácilmente estos incrementos de costos en precios más elevados. • La Bolsa lleva 3 o más años subiendo. Muchos enterados ya dedican sus ahorros a la Bolsa, esperando obtener las plusvalías que los que entraron mucho antes. La rentabilidad por dividendo es menor. • En esta fase todos los medios de comunicación siguen atentamente la evolución de la Bolsa (que se conviernte en noticia de primera plana en los diarios). Muchas personas (incluso con pobre cultura financiera) se sienten animadas a comprar acciones (algunas, después de ciertas ganancias, quedan convencidos de que son auténticos expertos financieros que no habían sido descubiertos). • Por otro lado, los verdaderos expertos al identificar utilidades de las empresas anormalmente altas y amenazas de una inflación elevada para la continuación del buen momento económico, comienzan a vender. • Esto provoca que las acciones de las mejores empresas, a pesar de la enorme cifra de compras por parte del público, muestren una creciente resistencia a subir. Entonces, "el hombre de la calle" se lanza a comprar acciones en la peor situación económica (y que por este mismo motivo habían subido muy poco hasta este momento), haciendo que sus cotizaciones comiencen un alza sorprendentemente fuerte.

Fuente: *Jbardina.pangea.org.*

Cuadro 12.4 tendencia primaria bajista *bear market*

Fase	Características / señales
V **Fase de bajada fuerte**	• Cuando el dinero "fresco" que entra a la Bolsa comienza a disminuir y el mercado ya lleva un tiempo oscilando bruscamente sin una tendencia definida, se presenta una fuerte baja en volúmenes de operación y comienzan las dudas entre especuladores profesionales sobre la continuidad del proceso alcista. • Estas dudas se resuelven, normalmente, con la venta acelerada de sus carteras. • La caída se hace vertical y más brusca en las acciones de empresas con mayor bursatilidad ("no vendes lo que quieres, sino lo que puedes") y en empresas en situación económica no demasiado buena. • El gran público no cree que una nueva tendencia bajista ha comenzado, sino que lo toma como una baja transitoria del mercado antes de recuperar su antigua tendencia alcista. En consecuencia, no vende, sino que, quizá, todavía compra un poco más. • En esto no es el único equivocado: los medios de comunicación, en general, caen en el mismo error de perspectiva y tendrán el efecto de reafirmar al gran público que su punto de vista es correcto (el viejo error de pensar que "tanta gente a la vez no puede equivocarse").
VI **Fase de "goteo"**	• La inflación es alta y el gobierno comienza a implementar una política económica de signo restrictivo. Las tasas de interés que ya habían empezado a subir en la fase "especulativa" debido a la elevada demanda de crédito, suben ahora todavía más por la política monetaria de signo restrictivo del gobierno. La tasa de inflación comienza a bajar, pero las ventas de empresas caen y las utilidades se reducen (incluso hay pérdidas): la recesión económica es ahora evidente para todos. • Los inversionistas sufren un enorme desencanto. No obstante, se resiste a vender porque confía en volver a ver las cotizaciones a las que compró (y entonces vender y "quedar tablas"). • En la medida en que algunos irán necesitando el dinero, en un contexto de crisis económica, irán vendiendo, y así provocando el lento y largo descenso de las cotizaciones conocido como "goteo". Estas ventas sin esperanza se prolongarán hasta la primera fase del nuevo ciclo alcista (la fase de "acumulación"). En este momento estarán proporcionando la contrapartida a los inversionistas institucionales expertos (Buffett, Soros, Slim, etc.) quienes, lentamente, ya estarán comenzando a comprar, con lo que se inicia un nuevo ciclo.

Fuente: *Jbardina.pangea.org.*

Ciclos por sectores

Entre los estudios de los ciclos, son de interés aquellos que hacen referencia al desfase entre el comportamiento de la economía y los mercados financieros y al propio comportamiento de sectores empresariales (que avanzan y disminuyen a un ritmo diferente).

Por ejemplo, el sector financiero tradicionalmente lidera el mercado de valores, y es uno de los primeros en caer cuando el mercado registra un nivel máximo y uno de los primeros en avanzar en la última fase de un mercado de bajas. El sector del transporte es también uno de los más fuertes en reaccionar al inicio de un mercado alcista, pero generalmente es de los que más sufren (bajan) ante las primeras señales de que un mercado que puede comenzar una fase a la baja está cerca.

Es la variación a largo plazo de las cotizaciones las que dan lugar a la tendencia primaria de la Bolsa. Por lo general, estos ciclos coinciden con los ciclos económicos con un adelanto de 6 a 12 meses.

La siguiente gráfica ilustra el desfase entre los ciclos de mercado accionario y la economía del país. En el ciclo bursátil se identifica además el comportamiento que históricamente observan los distintos sectores empresariales durante los tiempos de alzas y bajas.

Cuadro 12.5 Desfase entre ciclo económico y de mercado, por sector

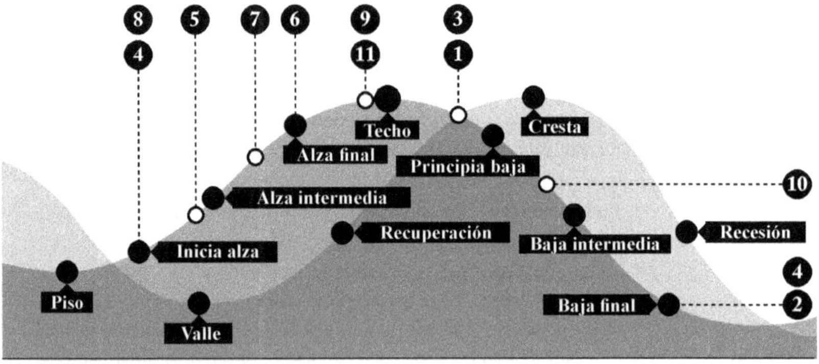

1 Consumo no cíclico. **2** Consumos cíclicos duraderos y no duraderos. **3** Atención a la salud. **4** Financieros. **5** Tecnología. **6** Industria básica. **7** Bienes de capital. **8** Transporte. **9** Energía. **10** Utilidades. **11** Metales preciosos.

Fuente: *Marketoracle.com.uk.*

Los modelos de opinión contraria

Una vez conocida y entendida la información anterior, lo que tiene que hacer como inversionista es utilizarla, aprovecharla. En el tema de ciclos, en especial los que asocian la psicología y el sentimiento de los participantes, algunos estrategas proponen el empleo de modelos de "opinión contraria".

Una forma fácil de entender estos modelos es reconocer que en el tiempo los inversionistas ganadores han sido aquellos que tuvieron lo necesario para comprar en momentos de crisis (pánico) y vender en épocas de bonanza (euforia). Esto es, cuando mayor es la confianza, mejor será la oportunidad de venta y viceversa, entre mayor desconfianza o miedo, mayores oportunidades de inversión en escenarios de plazo más largo (recuerde el ciclo emocional del inversionista comentado en el capítulo de "El riesgo de la automedicación bursátil").

A continuación comento algunos índices o modelos de opinión contraria asociados con ciclos y psicología de inversionista en los mercados de Estados Unidos que han tenido resultados exitosos en el tiempo.

Sirven de referencia en el mercado mexicano dada la correlación de nuestro mercado bursátil con los del país del norte. Personalmente, estoy convencido de que las oportunidades en la inversión bursátil se presentan en momentos de crisis.

El modelo pánico-euforia (Panic/Euphoria Model)

Fue desarrollado por el estratega Tobias Levkovich. La gráfica del modelo la publica periódicamente Citigroup (actual copropietaria del modelo) y busca "calibrar" el sentimiento del participante para traducirlo en la probabilidad del movimiento del mercado accionario en los siguientes 12 meses. El modelo de Levkovich ha sido probado para un periodo de 18 años con buenos resultados. La metodología del modelo no se precisa, pero se sabe que incluye la medición de los siguientes factores: balance de deuda, volumen de operación en las Bolsas en Estados Unidos, opciones *put*, encuestas de sentimiento, futuros de *commodities*, precios de gasolina, etc. Cuando el índice entra a la zona de pánico, existe 80% de posibilidad de que la Bolsa (Estados Unidos) suba en los siguientes

3-6 meses y 95% de probabilidad de alza en el año que sigue. En la última crisis de 2008 esto resultó acertado.

Cuadro 12.6 El modelo pánico-euforia (other PE) SM

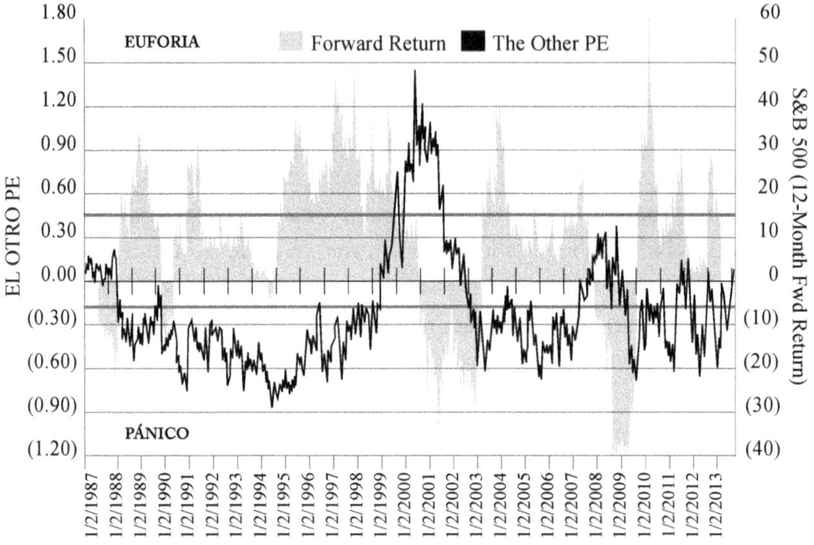

Fuente: Citigroup.

Índice de Confianza del Inversionista State Street

Se trata de un indicador (gráfica) que indica el comportamiento inverso entre el Índice de Confianza del Inversionista State Street (Investor Confidence Index) y el índice accionario S&P 500 de Estados Unidos, que se publica mensualmente. Mide cuantitativamente el apetito por el riesgo al analizar los patrones de inversionistas institucionales, que representan aproximadamente 15% de activos (acciones) operados a nivel mundial. Entre mayor es la exposición de inversiones en la Bolsa, mayor es el apetito de riesgo o la confianza de los inversionistas. Su nivel histórico más bajo ha sido de 82.1 al inicio de 2009 (después de la crisis económica mundial) y su promedio de 14 años es 111.77 pts. El índice fue desarrollado por el profesor de la Universidad de Harvard (Estados Unidos), Kenneth A. Froot, junto con el director de la corporación State Street, Paul O'Connell.

Cuadro 12.7 Índice de Confianza del Inversionista State Street *vs.* S&P 500

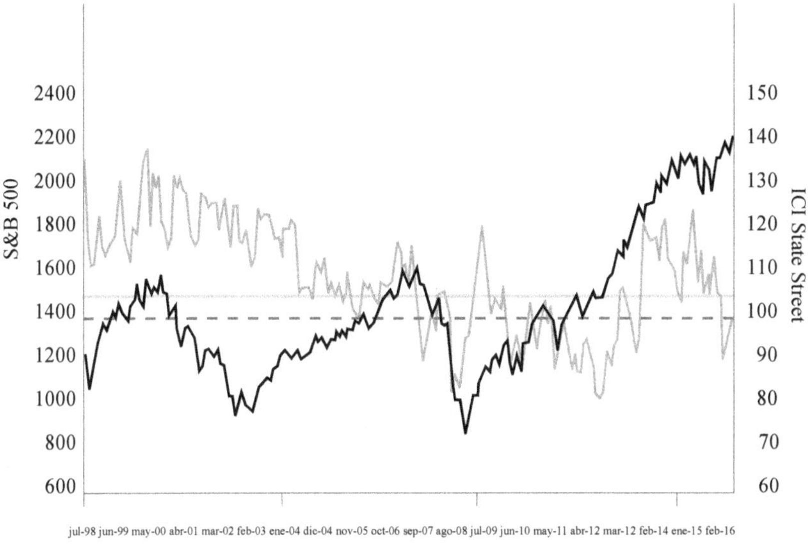

S&B ICI *State Street* - - - - Nivel neutral 100 Promedio últ. 12m

State Street Corporation es una empresa líder mundial proveedora de servicios financieros para inversionistas institucionales (inversión, manejo de activos, análisis, operación). Tienen bajo custodia activos cercanos a los $23.2 billones de dólares y manejan más de $2 billones de dólares. Operan en 29 países con presencia geográfica en más de 100 mercados.

Índice del Miedo y la Ambición (Fear & Greed Index CNN Money)

Otro indicador de sentimiento de mercado útil para estrategias de opinión contraria es el llamado Índice del Miedo y la Ambición (Fear & Greed Index) que publica el portal de negocios más grande del mundo y que distribuye en línea las reconocidas revistas Fortune y Money: CNN Money. Este índice se fundamenta en el hecho de que los participantes del mercado actúan permanentemente impulsados por 2 sentimientos:

miedo y ambición, y utiliza 7 indicadores para su construcción. En cada indicador se observa la variación respecto a su variación histórica promedio. Las observaciones se llevan a cabo en una escala de 0 a 100. Cuanto mayor sea la lectura, más ambiciosos están siendo los inversionistas; 50 puntos es una calificación "neutral". Al final, se juntan todos los indicadores (igualmente ponderados) para una lectura. Cuando el índice accionario S&P 500 en Estados Unidos cayó a un mínimo de 3 años, el 17 de septiembre de 2008, el Índice del Miedo y la Ambición se hundió a 12 pts. El índice ganó terreno a los 28 pts. A diferencia del Índice de Confianza del Inversionista State Street, sus resultados se conocen diariamente.

Cuadro 12.8 Índice del Miedo y la Ambición CNN Money

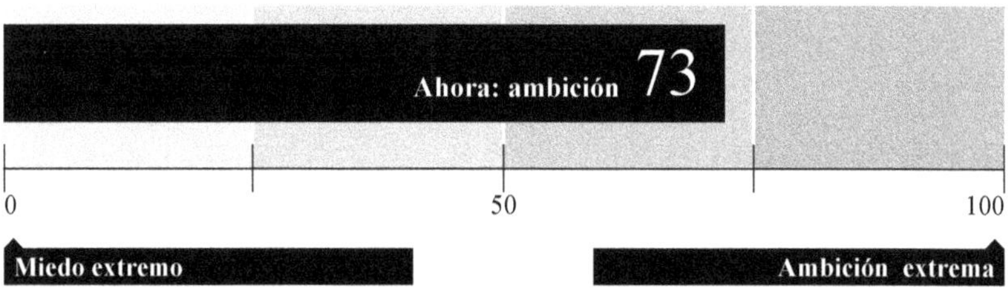

Fuente: CNN Money.

La gráfica siguiente indica el comportamiento del Índice del Miedo y la Ambición (Fear & Greed Index) CNN Money de 2013 a 2016.

Cuadro 12.9 Cuadro histórico

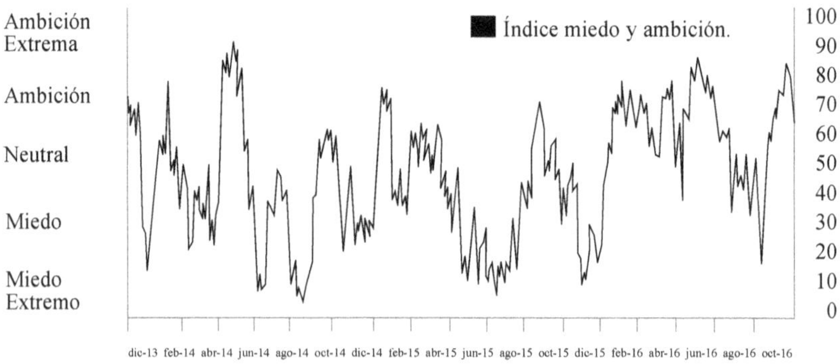

Fuente: CNN Money.

Los 7 indicadores que utiliza el Índice del Miedo y la Ambición:

1. **Tendencia del precio de las acciones *(Market Momentum)*:** Índice S&P 500 respecto a su promedio móvil de 125 días.

2. **Fuerza del precio *(Stock Price Strength)*:** El número de acciones (empresas) que alcanzan sus niveles máximos y mínimos de 52 semanas de la Bolsa en NY (NYSE).

3. **Amplitud en el precio *(Stock Price Breadth)*:** El volumen de acciones operadas que suben *vs.* el volumen de las que bajan.

4. **Opciones put y call *(Put & Call Options)*:** Una relación entre ambas operaciones (*put/call*). Compara volumen operado por cada una (*put* anticipa bajas y *call* anticipa alzas).

5. **Demanda de "bono basura" *(Junk Bond Demand)*:** La diferencia entre los rendimientos (tasas) de los bonos de grado de inversión y los "bonos basura" (asociados con entidades con dificultades para pago de intereses).

6. **Volatilidad de mercados *(Market Volatility)*:** Expresada en el índice VIX.

7. **Demanda de refugio seguro *(Safe Haven Demand)*:** La diferencia de rendimientos entre acciones y bonos.

La estacionalidad mensual

Casi para terminar con el tema de los ciclos, los asociados con plazos menores (meses) también pueden ser de su interés. Invertir en función del calendario siempre ha intrigado a los inversionistas. Usted seguramente ha escuchado algunas teorías pero no se ha detenido demasiado a considerarlas. Mi opinión sobre ellas sigue siendo que pueden ofrecer un valor agregado importante como complemento de una metodología base enfocada en un horizonte patrimonial que descansa sobre la premisa de sentirse dueño de una empresa, de la que platicaremos en los capítulos siguientes.

Octubre-abril... ¡lo mejor!

El prestigiado diario *The Wall Street Journal* hizo referencia en alguna ocasión a los resultados de una investigación realizada por Ned Davis, quien demostró que desde 1950 las acciones de índice Standard & Poor's (S&P 500) en Estados Unidos han aumentado en promedio cerca de 8% desde el inicio de octubre hasta finales de abril (equivalente a 13.7% anualizado) y únicamente 1% desde el inicio de mayo hasta finales de septiembre. El estudio indica también que desde 1950 hasta 2000, haber invertido $10,000 dls. a partir del cuarto día de operación de mayo hasta el último día de operación de septiembre del año siguiente, arrojó un saldo final de $2,977 dls., mientras que el mismo monto inicial en el mismo lapso de 50 años, al invertirse todos los 1° de octubre y salir (vender) el 3 de mayo siguiente arrojó una ganancia total de $585,909 dls., cifra 197x mayor a la obtenida invirtiendo de mayo a septiembre.

Noviembre, diciembre y enero

Datos más recientes obtenidos del índice S&P indican que los mejores meses en rendimiento para el mercado accionario de Estados Unidos, desde enero de 1970 hasta septiembre de 2010, fueron marzo, abril, noviembre y diciembre. Por lo tanto, se confirma que el plazo comprendido entre los 3 meses consecutivos de noviembre a enero es el de mejor desempeño en el mercado bursátil norteamericano.

Cuadro 12.10 Los mejores 3 meses consecutivos para el índice S&P 500 (1945 – 2010)

Periodo	% Var.
Noviembre, diciembre, enero	**4.1**
Octubre, noviembre, diciembre	3.6
Marzo, abril, mayo	3.2
Diciembre, enero, febrero	2.5
Promedio de 3 meses	2.0

Fuente: S&P y Leslie N. Masonson (2004), *All About Market Timing*, Nueva York, McGrawHill.

"Vende en mayo y vete" (Sell in May and Go Away)

La época en la que los operadores del mercado *(brokers)* de Londres dejaban de lado sus tareas diarias para acudir a eventos como el torneo de tenis de Wimbledon o la carrera de caballos de Ascot dio lugar a uno de los dichos y estrategias más citadas en el gremio bursátil: "Vende en mayo y vete" *(Sell in May and Go Away).*

Una publicación del 25 de octubre de 2010 titulada *¿Es la estacionalidad mensual real? Una perspectiva de tres siglos (Are Monthly Seasonals Real? A Three Century Perspective)*, cuyos autores son otra vez Ben Jacobsen y Cherry Y. Zhang, del Departamento de Economía y Finanzas de la Universidad Massey en Nueva Zelanda, confirmaron las conclusiones del Indicador del Día de Brujas.

Cuadro 12.11 Desempeño mensual promedio del S&P 500 (enero de 1970 a septiembre de 2010)

Mes	Desempeño %
Enero	1.00
Febrero	-0.08
Marzo	1.11
Abril	1.30
Mayo	0.72
Junio	0.15
Julio	0.44
Agosto	0.23
Septiembre	-0.65
Octubre	*0.44*
Noviembre	*1.30*
Diciembre	*1.69*

Fuente: Stock Market Almanac.

Concluyo este subcapítulo recordando uno de los momentos de mayor volatilidad y de fase de baja de un ciclo, observado a partir de abril de 2013, que servirá de introducción al siguiente subcapítulo en el que comentaremos la ineficiencia del mercado y las oportunidades que genera. La parte más difícil del ciclo concluyó hace tiempo y, con él, la ventana de la oportunidad. No se preocupe, ya vendrán otras.

2013: caída con tinte irracional

La fuerte corrección en las Bolsas internacionales desde mediados de junio de 2013 tuvo su origen tras la lectura de una inminente salida de estímulos económicos en Estados Unidos confirmada por el presidente de la Reserva Federal, Ben Bernanke, aderezado por nuevas cifras de debilidad económica y restricción de liquidez en China. En México, desde abril, el Índice de Precios y Cotizaciones (IPyC) presentaba caídas al cuestionar la verdadera fortaleza económica del país tras la publicación de una cifra del Producto Interno Bruto (PIB) menor a lo esperado al concluir el primer trimestre de ese año (0.8% *vs.* 3.0% estimado), antecedido por reportes financieros corporativos también débiles de empresas en la Bolsa (-6.0% a nivel operativo – Ebitda).

Aunque nunca es grato ver disminuir el valor de las inversiones, quienes acumulamos años en esta actividad, sabemos ya que la volatilidad es una característica de los mercados cuya lógica fundamental no siempre está presente. La psicología propicia sobrerreacciones que producen ineficiencias y, con ello, oportunidades.

La manera más clara de evidenciar su ineficiencia esos días apuntaba al origen de los temores. A diferencia de una crisis anterior (2008), no había en realidad una amenaza de crisis real. Los inversionistas reaccionaban a la posibilidad de una mejora económica en Estados Unidos.

Aquí tiene usted algunos argumentos que demostraban la ineficiencia y la nula lógica fundamental de la caída:

- El mundo está lejos de enfrentar una crisis global como en 2008. Los síntomas recientes son de mejora.

- Un programa de reducción de estímulos es consecuencia de una mejora económica en Estados Unidos.

- La mejor condición económica deberá traducirse más adelante en mejores reportes financieros de empresas.

- La reducción será gradual, el inicio de un alza en las tasas de interés no se prevé en Estados Unidos hasta que la tasa de desempleo disminuya a menos de 6.5% (actual 7.6%).

- La condición de tasas de interés mínimas e inyección de liquidez es extraordinaria y fue consecuencia de la crisis de 2008. Los mercados accionarios han presentado históricamente buenos desempeños en contextos en donde estas situaciones no han estado presentes.

- Una mejora en la economía de Estados Unidos es especialmente favorable para México en la categoría de mercados emergentes debido a su fuerte relación comercial.

- La "excusa" de correcciones de precios por valuaciones (múltiplos) altas y débiles crecimientos en resultados no es general. Nuestro grupo de empresas favoritas están reportando crecimientos operativos (Ebitda) anual promedio de más de 20%.

- Tratar de encontrar el nivel más bajo en la Bolsa es muy difícil. La perspectiva de reportes corporativos al 2T13 en Estados Unidos y México no es la mejor, pero los ajustes acumulados en precios ofrecen ya oportunidad.

- Si no invierte en la Bolsa ahora a un mayor plazo, ¿cuál es su mejor opción?, ¿una tasa efectiva poco mayor a 3% anual?

La idea (percepción) de un próximo retiro de estímulos económicos por parte de la Reserva Federal en Estados Unidos llegaba para quedarse. Se seguirá mencionando y su implementación gradual comenzó en diciembre de 2015, cuando la Reserva Federal subió 25 pb su tasa de referencia. El siguiente movimiento sucedió un año después (diciembre de 2016) con otros 25 pb para quedar en 0.75% y en marzo de 2017, 50 pb más (1.25%). Sin embargo, esto no significó que las Bolsas observaran una caída o volatilidad permanente, lo asimilaron (como siempre sucede) para dar paso a los "próximos temas"; así funcionamos y ¡así ha sido siempre! Como ejemplo recuerde usted la inestabilidad de Europa y la inseguridad en México. Son temas no resueltos pero con los que hemos aprendido a vivir (invertir). En un inicio, propiciaron bajas, volatilidad y modificaron hábitos de conducta (en el caso de la inseguridad). De hecho, los mercados en Estados Unidos continuaron reportando niveles máximos históricos en 2015 y 2016 y el triunfo del candidato republicano Donald Trump a la presidencia de Estados Unidos, por difícil que resulte de entender, favoreció el comportamiento de las Bolsas de Estados Unidos (no la de México) al comprometer mayor gasto de infraestructura, menores impuestos corporativos y menor regulación en sectores como el financiero, salud y alimentos.

El riesgo es no invertir en bolsa

En 2009 publiqué un libro con este título en donde invitaba a considerar inversiones bursátiles en un momento en que la crisis e incertidumbre de 2008 había propiciado un daño irracional en el precio de muchas empresas en la Bolsa. La tesis se fundamentó principalmente en el análisis histórico del mercado, al identificar las oportunidades que históricamente han permitido escenarios de crisis.

La tabla siguiente identifica las caídas más importantes en el índice bursátil S&P de Estados Unidos durante 50 años. Contiene la proporción de su caída y su duración en meses. Sin embargo, lo más importante es identificar el nivel de recuperación (Retorno = Ret.) en los siguientes 3, 12 y 24 meses como sinónimo de oportunidad ante una fuerte caída del mercado, es decir "aprovechamiento y conocimiento de los ciclos". Al 15 de octubre de 2008, el Índice S&P acumulaba una caída de 42%, al 20 de diciembre de 2016 (no aparece en la tabla), la recuperación había sido de 44.56%, en dólares; esta cifra no considera el movimiento de devaluación de la moneda que en el mismo periodo fue de 88.73%, al pasar de $10.83 a $20.44.

Cuadro 12.12 Caídas y rendimientos de 1956 a 2007 / S&P en Estados Unidos

In. Baja	Var%	Dur. Mes	Ret. 3M	Ret. 6M	Ret. 12M	Ret. 24M
1 jul. 56	-19.0%	17	5.3%	13.1%	38.1%	49.8%
12 dic. 61	-24.6%	6	2.8%	15.3%	26.7%	5.9%
18 ene. 66	-22.1%	9	4.9%	17.8%	26.3%	34.1%
14 nov. 68	-36.1%	19	15.8%	26.7%	37.1%	47.3%
11 ene. 73	-48.2%	21	7.9%	31.2%	32.0%	65.6%
21 sep. 76	-19.4%	18	11.7%	18.7%	10.6%	31.0%
13 feb. 80	-17.1%	1	11.9%	22.9%	33.2%	40.7%
28 nov. 80	-27.1%	21	11.2%	35.7%	51.8%	50.2%
25 ago. 87	-33.5%	3	16.3%	13.8%	18.8%	37.7%
16 jul. 90	-19.9%	3	13.1%	23.5%	29.1%	58.5%
17 jul. 98	-19.3%	2	21.5%	29.3%	37.9%	36.7%
24 mar. 00	-49.1%	31	7.9%	4.0%	22.2%	17.7%
Promedio	**-28.0%**	**13**	**10.9%**	**21.0%**	**30.3%**	**39.6%**
9 oct. 07	*-42.0%	12	-7.06%	-6.17%	20.79%	25.19%
			39.30%	**52.75%**		**67.99%**

*Al 15 de octubre de 2008.

13

Pieza 2
El mercado es ineficiente

«No se pueden impedir los vientos,
pero se pueden construir molinos.»
Proverbio holandés

El mito de que no puedes superar al mercado inició en la década de 1970, influido entre otros por el profesor de la Universidad de Princeton (Estados Unidos), Burton Gordon Malkiel, economista y escritor famoso por su clásico libro sobre finanzas *Un paseo aleatorio por Wall Street* (*A Random Walk Down Wall Street*). Él es el máximo defensor de la hipótesis del mercado eficiente, que sostiene que los precios de las acciones de empresas negociadas públicamente reflejan toda la información disponible en el mercado.

Existe una historia "clásica" de cómo el mismo Gordon Malkiel en alguna ocasión, recorriendo los pasillos de la universidad con algunos de sus alumnos, le recomendó a uno de ellos no recoger un billete de $100 dólares que apareció en el piso con el argumento de que "si fuera verdadero alguien ya lo habría tomado", haciendo alusión así a las eficiencias del mercado.

Gordon Malkiel defendía que un mono con los ojos vendados tendría más éxito en sus inversiones que los expertos de Wall Street. Como se consideró que un mono lanzando dardos con los ojos vendados era bastante peligroso, el experimento lo llevaron a cabo empleados del periódico *The Wall Street Journal* en Estados Unidos.

Cuando se comparó el comportamiento anual de la cartera de valores elegida tirando dardos con la cartera profesional (fondos de inversión referenciados al mercado estadounidense) la cartera "del mono" había superado el 85% de los fondos, además de haber superado el comportamiento de los principales índices en Estados Unidos. El periódico quería seguir con el experimento, así que durante casi 15 años su *staff* se batió con los ojos vendados contra los mercados y los expertos. Tras este largo periodo, los resultados eran favorables a los "profesionales" (61% – 39% en porcentaje de victorias). En cualquier caso, haber sido vencidos en 4 de cada 10 inversiones por un grupo de "ciegos" tirando dardos sin duda tuvo que herir el orgullo de los expertos.

Pero lo peor para los analistas de *The Wall Street Journal* no era esto; en 15 años apenas habían batido al *Dow Jones Industrial Average* por un punto (51%-49%). El periódico destacaba que simplemente con un seguimiento pasivo del Dow Jones, habrían podido batir a los expertos en el 49% de las ocasiones.

Independientemente de la mayoría de los números a favor de los analistas, distintos estudios han puesto en duda esa racionalidad. Comparto el apunte de Carlos E. Ortiz, destacado estudiante de la licenciatura de Administración Financiera del ITESM, en una nota de *Escaparate* que ofrecía yo a los jóvenes en mis clases y proyectos con universidades para exponer investigaciones de interés:

> Una definición básica de "racionalidad" sería: cuando los individuos enfrentan diversos cursos de acción, suelen hacer lo que creen que es probable que tenga el mejor resultado en general; es decir, de manera un poco más teórica, el concepto de "racionalidad" asume que la persona tiene un sentido de beneficio o utilidad completa y consistente, conoce todas las alternativas entre las que puede elegir, puede calcular el valor esperado de la utilidad asociada a cada alternativa y escoge aquella opción que maximiza su resultado esperado, proporcionándole el mayor (mejor) resultado.

Sin embargo, la economía y las finanzas aplicadas a la verdadera conducta (término conductual) del individuo han tratado de dar una mejor explicación de cómo se toman las decisiones, incluyendo o destacando más bien el aspecto psicológico de los individuos y, sobre todo, las limitaciones que traen consigo los modelos basados en la racionalidad, pues no creen que se pueda tomar como válido un supuesto tan "frágil".

Antecedentes

El psicólogo matemático Amos Tversky y el economista estadounidense Vernon Smith junto con Daniel Kahneman, psicólogo de 78 años nacido en Tel Aviv, acreedores al premio Nobel de Economía en 2002 por haber integrado aspectos de la investigación psicológica en la ciencia económica, especialmente en lo que respecta al juicio humano y a la toma de decisiones bajo incertidumbre, han demostrado mediante diversos experimentos, que nuestros juicios al momento de tomar decisiones no siempre son los mejores, y por lo tanto no siempre somos racionales. Una de las teorías que desarrolló Kahneman fue la teoría prospectiva.

La teoría de la utilidad esperada ha sido ampliamente aceptada como un modelo normativo de decisiones racionales y en forma general como un modelo descriptivo de comportamiento económico, por lo tanto se asume que todas las personas racionales seguirán sus principios, los cuales explican principalmente que el tomador de decisiones toma en cuenta su potencial pérdida, la contrasta con su posible bienestar al final de la decisión y elige la que maximice su utilidad. Por ejemplo, cualquier persona debería mostrarse indiferente ante un pago seguro de $500 pesos o una probabilidad de 50% de ganar $1,000 pesos.

El trabajo de Kahneman y Tversky muestra mediante varios experimentos conductuales que las teorías descriptivas y normativas no se pueden juntar en una sola, construyendo una serie de principios, de los cuales 3 son los más importantes.

Aversión a las pérdidas: El primero trata acerca de la aversión a las pérdidas: se muestra que la aflicción de una pérdida es mayor que el placer de una ganancia. Por ejemplo, el desconsuelo de perder un billete de $100 es mayor que el placer de encontrarse un billete de $100, es decir, la gente tiende a valorar más lo que tiene que una misma cantidad que podría perder (otro ejemplo sería la preferencia por impuestos que gravan el consumo en lugar del ingreso).

Cambios en el tiempo: El segundo principio es el de puntos de referencia: las decisiones se toman con puntos de referencia que cambian con el tiempo, por ejemplo: ¿conduciría a una nueva concesionaria de autos a 30 minutos de distancia para ahorrar $200 en el precio de compra de un automóvil de $200,000? Probablemente no, pero seguramente alguna vez hizo alguna fila de 30 minutos o más para obtener un artículo gratis, con un costo de $200.

Error en estimación de probabilidades: El tercer punto trata acerca de la errónea estimación de las probabilidades. Existe una tendencia de sobreestimación de probabilidades pequeñas, la gente tiende severamente a sobreponderar probabilidades que son improbables, esto quiere decir que resultados que deberían ser vistos como difíciles de suceder tienen un impacto mayor en la toma de decisiones que lo que deberían de tener en verdad, si no las loterías y los casinos no serían excelentes negocios y tampoco existiría un número tan grande de personas con miedo a un accidente aéreo. También se muestra que las personas toman las probabilidades cercanas a cero y altamente improbables como totalmente improbables o con cero probabilidades, lo que da como resultado argumentos frecuentemente escuchados como: "nadie lo pudo haber previsto", sobre todo en temas con gran aleatoriedad como son las finanzas y que pueden ocasionar grandes pérdidas monetarias en los inversionistas. Por último, tampoco las probabilidades muy altas son bien entendidas por la mayoría de las personas, ya que las dan como ciertas o con una probabilidad de 100%.

El “señor Mercado”

Una de las formas que me han ayudado mejor a entender y aprovechar la irracionalidad del mercado es la idea de Benjamín Graham (1894-1976), influyente economista e inversionista profesional, considerado el primer ponente y partidario de *Value Investing* (inversión con valor). La estrategia de inversión que empezó a impartir en la Columbia Business School en 1928 y cuyo término refinó posteriormente a lo largo de las ediciones de su famoso libro *Security Analysis* (Análisis de valores), y que capturó al también famoso estratega e inversionista Warren Buffett, es el concepto del “señor Mercado”.

Graham usó este personaje como una alegoría para explicar a sus estudiantes cómo las emociones están conectadas con el mercado de valores. Buffett empezó a usar este personaje y frecuentemente se valió de la historia del “señor Mercado” para explicar conceptos en las reuniones de inversores de Berkshire Hathaway.

Imagínese:

> El “señor Mercado” y usted son socios de su propia empresa. Sin excepciones, el “señor Mercado” le ofrece cada día dinero por su parte de la empresa o le da un precio para comprar su parte. Su empresa tiene ganancias importantes y la situación económica es estable. Sin embargo, el “señor Mercado” es emocionalmente inestable. Algunos días está feliz e increíblemente positivo. No hay problemas de cara a futuro y todo evoluciona cada vez mejor. Ese día el “señor Mercado” le ofrece mucho dinero por su parte de la empresa. Otros días, está triste y pesimista. En esos días el “señor Mercado” le ofrece poco dinero por sus acciones y también le ofrece venderle sus acciones por poco dinero. Además, también hay otra característica que es llamativa del “señor Mercado”: no le molesta que lo ignores. Cuando esto pasa, puede volver el día siguiente con una nueva oferta. Cuando está haciendo locuras, siempre puede ignorarlo o aprovecharlo pero, según Graham, tiene que cuidar que nunca lo influya.

Graham dijo:

> El inversionista que se preocupa indebidamente por cambios injustificados de las acciones de su empresa está perversamente transformando su ventaja básica en una desventaja básica [...] Este hombre estaría mejor si sus acciones no tuvieran ninguna cotización en el mercado. De esta manera, estaría a salvo de la angustia mental, causada por las equivocaciones de otros.

Para lograr el éxito, los inversores tienen que ser capaces de juzgar empresas de manera correcta, y protegerse contra las tormentas emocionales del "señor Mercado". Ambos aspectos son importantes.

Buffett afirma: "No tenemos que ser más inteligentes que el resto; debemos ser más disciplinados que el resto".

Mi indicador de medida de ineficiencia

Personalmente, la forma en que he descubierto la irracionalidad del mercado accionario y en particular en el Índice de Precios y Cotizaciones (IPyC) en México es al analizar las variaciones promedio anuales que dicho índice acumula durante varios años, desde niveles máximos a mínimos en vez de la variación anual tradicional. Los promedios en rangos máximos a minimos para plazos desde 25 hasta 5 años son cercanos a 50%, más del doble y en ocasiones del triple de la variación anual de inicio a fin.

Si los precios de las acciones reflejaran el fundamento económico financiero, esto simplemente no sucedería. ¿Usted cree que los indicadores de la economía en su conjunto (producción, empleo, inflación, etc.) se mueven en un rango de 50% cada año? ¿Usted cree que el promedio de las utilidades de las empresas en la Bolsa que cada 3 meses publican sus cifras se mueve en esta proporción? ¡Se da cuenta! ¡El movimiento es irracional y por lo tanto ofrece oportunidades!

Cuadro 13.1 Comparativos de variaciones anuales *vs.* máximos a mínimos IPyC

Año	IPyC inicio	Máximo vs. mínimo	Variación anual
1988	105.67	**165.66%**	100.18%
1989	211.53	**117.47%**	98.05%
1990	418.93	**63.77%**	50.09%
1991	628.79	**157.31%**	127.65%
1992	1,431.46	**52.33%**	22.91%
1993	1,759.44	**73.03%**	47.92%
1994	2,602.63	**47.20%**	-8.72%
1995	2,375.66	**95.81%**	16.96%
1996	2,778.47	**25.49%**	20.97%
1997	3,361.03	**59.85%**	55.59%
1998	5,229.35	**82.21%**	-24.28%
1999	3,959.66	**116.03%**	80.06%
2000	7,129.88	**59.02%**	-20.73%
2001	5,652.19	**35.16%**	12.74%
2002	6,372.28	**36.86%**	-3.85%
2003	6,127.09	**52.59%**	43.55%
2004	8,795.28	**47.78%**	46.87%
2005	12,917.88	**53.80%**	37.81%
2006	17,802.71	**58.82%**	48.56%
2007	26,448.32	**27.36%**	11.68%
2008	29,536.83	**90.27%**	-24.23%
2009	22,380.32	**89.68%**	43.52%
2010	32,120.47	**26.94%**	20.02%
2011	38,550.79	**22.01%**	-3.82%
2012	37,077.52	**19.91%**	17.88%
2013	43,705.83	**22.38%**	-2.24%
2014	42,727.09	**22.15%**	0.98%
2015	42,727.09	**11.78%**	-0.39%
2016	**43,145.66**	**20.93%**	**10.55%**
Promedio 25 años		**57.50%**	**24.70%**
Promedio 20 años		**52.20%**	**18.90%**
Promedio 5 años		**22.70%**	**6.60%**

Fuente: Bolsa Mexicana de Valores, BMV.

La razón por la cual el mercado accionario no refleja al 100% en tiempo y magnitud los elementos de carácter estrictamente fundamental es porque existen otro tipo de factores de incidencia además de lo fundamental: estructural, psicológico y técnico.

Algunos de ellos, como el psicológico, es muy difícil de "medir" en su manifestación de pánico – euforia.

Cuadro 13.2 Factores de permanente influencia en el IPyC

Factores	Riesgo
Fundamental	• Crecimiento económico (PIB) • Tasas de interés • Calificación de Deuda (S&P y Fitch) • Reportes trimestrales financieros corporativos • Fusiones y/o adquisiciones
Estructural	• Cambios en muestras de índices bursátiles • Cierres de "libros" • Rebalanceo de portafolios
Psicológico	• Confianza • Percepción de pobreza o riqueza • Contagio internacional-sectorial (bancos/viviendas)
Técnico	• Fuerte alza en poco tiempo en precios • Indicadores • Operaciones en automático (*stop loss*)

Fuente: B×+ / BMV.

¿Por qué fallan los profesionales?

De regreso a las pobres cifras de acierto de los especialistas, la estadística en el mundo demuestra que 96% de todos los fondos de renta variable no han sido capaces de superar el rendimiento del mercado (índices) desde 1996.

La razón por la cual los fondos de inversión en renta variable en promedio pagan menos se asocia, entre otras, con lo siguiente:

- Altas comisiones anuales (3% o más).
- Comisiones no ajustadas al contexto económico.
- Necesitan muchas acciones. Los grandes importes y las limitaciones de poca concentración hacen que solo 10% del portafolio contenga las mejores ideas.
- Muy distraídos en lo "último de moda" y no pueden darse cuenta de lo evidente.
- La necesidad de presentar resultados trimestrales eclipsa su criterio y/o habilidad de identificar valor a mayor plazo.
- Son "especializados", es decir, tienen que estar siempre invertidos, lo que les impide salir o disminuir exposiciones en momentos menos atractivos (valuaciones, volátiles, inciertos, etcétera).
- ¡Dan prioridad al rendimiento! En vez de poner atención en el riesgo. Lo veremos más adelante.

En fin, lo importante de este capítulo, luego de demostrar la irracionalidad del mercado, es poder utilizar esa irracionalidad (baja demasiado o sube damasiado) a nuestro favor. Es entonces cuando el desarrollo de un modelo de inversión cobra sentido pleno.

14 Pieza 3
La inversión no es una ciencia exacta

«No hay secretos para el éxito. Este se alcanza preparándose, trabajando arduamente y aprendiendo del fracaso.»
Colin Powell

Este capítulo es una "pieza grande" del rompecabezas bursátil que estamos armando. Es natural, pues representa una parte medular de un proyecto que intenta compartir mucho de lo trabajado y aprendido, de lo que ha fracasado y funcionado durante casi 3 décadas. Mentiría si dijera que traté de ser breve en su contenido, traté, eso sí, de que sea útil para usted y sencillo de entender.

Cualquiera que haya participado por algún tiempo invirtiendo en la Bolsa validará lo comprobado por quien esto escribe: "No es una ciencia exacta".

Sin embargo, también le puedo asegurar que ser un inversionista bursátil exitoso no es difícil, entendiendo el éxito como la capacidad de construir un buen patrimonio en un plazo razonable.

Una de mis citas favoritas del maestro inversionista y empresario Warren Buffett es: "Un inversionista necesita hacer muy pocas cosas bien para evitar grandes errores. No es necesario hacer cosas extraordinarias para obtener resultados extraordinarios".

Cuando publiqué mi primer libro titulado *¡La fórmula: inversiones en la Bolsa!*, en 2006, sugería 3 ingredientes para alcanzar el éxito: el conocimiento básico; una metodología integral de inversión y mucha disciplina. Con el tiempo he identificado elementos adicionales, los ingredientes que ahora reconozco son capacidades básicas; sentido común y temperamento, este último entendido como disciplina y paciencia.

El primero no cambió, capacidades o conocimientos básicos en esencia es lo mismo. La metodología integral está contenida en el sentido común, sin embargo, hablar de sentido común me ha permitido reflexionar con más facilidad con la audiencia, mientras que al último ingrediente de disciplina se sumó en años posteriores la paciencia. Estos 2 componentes forman el temperamento, una característica indispensable pero difícil de ejercer en la práctica.

Es importante darse cuenta de que los 2 primeros ingredientes (conocimiento básico y metodología o sentido común) pueden ofrecerlos un asesor o una institución. Sin embargo, la disciplina y la paciencia (temperamento) dependerán exclusivamente de usted como inversionista final.

Cuadro 14.1 Diagrama de ingredientes de éxito en la inversión bursátil

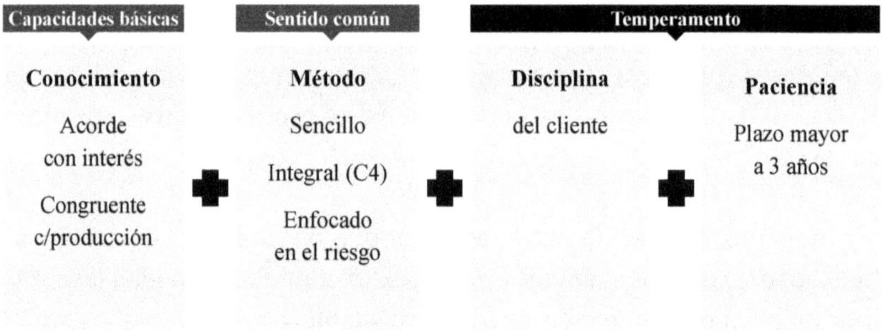

Fuente: Elaboración propia.

6 de conocimiento básico

¿Cree usted que manejar un auto es peligroso? Aunque hacerlo tiene ciertos riesgos, personalmente no creo que lo sea. La mejor prueba son los miles que circulan todos los días por la ciudad y, si bien se llegan a presentar algunos accidentes, son en proporción menor en comparación con la cantidad de autos que circulan.

Piense ahora en manejar con los ojos vendados. ¿Es más peligroso? ¡Infinitamente! Así ni usted ni nadie podría sacar el auto de la cochera. Pues lo mismo sucede con la inversión bursátil, si usted no cuenta con la información mínima deseada (conocimiento básico) entonces estará "manejando" en el mundo bursátil con los ojos vendados.

"¡No importa!" Contestó alguna vez un cliente y amigo al compartir con él esta reflexión. "Por eso tengo chofer", dijo de manera ingeniosa refiriéndose a su asesor de inversiones, a lo que yo respondí con otra pregunta: "Y él, ¿cómo maneja?, ¿tiene los ojos vendados?".

Por el propio espíritu de este libro no desarrollaré con gran detalle diversos temas básicos (lo he hecho en títulos anteriores), sin embargo, le recuerdo en forma breve 6 que me parecen importantes, no sin antes compartir información elemental sobre el mercado accionario.

El ABC de la BMV

¿Qué es la Bolsa de Valores? Es un lugar en donde se realizan negociaciones de compraventa de valores, cuya responsabilidad principal es facilitar la realización de transacciones con valores y fomentar el desarrollo del mercado, para lo cual debe establecer locales, instalaciones y los mecanismos necesarios para que los intermediarios puedan llevar a cabo sus operaciones. En México, la Ley del Mercado de Valores establece que las bolsas deben ser empresas establecidas como sociedades anónimas de capital variable, concesionadas por la Secretaría de Hacienda y Crédito Público (SHCP), con autorización del Banco de México y de la Comisión Nacional Bancaria y de Valores (CNBV).

¿Cuáles son sus funciones? La Bolsa Mexicana de Valores (BMV) proporciona la infraestructura, supervisión y los servicios necesarios para que se realicen las emisiones, colocaciones e intercambio de valores y títulos, los cuales deben estar inscritos en el Registro Nacional de Valores. También debe hacer pública la información de las emisoras y valores que operan en la BMV, llevar el manejo administrativo de las operaciones y transmitir la información respectiva a SD Indeval, supervisar las operaciones de las emisoras o casas de bolsa y fomentar la expansión y competitividad del mercado de valores mexicano.

Socios: únicamente las casas de bolsa autorizadas y los promotores registrados pueden ser socios de una Bolsa de Valores.

Relación entre la BMV y las casas de bolsa: para que haya operaciones en la Bolsa Mexicana de Valores debe de haber instituciones, entidades u organizaciones que se encarguen de poner en contacto la oferta y demanda de valores. Aquí es donde aparecen las casas de bolsa, que son instituciones pertenecientes al mercado de valores mexicano, autorizadas para fungir como intermediarias ante el gran público inversionista, previo permiso de la Comisión Nacional Bancaria y de Valores (CNBV), las cuales deberán estar inscritas en el Registro Nacional de Valores (RNV). En nuestro país, como en todos aquellos en los que opera una Bolsa de Valores, no pueden comprarse acciones o cualquier otro título directamente; para ello están las casas de bolsa, que otorgan una mayor seguridad dentro de las operaciones bursátiles, términos en los que se denomina al mercado de la Bolsa de Valores.

Inversionista participante: el público inversionista canaliza sus órdenes de compra o venta de acciones a través de un promotor de una casa de bolsa. Estos promotores están registrados, han recibido capacitación y han sido autorizados por la CNBV. Las órdenes de compra o venta son entonces transmitidas de la oficina de la casa de bolsa al mercado bursátil a través del Sistema Electrónico de Negociación, Transacción, Registro y Asignación denominado SENTRA Capitales, donde esperarán encontrar una oferta igual pero en el sentido contrario y así concluir la operación.

1. Sobre el IPyC

Cuando usted escucha el término Índice de Precios y Cotizaciones (a mí me gusta abreviarlo con las iniciales IPyC, lo cual he hecho desde los primeros capítulos para no confundirlo con Índice de Precios al Consumidor o inflación), este se refiere a un índice formado por una selección de acciones de 35 compañías que cotizan en la Bolsa Mexicana de Valores (BMV).

La muestra del IPyC, que se revisa cada año durante el mes de septiembre, suele ser, por lo general, de no más de 4 emisoras con un "peso" relativo no muy alto, que entran y salen de la muestra. El total de acciones que cotizan en el mercado son 145. En realidad muy pocas, sobre todo al considerar el tamaño de nuestra economía. En países como Estados Unidos cotizan más de 10,000 empresas.

En 2010 cambió el cálculo de la muestra del IPyC al considerar principalmente el *float* (acciones en circulación) y su operatividad. El tamaño de las empresas sigue siendo otra variable indirecta importante.

Las emisoras del IPyC no tienen todas el mismo "peso". Algunas llegan a representar más de 10% y otras menos de 1%. El movimiento diario (minuto a minuto) del IPyC está determinado por el movimiento proporcional del precio de las acciones que forman el índice.

Si usted invierte en el mercado accionario y escucha que "la Bolsa subió". No significa necesariamente que sus inversiones hayan subido ni tampoco en la misma proporción que el IPyC. El movimiento de su inversión en la Bolsa estará determinado por el comportamiento de las acciones de su portafolio personal y el fondo en el que usted decidió participar.

Cuadro 14.2 Principales emisoras y cambios del IPyC (2015 / 2016)

Emisora	Peso IPyC -2015	Emisora	Peso IPyC -2016	Variación acumulada (%)
Amx	17.41%	Femsa	12.81%	12.81%
Femsa	9.40%	Amx	9.11%	21.92%
Tlevisa	8.20%	Gfnorte	8.98%	30.90%
Gfnorte	8.05%	Tlevisa	8.58%	39.48%
Cemex	7.50%	Walmex	7.72%	47.20%
Gmexico	7.01%	Cemex	7.54%	54.74%
Walmex	6.39%	Gmexico	5.55%	60.29%
Alfa	6.09%	Alfa	3.63%	63.92%

Fuente: Bolsa Mexicana de Valores, BMV.

Cambio de nombre a S&P/BMV

A principios de 2017, la Bolsa Mexicana de Valores (BMV) y el proveedor de índices S&P DJL iniciaron una revisión de la metodología tanto del Índice de Precios y Cotizaciones (IPyC, IPyC RT) como del Índice de México (Inmex, Inmex RT). El objetivo es que el S&P DJI internacionalice los índices mexicanos y se conviertan en marcas más conocidas. Estos cambios son resultado de un acuerdo que establecieron ambas instituciones en mayo de 2015 para llevar a cabo el licenciamiento, distribución y administración de índices. El convenio contempla la creación de nuevos índices para México; tanto estos como los que ya existían llevarán formalmente la marca S&P/BMV. En junio de 2017 la BMV detalló algunos de estos cambios cualitativos y cuantitativos (metodología) para sus muestras.

- **Cambio de muestra y rebalanceo**: el cambio de muestra del índice se realizará semestralmente en la apertura de mercado del lunes siguiente al tercer viernes de marzo y septiembre de cada año. Adicionalmente, será rebalanceado en la apertura del mercado del lunes siguiente al tercer viernes de junio y diciembre de cada año.

- **Fecha de referencia**: la fecha de referencia para el cambio de muestra semestral será el último día hábil de 2 meses previos a la fecha efectiva del cambio de muestra; por ejemplo, la fecha de referencia para el cambio de muestra de marzo será el último día hábil de enero y la fecha de referencia para el cambio de muestra de septiembre será el último día hábil de julio.

Los cambios en la metodología del cálculo para ordenar las emisoras por su nivel de liquidez afectan algunos parámetros que ya se contemplaban, como la proporción de acciones flotantes y la operación diaria de las series accionarias. Asimismo, se incluyeron otros cambios entre los que destaca una menor exigencia a las emisoras que ya forman parte del IPyC para evitar la rotación excesiva.

Al término del libro que ahora lee, aún no se formalizaba el cambio de las siglas IPC (yo lo escribo IPyC, como mencioné antes) por el de S&P/BMV, pero esto sucederá a futuro. En el presente libro seguí utilizando IPyC para referirme al Índice de Precios y Cotizaciones.

2. El concepto de *benchmark* o parámetro a vencer

Si usted decide invertir en el mercado accionario mexicano, consciente o inconscientemente competirá siempre contra el rendimiento que ofrezca el mismo IPyC, ya sea a través de un fondo (sociedad de inversión) o de un portafolio personal. Su resultado, independientemente del periodo invertido, lo comparará una y otra vez contra el resultado del índice local de manera perfectamente lógica y correcta. Usted no puede comparar sus resultados respecto a lo sucedido con otras alternativas de ahorro o inversión como un Cetes a 28 días, una inversión en la Bolsa de Estados Unidos o el índice S&P 500 de aquel país, y tampoco con el comportamiento de una moneda o cualquier alternativa diferente por una simple razón: ¡Los factores de riesgo son muy distintos entre cada alternativa y por ello no pueden compararse los resultados! Al índice que sirve como referencia o parámetro a vencer se le conoce como *benchmark*.

Así funciona en el mundo. Si usted invierte en Estados Unidos, entonces su *benchmark* serán los índices bursátiles norteamericanos: Dow Jones, Standard & Poor's, Nasdaq, etc.; si lo hiciera en Japón, su parámetro a vencer sería el índice Nikkei para la Bolsa de aquel país asiático.

Primera opción

Una forma eficiente de participar en el mercado accionario en México mientras crece su experiencia y el conocimiento que le permita construir un portafolio personalizado es a través de un Fondo Indizado o de la acción Naftrac.

Un fondo o sociedad de inversión indizada es aquel que replica una estructura (selección, número de acciones y proporción) parecido al del IPyC para ofrecer un rendimiento sin comisiones, similar a la de dicho indicador. El Naftrac es un Certificado de Participación Ordinaria no amortizable, emitido por Nacional Financiera, que confiere a sus tenedores el derecho a una parte alícuota de un portafolio de acciones fideicomitidas. El Naftrac fue el primer instrumento en su tipo en Latinoamérica. Está indexado al IPyC de la Bolsa Mexicana de Valores en 100% y facilita a pequeños inversionistas el acceso a inversiones patrimoniales. Esto significa que ofrece también un rendimiento antes de comisión muy similar al IPyC.

Las diferencias básicas más importantes entre un fondo indizado y el Naftrac son:

I. Las comisiones que puede cobrar al cliente final, en el fondo pueden ser distintas en función de la serie que compre. La serie muchas veces se relaciona con el monto de inversión.

II. El hecho de que el precio de un fondo o sociedad de inversión se conoce y opera siempre al cierre del día, mientras que el Naftrac puede operarse en el transcurso de la sesión como cualquier otra acción.

La idea de participar en mercados accionarios internacionales a través de índices en instrumentos llamados Exchange-Traded Funds (ETFs por sus siglas en inglés), en vez de portafolios específicos de acciones, cuyo manejo implica mucho mayor conocimiento de cada mercado y empresa por país, ha crecido de manera muy importante durante los últimos años. Un ETF o fondo negociable en el mercado es un fondo que permite tomar posiciones sobre un índice.

La mayoría de los ETFs combinan las características de los fondos de inversión abiertos *(open-end mutual funds)* y de las acciones (*stocks)*. Tal como una sociedad de inversión indexada, los Exchange-Traded Funds representan la propiedad proporcional sobre un portafolio de inversiones subyacente de valores que replica un índice de un mercado específico. A diferencia de los fondos de inversión, los inversionistas individuales no compran o redimen las acciones del fondo, en su lugar, compran y venden acciones del ETF como acciones en una mercado o bolsa determinada, incluyendo The American Stock Exchange, The New York Stock Exchange, NYSE y The Chicago Board Options Exchange.

La dinámica de comercialización es una mezcla de 2 factores: los precios de los ETFs fluctúan de acuerdo con los cambios en sus portafolios subyacentes y también de acuerdo con el cambio en la oferta y la demanda de las acciones de los ETFs. Los ETFs ofrecen al inversionista una oportunidad rentable de comprar o vender una participación en un portafolio de bonos o acciones en una simple transacción.

Para concluir este segundo aspecto del conocimiento básico, valga mencionar que en México existen otros índices de la Bolsa además del IPyC. Los hay especializados en emisoras con tamaño más modesto: *Small-Caps*, y para otras más grandes: *Large-Caps*. Los hay por sectores, vivienda, por ejemplo y de empresas con actividades específicas de responsabilidad social (empresas sustentables). No obstante, el de mayor seguimiento local e internacional sigue siendo el IPyC.

3. La bursatilidad

A reserva de comentar con más detalle esta variable, pues resulta relativamente importante en el proceso de selección de emisoras, por ahora es importante que usted sepa que en la práctica se utiliza para identificar la facilidad que existe de operar (comprar o vender) acciones de emisoras en el mercado. Entre más fácil es hacerlo, se dice que son más bursátiles. La bursatilidad se asocia por lo tanto de manera natural con el tamaño de la emisora, el número de emisoras que realmente circulan en el mercado *float* y con su distribución entre participantes. Cuando una parte importante de las acciones en circulación son de inversionistas institucionales (fondos de inversión) que las consideran a muy largo plazo, se dice que están en "manos firmes". Esta situación resta bursatilidad a la emisora.

La bursatilidad tiene 4 categorías en nuestro mercado: alta, media, baja y mínima. Las emisoras que integran la categoría alta son, en consecuencia, las que configuran la muestra del IPyC de la que hablábamos en el primer punto del conocimiento básico.

La gráfica siguiente demuestra cómo el tiempo de las emisoras por categoría de bursatilidad ha evolucionado de manera favorable y, aunque sigue habiendo un número relativamente bajo de empresas en la Bolsa en México (142), la proporción de emisoras con bursatilidad alta era, a finales de 2016, de 63.11%.

Cuadro 14.3 Distribución por bursatilidad de las empresas de la BMV (2001 *vs.* 2016)

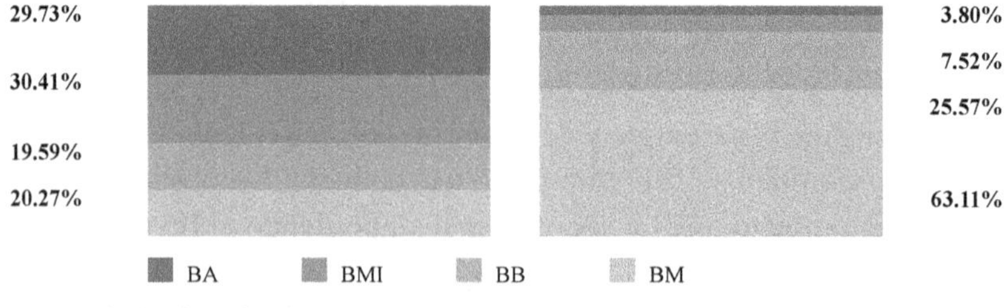

Fuente: Bolsa Mexicana de Valores, BMV.

4. Los dueños del balón

Potenciales participantes en la Bolsa justifican su temor hacia esta alternativa con los siguientes argumentos: "el mercado está muy manipulado"; "lo maneja el gobierno", "Slim hace lo que quiere".

Este mercado ha tenido una evolución y un crecimiento institucional que pocos conocen. Para bien o para mal, la realidad del mercado accionario mexicano y de otros mercados financieros locales es que los principales actores son los inversionistas internacionales.

¡Sí! Estos mismos fondos de inversión internacionales que manejan miles de millones de pesos en todo el mundo son quienes realmente mueven los precios de acciones mexicanas, sobre todo las bursátiles, a partir de sus temores y entusiasmos, de sus análisis y perspectivas, de sus estrategias globales o especializadas.

Una forma rápida de validar esto es observando cómo cualquier día feriado en Estados Unidos (Día de Acción de Gracias, del Presidente, de los Veteranos de Guerra, etc.), el volumen de operación disminuye de manera significativa. Aunque afortunadamente ya tenemos en México, desde hace tiempo, inversionistas bursátiles institucionales representados principalmente por las Siefores,[1] el volumen de operación con acciones internacionales sin operar en días feriados puede reducir en más de 70% su operación normal.

Cada Afore agrupará estos ahorros conforme a las edades de los trabajadores en 5 grupos (Siefores) y los invertirá según las reglas que la Comisión Nacional del Sistema de Ahorro para el Retiro (CONSAR) ha definido para cada grupo.

[1] Siefores son las siglas de Sociedades de Inversión Especializada en Fondos para el Retiro y son los fondos donde las Administradoras de Fondos para el Retiro (Afores) invierten los recursos de los trabajadores a lo largo de su vida laboral. El objetivo de las Afores es invertir de manera segura los recursos de las cuentas individuales de los trabajadores, a fin de que estos no pierdan su valor y se incrementen con el tiempo.

Mientras más joven es el trabajador, se le permiten instrumentos de inversión con mayor riesgo y que buscan maximizar el ahorro para cuando llegue el momento del retiro. Es conveniente entonces ahorrar de manera voluntaria para aprovechar la experiencia de la Afore y maximizar nuestro fondo de retiro.

5. Clasificación de inversionistas internacionales

Los inversionistas internacionales institucionales más importantes se clasifican en función de su especialización en las siguientes categorías: globales o dedicados. Mientras que los globales participan prácticamente en cualquier país (economía), los especializados o dedicados únicamente invierten en una categoría específica de mercados de entre 3 probables: desarrolladas, emergentes y fronterizas.

El "Mexican Moment"

Al inicio del gobierno del presidente Enrique Peña Nieto en 2012 y con la puesta en marcha de 11 reformas estructurales, de las cuales la energética fue la más importante, diversos analistas internacionales vieron en México la oportunidad de convertirse en punta del crecimiento de las naciones emergentes. El "Mexican Moment" fue un concepto que señaló que el país encabezaría la estabilidad y crecimiento económico originado en las naciones emergentes, el cual comenzó a ser utilizado por varios especialistas a inicio de este sexenio, pues veían en las condiciones de la economía local e internacional la oportunidad de que México sobresaliera.

No obstante, el buen momento del país comenzó a tambalearse cuando las primeras cifras de crecimiento económico de aquellos años resultaron muy menores a las esperadas. Lo que primero se quiso asociar con un efecto estacional y temporal de inicio de gobierno se convirtió en una decepción permanente; meses después, una estrepitosa caída en el precio del petróleo a nivel mundial por un exceso de producción influyó negativamente en la percepción del país, a pesar de la menor dependencia de exportaciones de este producto. Para muchos analistas, se amplió el reto de llegar a ser la octava economía del mundo, aunque basaron sus esperanzas en la aprobación de cambios estructurales que comenzaron a negociarse entre los políticos de la oposición, quienes elaboraron el denominado Pacto por México, al punto de que hubo acuerdos sorpresivos.

El cuadro de la siguiente página ilustra los países pertenecientes a cada categoría, que a su vez se dividen en regiones. Para los mercados emergentes, categoría de la que México forma parte, hay 3 regiones mundiales: América Latina, Europa, Medio Oriente y África (EMOA), y Asia.

Modas

El 30 de noviembre de 2001 el estratega Jim O'Neill, que trabajaba en la empresa Goldman Sachs, acuñó el término BRIC para referirse al grupo de las 5 economías emergentes que por sus características observaban un fuerte crecimiento en la siguiente década. Estas eran Brasil, Rusia, India y China. En 2011 se incorporó Sudáfrica y empezó a formar parte del grupo BRICS.

Las 5 naciones pertenecen además al G20 (grupo de las 20 economías más avanzadas) y tienen en común una gran población, grandes extensiones de territorio, una elevada cantidad de recursos naturales y una fuerte presencia en la economía internacional, con crecimientos importantes del PIB que los hacen especialmente atractivos como destinos de inversión. Estos 5 países reúnen 43% de la población mundial y acumulan 25% de la riqueza, generando 56% del crecimiento económico registrado en el mundo. El comercio entre los países del grupo crece a un ritmo de 28% anual y en 2015 se acercaba a $500,000. El pronóstico de O'Neill fue certero y muchos inversionistas vieron crecer sus patrimonios al invertir en los mercados accionarios de esos países.

En 2011 el BRIC pasó de moda para dar lugar a un nuevo grupo identificado como TIMBI: Turquía, India, México, Brasil e Indonesia, naciones que fueron vistas como los países emergentes de nueva oportunidad.

En febrero de 2012 el mismo O'Neill populariza un nuevo acrónimo. El denominado MIST: México, Indonesia, Corea del Sur y Turquía.

Cuadro 14.4 Clasificación por categorías y región de mercados

MSCI All Country World & Frontier Markets Index (ACWI FM)										
MSCI All Country World (ACWI FM)						MSCI Emerging & Frontier Markets				
MSCI World			MSCI Emerging Markets			MSCI Frontier Markets				
Desarrollados			Emergentes			Frontera				
América	**Europa y Medio Oriente**	**Pacífico**	**América**	**Europa, Medio Oriente y África**	**Asia**	**América**	**Europa & CIS**	**África**	**Medio Oriente**	**Asia**
Canadá	Australia	Australia	Brasil	República Checa	China	Argentina	Bosnia	Botsuana	Bahréin	Bangladesh
Estados Unidos	Bélgica	Hong Kong	Chile	Egipto	India	Jamaica	Bulgaria	Ghana	Jordania	Pakistán
	Dinamarca	Nueva Zelandia	México	Hungria	Malasia	Trinidad y Tobago	Croacia	Kenia	Kuwait	Sri Lanka
	Finlandia	Singapur	Perú	Marruecos	Filipinas		Estonia	Mauritania	Líbano	Vietnam
	Francia			Polonia	Taiwán		Lituania	Nigeria	Omán	
	Alemania			Rusia	Tailandia		Kazajistán	Túnez	Qatar	
	Grecia			Sudáfrica			Rumania	Zimbabue	Emiratos Árabes Unidos	
	Irlanda			Turquia			Serbia			
	Israel						Eslovenia			
	Italia						Ucrania			
	Países Bajos									
	Noruega									
	Portugal									
	España									
	Suecia									
	Suiza									
	Reino Unido									

Los índices MCSI de Bosnia, Botsuana, Ghana, Trinidad y Tobago, Jamaica y Zimbabue son por el momento independientes y no están incluidos en el índice MSCI Frontier Markets. La adición de estos países al índice MSCI está bajo consideración.

Los 4 mayores mercados en el fondo de capital de Goldman Sachs N-11 (Next 11).

Ya sea como TIMBI o como MIST, en aquellos años lo importante fue la promoción y difusión de nuestro país en importantes foros internacionales. Finalmente México estaba muy presente en el radar de los grandes inversionistas internacionales, lo que podía traducirse en una captación de flujos y, con esta, un avance en los precios de acciones.

Lamentablemente la caída del precio del petróleo y otros desaciertos internos evitaron la oportunidad que tuvo el país de concretar grandes esperanzas. Seguimos siendo una gran nación, pero sirvan las líneas anteriores como testimonio y experiencia de que las oportunidades pueden dejarse pasar.

¿Cómo funcionan?

Los inversionistas internacionales utilizan índices internacionales de referencia, como el Morgan Stanley Composite Index (MSCI) para sobreexponer o subexponer en cada país a partir de la referencia indicada.

Es algo similar a lo que hace un inversionista local. Tiene como referencia el índice accionario de su país y, al momento de formar un portafolio, sobreexpone o subexpone las emisoras que lo integran y decide incorporar algunas que no estén en el índice.

Para determinar una sobreponderación, mayor proporción en el país respecto a la que indica el parámetro a vencer o *benchmark*, o subponderación, un peso menor en el país, utiliza indicadores fundamentales. Los más tradicionales son el múltiplo como sinónimo de oportunidad o valor y el riesgo país, precisamente como medida para evitar el riesgo.

El siguiente cuadro ilustra el ejemplo utilizando el índice MSCI para mercados emergentes como referencia y marcando el nivel de exposición.

Los países con mayor potencial de crecimiento en función, por ejemplo, de su PIB,[2] su múltiplo P/U (ver siguiente concepto) y su riesgo país / EMBI.

Cuadro 14.5 Clasificación por categorías y región de mercados

País	MSCI %	Exposición	Peso %	Recomendación
Corea	18.00	-1.50	16.50	Subexpuesto
Taiwán	13.80	1.00	14.80	Sobre-expuesto
Sudáfrica	12.20	1.50	13.70	Sobre-expuesto
Brasil	9.20	1.00	10.20	Sobre-expuesto
China	8.30	-1.00	7.30	Subexpuesto
México	6.30	0.50	6.80	Sobre-expuesto
India	5.70	0.20	5.90	Sobre-expuesto
Rusia	3.70	0.20	3.90	Sobre-expuesto
Malasia	4.20	-0.50	3.70	Subexpuesto
Otros	3.40		3.40	Sobre-expuesto
Tailandia	2.50	0.20	2.70	Sobre-expuesto
Turquía	1.70	1.00	2.70	Sobre-expuesto
Israel	3.60	-1.30	2.30	Subexpuesto
Polonia	1.90	0.30	2.20	Sobre-expuesto
Indonesia	2.00	-0.10	1.90	Subexpuesto
Chile	1.90	-0.50	1.40	Sobre-expuesto
Hungría	1.60	-1.00	0.60	Subexpuesto
Total	100.00		100.00	

Fuente: Elaboración propia.

[2] PIB: Producto Interno Bruto, conjunto de los bienes y servicios producidos en un país durante un espacio de tiempo, generalmente un año.

Riesgo país / EMBI

El término riesgo país es un concepto financiero que ha cobrado una gran difusión en los últimos tiempos en naciones como México, al dejar de ser un término exclusivo de analistas económico-financieros como consecuencia del importante papel que desempeña en el proceso de las inversiones financieras y de producción de bienes en el país.

El riesgo país es un indicador elaborado por calificadoras de riesgo internacionales, que califica con un número la capacidad de un país determinado para pagar los intereses derivados de su deuda financiera total, externa con otros países e interna con sus propios habitantes, mediante la emisión de instrumentos como los Cetes, al cual se le llama riesgo financiero y de los pagos por la venta de bienes y servicios (riesgo comercial). Se conoce también como EMBI (Emerging Markets Bond Index) por estar integrado por un grupo de bonos (instrumentos de deuda) de distintos emisores, gobierno, grupos financieros y empresas privadas, del país al que se hace referencia, y se expresa con el diferencial de la tasa de interés en dólares que paga una muestra de bonos de un país *vs.* la tasa de los bonos del tesoro de Estados Unidos a 10 años.

6. No confunda precios con valuaciones

Entre los elementos de conocimiento básico indispensable, este es posiblemente el más importante de conocer y entender debido a su frecuencia y alto riesgo. Muchos inversionistas nuevos, y no tan nuevos, suelen calificar de cara o barata la acción de una empresa en el mercado accionario atendiendo solamente al comportamiento de su precio.

Esto es, si la acción sube de precio se percibe como cara, y si baja, como barata. Recuerde siempre por favor: la peor razón para comprar una acción en el mercado es porque baja de precio. La irracionalidad del mercado puede ofrecer una oportunidad, pero esto no se descubre observando simplemente el precio de una acción. Habrá que investigar la razón de la caída del precio y después entender si se trata de una oportunidad o de una baja justificada y peligrosa.

Para entender mejor la diferencia entre el precio y la valuación, a continuación expongo un razonamiento que utilizo frecuentemente para este objetivo.

Suponga usted que compra una empresa a un precio de $100 pesos el 31 de diciembre de cualquier año y que, en ese momento, la compañía, que ahora es suya, genera una utilidad neta por año de $10 pesos. Ello significa que la rentabilidad que usted obtiene por esa inversión es de 10% (10/100 = 10%).

Un año después yo le ofrezco comprar su empresa en $200, es decir, 100% más del precio al que usted la compró un año antes. En la representación gráfica de este supuesto, muchos inversionistas percibirían a primera vista que estoy comprando la empresa muy cara, pues la pagó 100% arriba del precio que tenía apenas un año atrás. Sin embargo, resulta que esa misma empresa es ahora tan eficiente y productiva que genera ya utilidades netas anuales de $100 pesos; ello significa que si la compro a $200, mi rentabilidad será de 50% (100/200 = 50%).

¿Se da cuenta? En realidad yo estoy comprando la empresa más barata que usted hace un año, pues mi nivel de rentabilidad es mayor. Entonces, el precio no fue importante, lo importante fue la relación del precio respecto a las utilidades de la empresa. A esta relación se le llama múltiplo P/U o P/UPA (Precio/Utilidad por Acción en 12 meses) y es una de las maneras en que se valúa una empresa. Entre menor es el múltiplo, más atractiva es la empresa. Lo vamos a ver con detalle más adelante, pero mientras tanto, recuerde no dejarse llevar únicamente por el comportamiento del precio de una acción en el mercado.

Cuadro 14.6 Clasificación por categorías y región de mercados

Indicador	Año 1	Año 2	Variación (%)
Precio	$100	$200	**100%**
Utilidad	$10	$100	**1,000%**
Margen	10%	50%	**40 pp**

Fuente: Elaboración propia.

Sobre el sentido común

La mejor manera de expresar el sentido común como inversionista es a través de una metodología o proceso ordenado. Personalmente, seguir disciplinadamente un método, estudio, deporte, presupuesto, inversión, etc., siempre me ha funcionado bien.

Cuadro 14.7 Diagrama de ingredientes de éxito en la inversión bursátil

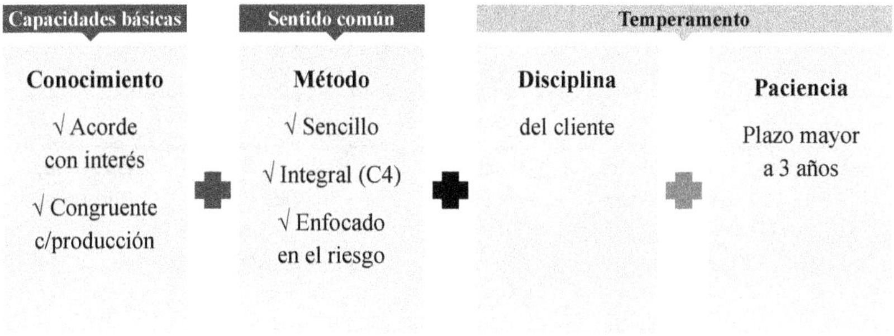

Fuente: Elaboración propia.

Como lo expliqué con anterioridad, la metodología que llevo a cabo ha venido tomando forma en el tiempo. A la estructura básica la llamé Estrategia Integral C3. No es la única metodología de inversión en la Bolsa y posiblemente tampoco sea la mejor, pero los resultados han sido muy satisfactorios y procuro incorporar en ella permanentemente experiencias y aprendizajes. Ahora la identifico como Estrategia Integral C4 y estas son sus 3 principales características:

Sencilla: es fácil de recordar y más cuando se conoce su origen. La letra "C" está relacionada con cada una de las 4 preguntas específicas que busca contestar (por ello también el número 4). Las preguntas son:

I ¿Cuánto es conveniente invertir de mi patrimonio en la Bolsa?

II ¿Cuáles son las empresas que debería considerar en mi portafolio? (ser dueño).

III ¿Cómo debería distribuir de manera inteligente mi portafolio, es decir en cuántas empresas y en qué proporción para cada empresa?

IV ¿Cuándo puede ser el mejor momento para aumentar o disminuir mi exposición al mercado accionario?

Cuadro 14.8 Fases de la metodología Estrategia Integral C4

Riesgo	++++	+++	++	+
Fase	Distribución en portafolio	Selección de emisoras	Distribución (inteligente)	Momento / ponderación
Pregunta	**¿Cuánto?**	**¿Cuáles?**	**¿Cómo?**	**¿Cuándo?**
Denomina	**C1**	**C2**	**C3**	**C4**
Herramienta	**Diagnóstico Rebalanceo** • Horizonte de inversión • Objetivo de inversión • Aversión al riesgo	**8 Criterios de precio objetivo** • Crecimiento • Rentabilidad • Sector • Estructura financiera • Dividendos • Manejo (dirección) • Valuación • Bursatilidad	**Diversificación "inteligente"** • 6 emisoras mínimo • Balance riesgo-rendimiento • 50% representadas en el IPyC	**Momento adecuado** • "ET" (Técnico CP) • MVLP (Valor LP)

Fuente: Elaboración propia.

- **Integral**: Muchos participantes en la Bolsa no tienen metodología de inversión, una manera fácil de comprobarlo es simplemente preguntando: ¿cuál es su metodología y en qué consiste? Si la respuesta es tardía o improvisada (fácil de identificar) es simplemente porque no tienen metodología. Otros pocos desarrollan metodologías de manera parcial. Esto significa que su metodología se concentra en especial con la selección de emisoras o con el momento de compra o venta, a estos se les identifica como *traders*, pero difícilmente involucran procesos estructurados o integrales. La C4 ocupa todas las fases de potencial riesgo para el inversionista.

- **Enfocada en el riesgo**: Lo indicaba al final del párrafo anterior. Es una metodología en la que cada uno de sus componentes (preguntas) están orientados a disminuir el riesgo en las distintas fases en las que pueden presentarse. Nuestro objetivo principal, valor agregado para el inversionista, es disminuir a toda costa el riesgo y entender los buenos resultados como consecuencia del manejo adecuado de riesgos. Más adelante en el capítulo de la "Pieza 5. Las 4 del riesgo", se convencerá de que el riesgo en la Bolsa es menos complicado de entender; explicaré con detalle en dónde se presenta el riesgo y, mejor aún, cómo controlarlo o disminuirlo.

Sobre el temperamento

Para terminar de reflexionar sobre los "ingredientes del éxito" en la inversión bursátil dedicaré algunos renglones al temperamento. Está constituido por disciplina y paciencia. Le repito, a diferencia del conocimiento básico y de una metodología de inversión que puede proporcionar un asesor o estratega, estos dos dependen en gran parte de usted como inversionista o empresario en la Bolsa.

Cuadro 14.9 Diagrama de ingredientes de éxito en la inversión bursátil

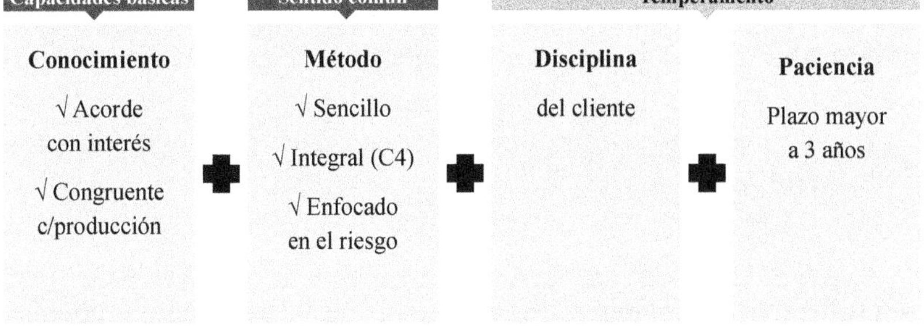

Fuente: Elaboración propia.

Resulta interesantísimo identificar la manera en que inversionistas exitosos del mundo repiten ciertos patrones de comportamiento en sus estrategias o proceso de toma de decisiones. Es precisamente a través del conocimiento de estos patrones y de la experiencia propia, que incorporé al modelo de inversión el factor de temperamento, una variable de especial atención.

El temperamento es la combinación de actos que se presentan en una persona de manera única y que forman su personalidad. Está íntimamente relacionado con la psicología de cada individuo; se adquiere genéticamente y por ello se relaciona también con todas las sensaciones, emociones y sentimientos comprensibles a nivel físico y orgánico. Muchas veces el término "temperamento" se confunde con el carácter. Este último se adquiere a través del aprendizaje. En el mundo de las inversiones, el temperamento se manifiesta por la manera en que uno se deja llevar por emociones cuando se toman decisiones. Por ejemplo: comprar y luego tener miedo. El temperamento te lleva a la congruencia y disciplina en la implementación de modelos o métodos de inversión. La cualidad más importante de un inversionista es su temperamento, no el intelecto. Se necesita un temperamento que evite sentir satisfacción por estar con la mayoría o contra la mayoría.

Invertir como niña

La investigadora e inversionista Louann Lofton publicó en su libro *Warren Buffett invierte como niña... y por qué usted también debería hacerlo,* los resultados de una serie de investigaciones que demuestran que los inversionistas de género femenino en general suelen tener mejores resultados que los hombres. Estos resultados se relacionan precisamente con una serie de cualidades asociadas con el temperamento, como son:

1. **No compran-venden tan frecuentemente** (*trading*) como los hombres;

2. **Exhiben menos exceso de confianza**: nosotros creemos que sabemos más, mientras que ellas están más dispuestas a preguntar lo que no conocen;

3. **Rechazan más el riesgo que los hombres;**

4. **Son más realistas, menos optimistas;**

5. **Le dedican más tiempo y se esfuerzan lo más posible** al realizar análisis de inversiones. Consideran todos los ángulos, detalles y puntos de vista alternativos;

6. **Aprenden de sus errores;**

7. **Piensan más en el largo plazo** (horizonte patrimonial) y

8. **Son mejores para tener su pensamiento propio** y tomar decisiones, y no "doblarse" a la presión de colegas.

¡Es la testosterona!

Todo indica que la manera en que ellas actúan es más saludable y todos deberíamos hacerlo así. En defensa nuestra (de los hombres), estudios científicos demostraron que muchas de estas diferencias provienen de una naturaleza biológica. La ausencia de testosterona en las mujeres explica su comportamiento más calmado, racional y más disciplinado al invertir. La testosterona y el cortisol son esteroides naturales que ayudan a nuestros cuerpos y mentes en situaciones instintivas (dan valor). El cortisol se dispara ante condiciones de estrés. En las mujeres, la producción de oxitocina y progesterona favorecen al manejo de la tensión. Lo invitamos a conocer un poco más de este estudio a continuación y a darnos la oportunidad de demostrar la extraordinaria asesoría de un grupo formado por hombres y mujeres con conocimiento, sentido común y temperamento.

Un poco más sobre el temperamento

Algunos ejemplos recurrentes de un temperamento equivocado en el mundo de las inversiones y que han sido las "raíces" de crisis financieras son:

- Pensar demasiado en el corto plazo.

- Asumir riesgos en un "exceso ridículo".

- Niveles de endeudamiento más allá de lo razonable.

- La creencia irracional y llena de codicia de que hacer dinero no terminará en cualquier momento, pronto.

- La incapacidad de ver a mayor plazo las consecuencias de una mala decisión.

La buena noticia es que, por lo menos para un segmento de inversionistas es posible trabajar en mejorar el temperamento. Pero hay un grupo en particular que necesita trabajar mucho más en esto: ¡los de cromosoma "Y", los hombres!

Hoy, la mayor parte de ejecutivos en bancos de inversión a nivel mundial pertenecemos al "Club de Tobi" (¿recuerda?... los que no dejaban entrar a "La pequeña Lulú"). Cuando los compradores de bienes raíces en Estados Unidos (hombres y mujeres) compartieron la culpa de la crisis financiera al inicio de 2007, fuimos nosotros, los hombres, los primeros en salir corriendo con lo que provocamos que la situación fuera exponencialmente más peligrosa. Las llamadas "cualidades femeninas" que construyen mejores relaciones, con paciencia y colaboración, son las que menos se observan durante la histeria del mercado.

Los datos duros

A continuación, el resumen de distintas investigaciones sobre los resultados de inversionistas de distinto género.

- Brad Barber y Terrance Odean de la Universidad de California (febrero 2001, *Boys Will Be Boys*) analizaron 35,000 cuentas en casas de bolsa durante 6 años y concluyeron que:

- Los hombres intercambian valores (acciones) en los mercados financieros 45% más que las mujeres.

- Las comisiones asociadas a la compraventa de valores disminuyen en 2.65 punto porcentuales (pp) los rendimientos finales, comparado con 1.72 pp de las mujeres.

- Los hombres solteros fueron más "peligrosos" al operar 67% más que las mujeres solteras (posible influencia de las esposas).

- El mejor resultado de las mujeres no estuvo relacionado con la selección de mejores empresas o decisión de momento de mercado. Ellas operaron menos.

La Operadora de Fondos Vanguard analizó el comportamiento de 2.7 millones de inversiones realizadas durante el pánico de los mercados de 2008 y 2009 e identificaron que las mujeres operaron menos sus portafolios. Tomaron menos decisiones precipitadas frente al pánico.

Stefan Ruenzi y Alexandra Niessen (enero de 1994 – diciembre de 2006) llevaron a cabo un estudio sobre las diferencias entre hombres y mujeres manejadores de fondos de inversión. La muestra fueron 15,170 fondos en los que 10% los manejaban mujeres. El estudio reveló que:

- Las mujeres usaron de manera significativa menos "estilos extremos o arriesgados" de inversión.

- Desde el inicio, los fondos femeninos promediaron tasas de retorno de 9.06% *vs*. retornos de 5.82% de fondos "indizados".

- Durante el pánico de 2008, los fondos femeninos "sufrieron" menos. Cayeron 9.61% *vs*. 19.03% de los otros fondos.

Merrill Lynch Investment Manager en una encuesta telefónica nacional (2004) realizada a 1,000 inversionistas (50% hombres y 50% mujeres) descubrieron que los hombres somos más propensos a comprar acciones "en caliente" sin llevar a cabo ningún tipo de análisis (24% de los hombres *vs*. 13% de las mujeres).

John M. Coates (University Of Cambridge – 2008) llevó a cabo un estudio sobre las diferencias entre las mujeres y hombres manejadores de fondos de inversión. La muestra incluyó 15,170 fondos de los que 10% los manejaban mujeres. El estudio reveló que ellas presentaron de manera significativa menos "estilos extremos" (arriesgados) de inversión.

La testosterona y los "Neuroeconomics"

Paul Zak (Claremont Graduate University) acuñó el término "Neuroeconomics" en un estudio preliminar en el que relacionó la testosterona, el cortisol y las utilidades del *trading* en la Bolsa. El resultado concluye que la menor cantidad de testosterona en las mujeres explica el porqué de un comportamiento más calmado o racional y más disciplinado, en lo que se refiere a las inversiones.

El estudio tomó muestras de saliva de 17 operadores en Londres 2 veces al día por 8 días, con lo cual le dio seguimiento al nivel de testosterona.

En caso de requerir un repaso de las clases de Biología de la secundaria, la testosterona y el cortisol se producen en la glándula suprarrenal y son esteroides naturales (un tipo de hormonas) que ayudan a nuestros cuerpos y mentes en situaciones instintivas como una pelea o a animarnos a actuar en determinadas situaciones, nos dan valor. El cortisol se dispara ante condiciones de estrés. Las mujeres producen oxitocina y progesterona, que favorecen el manejo de la tensión.

Como señalé antes, los estudios demostraron que las mujeres, de manera natural, tienen una mejor manera de invertir.

- No compran-venden tan frecuentemente (*trading*) como los hombres.
- Exhiben menos exceso de confianza: nosotros creemos que sabemos más, mientras que ellas están más dispuestas a preguntar lo que no conocen (¿preguntas cómo llegar cuándo no lo sabes?).
- Rechazan más el riesgo que los hombres.
- Son más realistas (menos optimistas).
- Toman más tiempo y se esfuerzan lo más posible al realizar análisis de inversiones. Consideran todos los ángulos, detalles y puntos de vista alternativos.
- Aprenden de sus errores.

- Piensan más en el largo plazo (horizonte patrimonial).
- Son mejores para pensar y tomar decisiones por sí mismas y no "doblarse" a la presión de colegas.
- La ausencia de testosterona las hace menos dispuestas a actuar de manera irracional en mercados irracionales.

El caso de Islandia

Durante la crisis de 2008 hubo muchas "historias de terror"; una de ellas sucedió en el pequeño país de Islandia que, con 300,000 habitantes, pasó de pronto de ser una humilde nación de pescadores para convertirse en un semillero de actividades financieras internacionales. Los pescadores se volvieron operadores de derivados y de otros instrumentos sofisticados que desconocían antes de 2003. El problema en la crisis fue tal, que la deuda del país llegó a representar 8.5x (850%) su PIB. ¿Quién salvó al país?... ¡Las mujeres!

- Se eligió una mujer como primera ministra.
- Mujeres en puestos financieros importantes asumieron nuevas responsabilidades frente a islandeses ansiosos de un cambio.
- Destacaron Halla Tómasdóttir y Kristin Pétursdóttir, quienes fundaron la empresa de fondos de inversión Audur Capital en 2007.
- Estas últimas manejadoras de fondos han declarado en distintas ocasiones que su empresa se ha manejado con "valores femeninos" y por ello sobrevivió, intacta, a la crisis financiera. Islandia logró salir de su crisis en el tercer trimestre de 2010, aunque muchos de sus problemas no están totalmente resueltos.

Durante el desarrollo de su libro, la autora Louann Lofton identifica la coincidencia del estilo natural femenino con el estilo que algunos conocidos inversionistas hombres han descubierto y desarrollado, principalmente el muy reconocido y prestigiado Warren Buffett quien, por cierto, nunca ha escrito un libro. Sus famosas citas y enseñanzas han sido expresadas en conferencias y en las cartas que cada año dirige a los accionistas de su empresa, Berkshire Hathaway. A continuación, el decálogo del señor Buffett. Personalmente, comparto la gran mayoría de sus principios, pero creo un poco más en el valor de la diversificación.

Decálogo de inversión de Warren Buffett

---

1. **Invertir solo en negocios controlables**: nunca en negocios que no se comprendan. Desde joven, Buffett se preocupó por saber cómo funcionaban las compañías en las que quería invertir. Aunque es amigo de Bill Gates, nunca invirtió en Microsoft.

---

2. **Considerar la paciencia como una virtud**: cuando encuentra una candidata, analiza su negocio y su mercado y espera hasta conseguir el precio adecuado.

---

3. **Mirar siempre a largo plazo**: Buffett tiene una premisa, "nuestro horizonte preferido es para siempre".

---

4. **Diversificar solo lo necesario**: "Una diversificación amplia solo es necesaria cuando el inversor no entiende lo que está haciendo".

---

5. **Tener muy claro el perfil de riesgo**: no entrar en la Bolsa si no eres capaz de asumir, sin verte en situación de pánico, que la acción que adquieres puede perder 50% de su valor.

---

6. **Comprar negocios, no acciones**: lo fundamental es el negocio. Siempre buscar compañías con dirección de calidad probada, tasas históricas mínimas de rentabilidad y una posición dominante.

7. **Tener cautela ante el optimismo**: "El optimismo es el enemigo del inversionista racional". Ser precavidos cuando los demás están eufóricos y ser optimistas cuando los demás empiezan a tener miedo (opinión contraria).

---

8. **No dejarse arrastrar por las modas**: el inversionista debe ser consecuente con su perfil de riesgo. Ser reacio a dejarse llevar por las modas. Por ejemplo, le fue bien cuando se quedó, a fines de los noventa, al margen del "*boom* de internet".

---

9. **Tener habilidad para decir "no"**: es una ventaja tremenda para un inversionista.

---

10. **No ejercer de gurú**: como lo recomienda Buffett en una de sus citas, "No intentes predecir la dirección de los mercados, la economía, los tipos de interés o los procesos políticos. Vive el presente".

---

15 Pieza 4 No es el mismo riesgo para todos

«Todos los hombres nacen iguales,
pero es la única vez que lo son.»
Abraham Lincoln

A lo largo de mi carrera profesional percibo la idea generalizada de que cuando alguien invierte en el mercado accionario, considera que asume un riesgo similar al de cualquier otro individuo que también invierte en la Bolsa. "Si yo invierto en la Bolsa, mi hermana invierte en la Bolsa, mi primo invierte en la Bolsa y mi suegra invierte en la Bolsa, entonces todos tenemos un riesgo similar ante un ajuste o baja en el mercado".

¡No es así! Si un participante en la Bolsa decide una proporción de su portafolio en la Bolsa menor a la de otros, su riesgo es menor; si su selección de emisoras esta mejor argumentada en aspectos fundamentales, su riesgo es menor; si la construcción de su portafolio tiene una diversificación más inteligente y si el nivel de exposición aumenta o disminuye en función de mayores posibilidades del comportamiento del mercado en un contexto dado, su riesgo también disminuye.

Entonces, el riesgo de cada uno de ellos es distinto en función de cada una de estas decisiones o fases que detallaremos en la Metodología C4.

Sobre el riesgo

Vale la pena recordar la siguiente reflexión sobre el riesgo: invertir con éxito consiste en tomar decisiones hoy, que a futuro sean certeras, pero como nadie puede predecir con exactitud el futuro, entonces el riesgo es inevitable. En la Bolsa no es difícil identificar acciones con potencial de alza. Si usted las identifica constantemente, sus resultados serán buenos, pero será difícil que logre mantener un paso exitoso durante un periodo largo si usted no está dispuesto a asumir determinados riesgos.

Por ello, el primer paso de un inversionista exitoso consiste en entender el riesgo; el segundo, identificar cuando el riesgo es alto, y el tercer paso es saberlo controlar (en nuestro caso minimizar). En el siguiente capítulo identificaremos las 4 fases en las que puede presentarse el riesgo para un inversionista en la Bolsa, dejando a un lado fórmulas convencionales, y aunque útiles, en ocasiones complejas para un "no especialista".

16

Pieza 5
Las 4 fases del riesgo

«Se paciente y reúne todos los elementos posibles antes de tomar una decisión.... pero siempre tómala.»
Winston Churchill

Una de las razones más frecuentes por la que un individuo, sobre todo en México, no invierte en el mercado accionario es por asociarlo con un alto grado de complejidad. Muchos consideran que es únicamente para especialistas y conocedores sofisticados.

Un ejemplo de ello es cuando al hablar de riesgo, los "técnicos" lo asocian de inmediato con medidas matemáticas y estadísticas de variación y volatilidad. En la Bolsa, una acción con mayor variación o volatilidad es siempre más riesgosa. Por ejemplo, una carretera lineal es más segura que una con curvas.

El cuadro siguiente señala algunos de estos indicadores que estrategas y manejadores profesionales en la Bolsa suelen utilizar al momento de administrar carteras.

Cuadro 16.1 Distintos indicadores de riesgo

Beta	"Coeficiente beta", se dice que mide la volatilidad o el riesgo sistemático de un título de una cartera en comparación con el mercado en su totalidad. En teoría, un beta de 1 indica que el precio de un título se moverá junto con el mercado. Un beta de menos de 1 indica que el título es menos volátil que el mercado, y un beta mayor a 1, que el título será más volátil que el mercado.
***Ratio* de Sharpe**	Mide los retornos (rendimientos) en relación con el riesgo asumido para lograr dichos retornos. Cuanto mayor es el *ratio* de Sharpe de una cartera, mejor será su retorno ajustado por riesgo.

***Ratio* de Sortino**	El *ratio* de Sortino difiere del de Sharpe, en que elimina el movimiento de precios al alza en desviación estándar. Solo mide el retorno *vs.* la volatilidad de precios a la baja.
Índice de Treynor	Mide el exceso de retornos de la tasa libre de riesgos por unidad de riesgo de mercado. El índice de Treynor es similar al *ratio* de Sharpe, con la diferencia de que Treynor usa delta para medir la volatilidad en lugar de la desviación estándar.
VaR	El valor en riesgo es una técnica utilizada para medir la probabilidad de una pérdida porcentual en una cartera durante un periodo de tiempo dado. El VaR incorpora la volatilidad del precio de la acción, así como el efecto de la diversificación.

Fuente: Ponce, Carlos (2006), *¡La fórmula: inversiones en la Bolsa! Cómo construir un patrimonio a través de la inversión.* México, Editorial Gasca Sicco.

Recordando una conclusión previa sobre lo inevitable del riesgo en cualquier tipo de decisión y el entendimiento y control que un inversionista debe tener sobre ese riesgo, la realidad es que este control resulta relativamente sencillo de implementar (disminuir el riesgo) cuando se entiende en qué momento se presenta.

Sin dejar de reconocer la valía de las medidas de riesgo contenidas en el cuadro anterior, veremos ahora la manera en que la metodología Estrategia Integral C4 identifica y disminuye los riesgos en las 4 fases en que se presenta:

1. Asignación de inversión o distribución de la Bolsa en un portafolio total.

2. Selección de emisoras del portafolio.

3. Determinación de número de emisoras y proporción de cada una —distribución inteligente.

4. Identificación del mejor momento para aumentar o disminuir exposiciones.

Mejora continua

En 2006 publiqué mi primer libro relacionado con mi actividad profesional titulado: *¡La fórmula: inversiones en la Bolsa!*, en el que expuse mi metodología que en ese momento identificaba como Estrategia Integral C3. Años después entendí que por evidente que pareciera, era importante incorporar la pregunta: "¿cuánto asigno a la Bolsa del total de mis inversiones antes de identificar en cuáles empresas invertir?, ¿cómo distribuirlas y cuándo aumentar o disminuir exposiciones?

Otros elementos adicionales a la metodología que ya había mencionado, que incorporé con el tiempo y que contribuyeron de manera importante a los resultados fueron:

- **Paciencia**: la revisión de los portafolios y estrategias que solíamos llevar a cabo cada semana lograron mejores resultados cuando comenzamos a revisarlos cada mes. Dejar madurar ideas funcionó mucho mejor. Aunque por lo general hacemos pocos cambios en las estructuras, una revisión siempre invita al cambio.

- **Estructura**: para maximizar la relación riesgo-rendimiento de los portafolios siempre buscamos no alejarnos demasiado de la estructura del IPyC, replicando por lo menos el 50% de dicha estructura. Ahora logramos el mismo efecto con una sola acción que reproduce la estructura del IPyC conocida como Naftrac. De esta manera, nuestros portafolios difícilmente tienen más de 7 empresas (incluyendo siempre el Naftrac). Más adelante detallaremos estos procesos.

- **Momento**: aunque sigue siendo un elemento complementario y muy útil, sobre todo en un mercado mexicano cuya característica de fuerte volatilidad e irracionalidad genera oportunidades permanentes, decidimos atender prioritariamente indicadores extremos, es decir, preocuparnos menos por aparentes y potenciales cambios de tendencia y concentrarnos en situaciones de alzas o bajas muy pronunciadas, que influyen de manera importante en la valuación de las compañías (también lo detallaremos más adelante). Le recuerdo que en la lista de los mayores creadores de patrimonio de la revista *Forbes* que presenté en el capítulo de "Creadores de patrimonio", en la primera sección de este libro, no aparece ningún *trader*, es decir, ningún inversionista que busque de manera primordial herramientas para identificar momentos. Los creadores de patrimonio en el tiempo lo han hecho poniendo atención a una correcta selección de empresas para ser dueños, a partir de sus fundamentos, de una correcta distribución de acciones.

Reflexionemos ahora sobre la manera y la razón por la cual muchos participantes ignoran o tienen poco control sobre el riesgo.

Cuadro 16. 2 Fases de la metodología Estrategia Integral C4

Riesgo	++++	+++	++	+
Fase	**Distribución en portafolio**	**Selección de emisoras**	**Distribución (inteligente)**	**Momento / *ponderación**
Pregunta	**¿Cuánto?**	**¿Cuáles?**	**¿Cómo?**	**¿Cuándo?**
Denominación	**C1**	**C2**	**C3**	**C4**
Herramienta	**Diagnóstico Rebalanceo** • Horizonte de inversión • Objetivo de inversión • Aversión al riesgo	**8 Criterios Precio objetivo** • Crecimiento • Rentabilidad • Sector • Estructura financiera • Dividendos • Manejo (dirección) • Valuación • Bursatilidad	**Diversifica "Inteligente"** • 6 emisoras mínimo • Balance riesgo-rendimiento • 50% representado en el IPyC	**Momento Adecuado** • "ET" (Técnico CP) • MVLP (Valor LP)

Fuente: Elaboración propia.

La mayoría suele dar prioridad a la búsqueda de un resultado (si es pronto, mucho mejor) y de esta manera, consciente o inconscientemente, asumen riesgos. Una enorme cantidad de historias poco afortunadas en inversión bursátil que he atestiguado se originaron por descuidar el riesgo en alguna de estas fases. El diagrama siguiente ejemplifica algunos riesgos tradicionales que un inversionista en la Bolsa asume al dar prioridad a la búsqueda de un buen resultado pronto, en vez de disminuir el riesgo.

Ejemplo 1. Fase de selección: un inversionista decide comprar acciones de una empresa porque escuchó el rumor de una adquisición; la empresa sube de precio y la compra a un precio mayor; el rumor se desmiente y la acción baja estrepitosamente de precio.

Ejemplo 2. Fase diversificación: Un inversionista decide integrar un portafolio únicamente con 2 o 3 emisoras tras haber investigado que su potencial de rendimiento traducido en un precio objetivo (lo explicamos en el capítulo "Nuestro perfil debe ser: pensar como accionista") es importante. Aunque la selección es correcta, en este caso el inversionista está corriendo un riesgo asociado con la "concentración de acciones". Es lo que se conoce como "poner todos los huevos en una misma cesta". El número mínimo de empresas para formar un portafolio relativamente bien diversificado es seis.

Ejemplo 3. Momento: un inversionista decide comprar acciones de una empresa únicamente porque ha caído mucho de precio de acuerdo con una gráfica. Este ejemplo es "la clásica" y deja ver el carácter especulador y de alto riesgo de un participante cuando la decisión no se acompaña de un conocimiento mínimo sobre los aspectos fundamentales de una empresa y la razón de la caída del precio.

Cuadro 16.3 Riesgos tradicionales durante distintas fases

Pregunta	Fase	Riesgo tradicional
¿Cuánto?	Proporción	Asignar demasiado Asignar poco
¿Cuáles?	Selección	"Se ve muy bien" "Se rumora que..." "Siempre le va bien..." "Van a comprar algo..."
¿Cómo?	Diversificación	"Dame 3..." "La de mayor precio objetivo"
¿Cuándo?	Momento	"Ya cayó mucho el precio" "Para promediar..." "Rápido... que se nos va..."

Fuente: Elaboración propia.

Sobre la proporción (¿cuánto?)

Esta decisión está completamente relacionada con el perfil del cliente. Al igual que un médico (ya comenté antes nuestras similitudes), un buen asesor debe ser capaz de diagnosticar y recetar correctamente a un inversionista.

Un médico no receta la misma medicina a todos sus pacientes, de la misma manera que un asesor no debería recetar la misma proporción de inversión a todos los inversionistas potenciales.

Retomando el objetivo prioritario de disminuir el riesgo de la Metodología Integral C4, la primera fase de proporción o identificación de "¿cuánto invertir?", hay que decir que asignar al mercado accionario se fundamenta en un principio de diversificación como elemento básico para disminuir el riesgo; esto supone, y es cierto, que ninguna alternativa de inversión es ganadora siempre en el tiempo y por ello conviene diversificar. Cabe señalar que el espíritu de esta obra está orientado a la inversión bursátil, no obstante que el potencial de diversificación de un portafolio actualmente es inmenso, no solo por tipo de instrumento, sino por tipo de emisor, plazo, región, etc., lo que puede resultar sumamente complicado. Por otra parte, recuerde que una diversificación en exceso es sinónimo de desconocimiento.

Cuadro 16.4 Alternativas de inversión para un portafolio

1 Divisas
2 Valores sin inflación
3 Materias primas
4 Bienes raíces
5 Renta fija (deuda)
6 Acciones
7 Emisor gobierno
8 Emisor banco
9 Emisor empresa
10 Corto plazo
11 Mediano plazo
12 Largo plazo
13 Región fronteriza
14 Región global
15 Región desarrollada
16 Región emergente

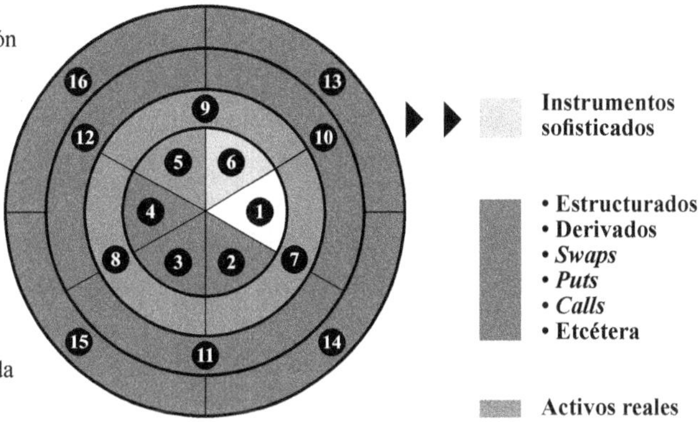

Fuente: Elaboración propia.

Señalaba ya en páginas anteriores que el perfil de un inversionista está dado principalmente por 3 factores: 1) horizonte de inversión: entre más largo, más conveniente es invertir en la Bolsa; 2) objetivos de inversión: entre más agresiva es la búsqueda de un mayor rendimiento, más conveniente es invertir en la Bolsa; y 3) aversión al riesgo: entre menor aversión al riesgo, más conveniente es invertir en la Bolsa.

Cuadro 16.5 Indicadores para perfil de inversionista

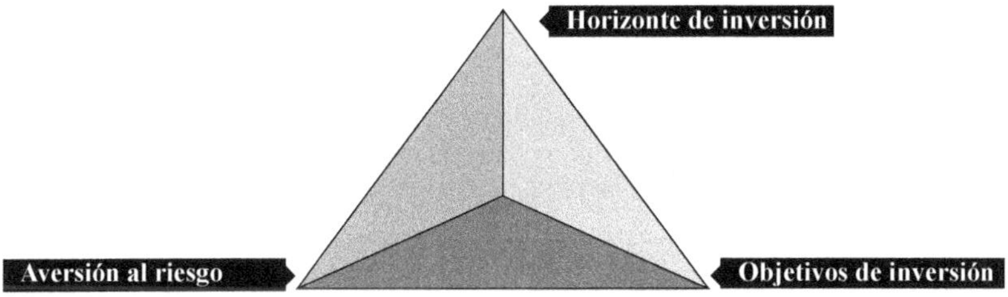

Fuente: Elaboración propia.

Aunque tradicionalmente a un inversionista en la Bolsa se le considera agresivo o de mucho riesgo, no necesariamente debe ser así. Esta impresión tradicional es la que tanto ha dañado a potenciales inversionistas, evitando la creación de un patrimonio a mayor plazo (lo comentábamos ya en los capítulos introductorios).

Algunos especialistas recomiendan sumar 2 elementos más a los 3 anteriores: requerimiento de liquidez (personalmente creo que está implícito al hablar del horizonte de inversión) y experiencia en inversiones bursátiles. Mi punto de vista es que no es indispensable, aunque si usted tiene dudas o prefiere mayor precaución, no tiene que ser todo o nada. Pruebe un poco y comience con una proporción pequeña.

En la práctica, las autoridades exigen a las instituciones financieras, desde hace varios años, con el propósito de proteger los intereses de los clientes, que se apliquen cuestionarios que permitan identificar correctamente el perfil del cliente y de esta manera evitar sorpresas al invertir.

A continuación, y únicamente a manera de ejemplo, comparto un par de preguntas asociadas con el horizonte de inversión y con la aversión al riesgo que algunos de estos cuestionarios suelen incluir.

Pregunta 1: ¿qué proporción o porcentaje de minusvalía o pérdida está dispuesto a tolerar en el valor de su portafolio en busca de mayores rendimientos? Si la respuesta es "hasta un 20%", su perfil se considera "agresivo" y la proporción recomendada del total de su portafolio en la Bolsa deberá ser cercana a un 40%.

Cuadro 16.6 Pregunta para perfil de inversionista asociado con tolerancia a riesgo

Yo puedo tolerar disminuir __% el valor de mi portafolio en busca de mayores rendimientos	Proporción (%) de un portafolio invertido en acciones	Perfil
35.00%	80.00%	Agresivo
30.00%	70.00%	Agresivo

25.00%	60.00%	Agresivo
20.00%	50.00%	Agresivo
15.00%	40.00%	Crecimiento
10.00%	30.00%	Crecimiento
5.00%	20.00%	Moderado
0.00%	10.00%	Conservador

Fuente: Bernstein, Bill (2010). *The Four Pillars of Investing*. Nueva York, McGrawHill.

Pregunta 2: ¿por cuánto tiempo puede usted mantener esta inversión (durante cuánto tiempo no necesita requerirla)? Si la respuesta es hasta 5 años, su perfil se considera "moderado" y la proporción recomendada del total de su portafolio en la Bolsa deberá ser cercana a 30%.

Cuadro 16.7 Pregunta para perfil de inversionista asociado con horizonte de inversión

Horizonte de inversión	% Máxima acciones	Perfil
0 – 3 años	0.0%	No bursátil
4 años	10.0%	Conservador
5 años	20.0%	Conservador–Moderado
6 años	30.0%	Moderado
7 años	40.0%	Crecimiento
8 años	50.0%	Crecimiento
9 años	60.0%	Agresivo
10 años	70.0%	Agresivo
11 – 14 años	80.0%	Agresivo
15 – 19 años	90.0%	Agresivo
20 años o más	100.0%	Agresivo

Fuente: Swedroe, L. y Balaban, RC (2011). *Investment Mistakes Even Smart Investors Make*. Nueva York, McGraw-Hill.

Entre mayor es el horizonte de inversión, más conviene incrementar la proporción en la Bolsa. Además, a plazo mayor, mejora la capacidad para esperar recuperaciones o alzas luego de ciclos de baja. Importante señalar que la inversión bursátil no se recomienda para plazos menores a 3 años.

La almohada y el estómago

En la práctica, recomiendo a muchos participantes utilizar indicadores menos convencionales. Sabiendo que la posibilidad de disminuir el valor de su inversión (%) en la Bolsa en algún momento, con la proporción que usted decidió asignar a la Bolsa, las preguntas son: ¿duerme bien?, ¿tiene gastritis? Si la respuesta es sí a la primera y no a la segunda, entonces la proporción que decidió es la correcta.

La Bolsa de Valores es para niños y jóvenes

Para concluir esta sección relacionada con la pregunta de ¿cuánto asignar a la inversión bursátil?, insisto en que son los niños y los jóvenes quienes tienen el perfil ideal en términos de horizontes de inversión, objetivos y aversión al riesgo para ser empresarios en la Bolsa. No tienen el conocimiento y posiblemente los recursos, pero nosotros, como adultos (abuelos, padres, tíos, padrinos, etc.), tenemos la oportunidad de ayudarlos. Piense en la cantidad de regalos que un niño recibe durante un año (por su cumpleaños, santo, Día del Niño, Navidad, Reyes Magos, por los dientes que se les caen, etc.). No solo de usted, sino de su familia. Lo invito a que considere únicamente, durante un año, que esos obsequios sean el efectivo para abrir una cuenta de inversión bursátil para ellos y convertirlos en empresarios desde una edad temprana (más adelante entenderán el concepto). Le puedo asegurar que el beneficio en el tiempo será extraordinario.

Sobre la selección de emisoras

Los criterios para identificar empresas en las que queramos ser dueños/socios (C2 = ¿Cuáles?), la diversificación de un portafolio (C3 = ¿Cómo?) y la identificación de mejores momentos para participar (C4 = ¿Cuándo?), los cubriremos con mayor detalle en el capítulo “Pieza 8. La clave, identificar empresas extraordinarias a un valor atractivo.”

Cuadro 16.8 Fases de la Metodología C4

Riesgo	++++	+++	++	+
Fase	Distribución en portafolio	Selección de emisoras	Distribución (inteligente)	Momento / ponderación
Pregunta	**¿Cuánto?**	**¿Cuáles?**	**¿Cómo?**	**¿Cuándo?**
Denomina	**C1**	**C2**	**C3**	**C4**
Herramienta	**Diagnóstico Rebalanceo** •Horizonte de inversión •Objetivo de inversión •Aversión al riesgo	**8 Criterios Precio objetivo** •Crecimiento •Rentabilidad •Sector •Estructura financiera •Dividendos •Manejo (dirección) •Valuación •Bursatilidad	**Diversifica "Inteligente"** •6 emisoras mínimo •Balance riesgo -rendimiento •50% representación en el IPyC	**Momento adecuado** •"ET" (Técnico CP) •MVLP (Valor LP)

Fuente: Elaboración propia.

17

Pieza 6
Perfil y estilo del inversionista

«Quien tiene mucho dinero puede especular.
Quien tiene poco dinero no debe especular.
Quien no tiene dinero tiene que especular.»
André Kostolany

El perfil de un inversionista determina su actuación en el mercado. A esta actuación se le reconoce también como su estilo. Una clasificación general a partir de ese estilo de inversión distingue a los tipos de participantes: los institucionales y los *traders* (operadores), identificados también como especuladores.

Me declaro respetuoso de los distintos estilos de participar en el mercado; tienen enfoques propios, utilizan herramientas y asumen riesgos completamente diferentes.

La estadística y los muchos participantes con estilo *trader* reconocen mayor riesgo en su estrategia y resultados inferiores a mayor plazo en comparación con portafolios que operan bajo un estilo institucional.

Institucionales

Los inversionistas institucionales están representados típicamente por los grandes fondos de inversión a nivel mundial, cuyas decisiones se basan en modelos de valuación de empresas. Suelen mover poco sus carteras y tienen horizontes de inversión a mayor plazo.

Este tipo de inversionistas son los de mayor peso para el comportamiento del mercado. Hasta hace algunos años, su inversión colectiva se calculaba en cerca de 20 billones de dólares. De ese dinero, 41% está invertido en renta variable, 21% en bonos y 18% en renta fija a corto plazo; el 55% del dinero invertido en fondos procede de Estados Unidos, el 32% de Europa y el 13% del resto de las regiones mundiales.

El mayor fondo de inversión del mundo es Blackrock. Esta entidad maneja una suma de dinero equivalente a 2 veces el PIB de España. En el área de renta fija, la principal referencia es la gestora Pimco. Otros fondos grandes de reconocimiento mundial son Vanguard y State Street.

Después de los fondos de inversión, los siguientes protagonistas son los fondos de pensiones. Los productos de jubilación manejan casi 15 billones de dólares, invertidos principalmente en renta fija. Una de las gestoras de pensiones más emblemáticas es Calpers, que gestiona el dinero de los funcionarios de California y mueve más de $200,000 millones de dólares.

Otros actores que han ganado peso en el mercado durante los últimos años son los denominados fondos soberanos. Estos vehículos de inversión creados por países ricos en materias primas o con superávit fiscal tienen una política de inversión a largo plazo y destinan dinero tanto a deuda pública y privada, como a renta variable.

El cuarto actor del mercado es el más pequeño por tamaño, pero quizás el más influyente: los *hedge funds* o fondos de alto riesgo. Al cierre del primer semestre de 2011 esta industria manejaba activos por valor de más de un billón y medio de dólares, aunque el uso de apalancamiento (deuda) y derivados multiplica por varias veces su impacto real en el mercado. Las mayores gestoras *hedge* del mundo son la británica Man Group y la estadounidense Bridgewater.

Traders

Los *traders,* mientras tanto, buscan por lo general obtener ganancias rápidas y pueden realizar varios movimientos. Parte del resultado tradicionalmente menor en el tiempo de este estilo radica en que la cantidad de operaciones (compras y ventas) generan costos de comisión que suelen disminuir sus ganancias potenciales. El siguiente cuadro resume las características de ambos estilos.

Cuadro 17. 1 Perfil y estilo de inversionistas

Estilo de inversión	Institucional	*Traders*
Tipo	Manejadores de fondos institucionales tanto globales como especialistas en región (ver "Pieza 3. La inversión no es una ciencia exacta / 6 de conocimiento general").	Operadores de posiciones propias. Asesores de inversión, etcétera.
Horizonte	A mayor plazo (no menor a 3 años).	De muy corto plazo.
Movimientos	Son muy pocos. Revisan portafolios una vez al mes a menos que exista un evento extraordinario.	Pueden comprar y vender una misma acción (empresa) varias veces en un mismo día (sesión).
Herramientas	Utilizan el llamado análisis fundamental (ver: Sección III, La "T" de análisis. Es decir, un análisis financiero que ayude a elaborar modelos de proyección de utilidades y generación de flujo de la empresa para determinar una valuación del precio de la emisora.	Utilizan por lo general herramientas llamadas "técnicas", basadas en el empleo de gráficas de precios de las acciones con las que pretenden identificar tendencias y momentos de oportunidad.
Objetivo	Crear patrimonio en el tiempo.	Generar rendimientos a muy corto plazo.

Fuente: Elaboración propia.

Reglas del *trader*

Aunque el estilo de los *traders* es más agresivo, tiene también ciertas reglas básicas que resultan importantes para contener riesgos; 3 de sus reglas más importantes son:

1. **Fijar un *Stop Loss* o tope de pérdida**: esto significa identificar un porcentaje de pérdida máxima al momento de participar en el mercado (comprar la acción). Si en un momento dado el precio de la acción llega a disminuir en esa proporción, entonces se vende evitando el riesgo de una pérdida importante. La proporción tradicional que muchos *traders* utilizan para su *Stop Loss* es en un rango de 2% a 3%.

   Información de interés: Desde hace varios años muchas instituciones han desarrollado sistemas que generan instrucciones en automático asociadas al mismo concepto de *Stop Loss*. Esto significa que si una acción alcanza cierto precio en un movimiento de baja, se generan y ejecutan muchas órdenes de venta de manera inmediata, a través de computadoras, lo que propicia muchas veces una caída más pronunciada. Es una situación que se ha visto en momentos de mucha incertidumbre en la historia de los mercados.

2. **Fijar un rendimiento determinado**: los *traders* identifican un objetivo de precio en sus operaciones pues su naturaleza es la búsqueda de un rendimiento relativamente rápido. El objetivo puede estar dado tanto por un precio objetivo como por un rendimiento objetivo (3% - 4%).

3. **Fijar un plazo determinado**: un *trader* difícilmente realiza una operación por un tiempo indefinido. Establece un plazo para alcanzar el rendimiento determinado, mismo que puede "suspenderse" ante la presencia de una baja que genere el *Stop Loss*. Difícilmente el plazo es mayor a 1 o 2 semanas.

18

Pieza 7
Nuestro estilo debe ser: ¡pensar como accionista!

«Compre un negocio, no alquile una acción.»
Warren Buffett

Como seguramente ya anticipó, la recomendación es evidente. ¡Nuestro estilo de inversión debe ser el de un inversionista institucional, es decir, deberá usted pensar como un accionista, como un empresario, como el dueño la empresa en la que está decidiendo participar!

Ya lo comentábamos con mayor detalle en la primera sección al proponerle ser empresario en la Bolsa, capítulo con el mismo nombre.

La inversión bursátil es realmente eso: es la única alternativa de inversión que ofrece ser dueño de un grupo de empresas de gran potencial. Usted recibe el mismo reparto anual de utilidades vía dividendos y se beneficia por la apreciación del precio de las acciones de las compañías cuando sus buenos resultados y perspectivas se traducen en una demanda que hace subir la cotización en el mercado de los dueños principales del negocio. ¡Son sus socios!

Como gremio, no hemos sabido comunicar correctamente lo que esto representa y cómo participar de manera correcta, disminuyendo los riesgos en las distintas fases en las que potencialmente existe. ¡Esto debe cambiar! Dese la oportunidad de ser empresario, de que sus próximas generaciones entiendan lo que esto representa y logrará entonces construir un patrimonio sólido y proporcional al de los grandes empresarios e inversionistas.

Detrás de la filosofia patrimonial

A manera de resumen, el espíritu de la filosofía patrimonial que le propongo puede expresarse, en breve, de la siguiente manera:

- El éxito en las inversiones es simple pero no fácil.
- Creemos firmemente en un enfoque hacia el desempeño de un negocio a largo plazo, puesto que el comportamiento a corto plazo del precio de una acción es completamente impredecible.
- No compramos o vendemos el mercado: invertimos en negocios.
- La diferencia entre el precio de mercado actual y nuestra estimación de valor (precio objetivo) es nuestro margen de seguridad. Entre más amplio, más seguro y mejor.
- Nunca olvidemos que participar en un negocio es una inversión mayor y así es como tiene que ser tratada. Usted no compra y vende su casa o sus autos varias veces en el año.
- La clave es el monitoreo constante de la empresa de la que es dueño y no tanto del comportamiento del precio de la acción en el mercado. No se preocupe si la Bolsa sube o baja, preocúpese por que la empresa de la que es dueño mantenga un ritmo sano de avance en sus resultados, continúe con proyectos atractivos, no se endeude en exceso, genere rentabilidad.

¡Esta es la verdadera visión de un empresario… un empresario de la Bolsa!

19

Pieza 8
La clave: identificar empresas extraordinarias a valor atractivo

«Cuando somos dueños de parte de negocios excelentes
con excelentes gestiones, nuestro periodo favorito
para tener un valor (acción) es para siempre.
Es mucho mejor comprar una compañía fantástica
a un precio justo que una compañía normal a un precio fantástico.»

Warren Buffett

Este capítulo es la pieza más grande del rompecabezas bursátil y no por nada lo identifiqué como la clave, así que preste mucha atención, puede parecer complicado pero está lleno de lógica y sentido común.

Convencidos de que la manera correcta de participar en el mercado accionario es pensando como dueño de empresa, la pregunta obligada es: ¿de qué tipo de empresa me gustaría ser dueño? y ¿de qué tipo de empresa me puedo sentir verdaderamente orgulloso? Para ello es indispensable tener empatía y/o interés. Esto último puede darse en la medida en que conocemos su éxito y potencial perspectiva (sólido crecimiento), su creciente rentabilidad, que cuente con una estructura financiera sólida, que sus directores sean honestos y transparentes en sus decisiones y que ofrezca una política de dividendos muy atractiva. ¡Sí! Todo ello genera interés. La empatía, mientras tanto, puede descubrirse de una manera relativamente fácil.

A continuación el ejercicio que recomienda el empresario y estratega Jim Collins en su libro *Good to Great* (De buenas a grandiosas) para identificar la empatía con una empresa.

Dibuje 3 círculos que se intersecten en el centro. Titule el primer círculo, *pasión*, el segundo, *talento* y el tercero, *dinero*. Escriba en el primero todo aquello que le apasione, aquello que realmente le guste hacer o que haría si tuviera suficiente tiempo o dinero. Ahora escriba en el segundo todo aquello para lo que usted considere que tenga talento, en lo que sea bueno en el ámbito profesional o de manera recreativa. Finalmente escriba en el tercero aspectos relacionados con formas en las que usted gana dinero o en lo que lo gasta, principalmente.

En el ejemplo hipotético existe una empatía inicial con empresas relacionadas con educación, deportes y tecnología. En la medida en que encuentre coincidencia entre los contenidos de cada círculo usted tendrá mayor empatía con una empresa y ese será un buen punto de partida para decidir en cuales empresas le gustaría asociarse en la Bolsa de Valores. Es sin duda un buen comienzo para conocer la inversión que va a hacer.

Cuadro 19. 1 Ejercicio para identificar empatía en una empresa (negocio)

Pasión
(¿Qué me gusta hacer?)
- Niños y familia
- Leer
- Viajar
- Animales
- Enseñar
- Deporte

Talento
(¿Para qué soy bueno?)
- Computadoras
- Trabajar con gente
- Enseñar
- Natación
- Planear y organizar

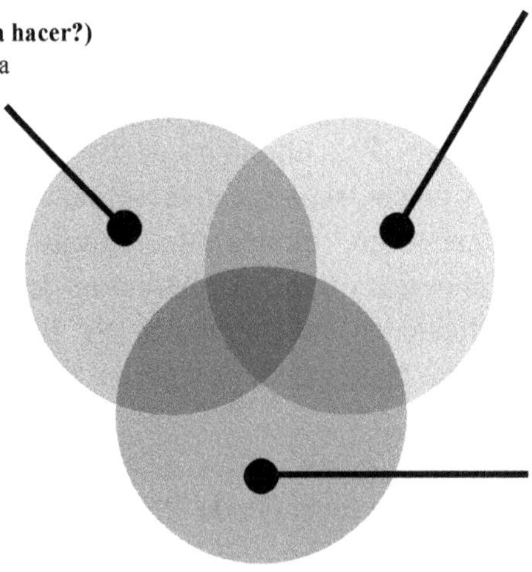

Dinero
(¿Con o en qué gasto dinero?)
Enseñando
Entrenando

Gasto
Niños / ropa
Computadoras
Deportes
Libros

Fuente: Collins, Jim (2001). *Good to Great: Why Some Companies Make the Leap... and Others Don't.* Nueva York, Harper Collins.

Interés (que le resulte interesante y atractiva)

El interés que le genere una empresa lo llevará a concluir si en realidad se trata o no de una empresa extraordinaria. Para ello requerirá conocimiento e información con enfoque de dueño. Buscando siempre facilidad y sentido común en los procesos, considero que con 6 criterios de carácter fundamental, un participante en la Bolsa con enfoque empresarial puede descubrir empresas extraordinarias:

1. Crecimiento futuro

Sin dejar de reconocer la importancia de un buen historial, una empresa extraordinaria debe tener un futuro prometedor. Si lo ha hecho bien antes, qué bien. Si lo está haciendo bien ahora, mejor. Si no lo hizo bien antes, eso puede cambiar, lo importante es cómo lo estará haciendo en el futuro. Usted tiene que identificar el crecimiento que su empresa estima para los próximos años.

¿Qué tipo de crecimiento? Principalmente, un crecimiento en los conceptos asociados con la naturaleza del negocio que puedan reflejar el éxito en la demanda y los precios de sus productos como: ventas, utilidad operativa, Ebitda y flujo de efectivo. Una empresa tiene distintas actividades y áreas para su funcionamiento, no obstante, bajo la óptica de un empresario, todo ello debe traducirse en mayores crecimientos de los resultados.

Dato de interés: Desde hace tiempo, la utilidad neta de las empresas en México dejó de ser para algunos estrategas e inversionistas el concepto más importante a identificar debido a que su importe final puede contener: 1) resultados extraordinarios no recurrentes; 2) resultados de carácter financiero, asociados con nivel de liquidez o deuda y tasas de interés no asociados con la naturaleza del negocio; 3) partidas virtuales y 4) otros de origen contable no relacionados con la naturaleza del negocio.

¿Cómo saber que se trata de un buen crecimiento? Existen indicadores de referencia muy útiles para medir o identificar lo atractivo o no del crecimiento de una empresa:

- La referencia del propio crecimiento de la economía del país a través del PIB es un buen punto de partida.

- El crecimiento promedio de los indicadores señalados de las empresas del mismo sector es otro buen indicador.

- El crecimiento histórico de la empresa también funciona.

- El crecimiento promedio de las empresas que integran el propio Índice de Precios y Cotizaciones (IPyC).

Sobre la manera de analizar las cifras de una empresa, lo comentaremos con más detalle en la última sección, Reflexiones finales, en el capítulo titulado: "El diagrama 'T' de análisis".

¿En dónde lo veo? Los asesores y estrategas (casas de bolsa) pueden compartir sus estimaciones de crecimiento para estos conceptos de una muestra amplia de acciones que cotizan en el mercado. Es importante como potencial empresario que usted conozca este y los demás criterios que vamos a comentar.

Una gran ventaja que ofrece el mercado accionario al empresario inversionista es la obligación que tienen las empresas que cotizan en él de reportar cada trimestre su información financiera. Esto significa que usted no tiene que esperar un año o más para validar si el crecimiento estimado en ventas o utilidad operativa resultó cierto. Usted puede dar seguimiento y validar cada 3 meses el crecimiento estimado *vs.* las cifras conocidas.

Los mejores crecimientos

De hecho, una manera exitosa de validar y medir los mejores crecimientos de estos conceptos durante la temporada trimestral de reportes financieros de empresas que cotizan en la Bolsa es comparar la cifra reportada (crecimiento publicado) *vs.* la cifra esperada para ese mismo trimestre. Cuando la cifra de crecimiento es importante por sí sola (ejemplo: el Ebitda crece en el trimestre 30% *vs.* el mismo trimestre del año previo y el promedio de las empresas de ese sector y del IPyC crece 20%), pero si además la expectativa de crecimiento para la empresa en ese trimestre era de 20%, entonces se trata de un crecimiento en verdad sobresaliente.

Sobre las fuentes y los escudos

Para el criterio de crecimiento es importante identificar 2 tipos de crecimiento posibles: 1) orgánico: se asocia con el desempeño de la propia compañía debido a su capacidad para aumentar precios sin ver disminuir su demanda, reducir costos (mejores utilidades), entrada a nuevos mercados, revitalización de divisiones, etc.; y 2) no orgánico: relacionado con su capacidad de realizar alguna compra o fusionarse con otra empresa, lo que permite crecer de una manera más rápida en un menor tiempo.

El tipo de crecimiento reconoce también las fuentes de crecimiento (motivos). La capacidad de mantener cierto ritmo de crecimiento en el tiempo se relaciona con factores a los que llamaremos “escudos”. Entre estos escudos destacan: el reconocimiento de la marca de una empresa y sus productos, una marca conocida y de fuerte prestigio difícilmente se ve afectada por la nueva competencia; patentes o formulas secretas, sucede mucho en la industria farmacéutica, de alimentos y bebidas y de tecnología; facilidad al consumidor, servicio a domicilio; leyes y regulaciones, los monopolios son un buen ejemplo, entre otros. El cuadro siguiente detalla de mejor manera elementos asociados con los crecimientos orgánicos e inorgánicos (fusiones). Estos conceptos son abordados y propuestos por Phil Town, exitoso estratega y manejador de fondos en su libro *Rule #1* (La regla número 1).

Cuadro 19.2 Fuentes de crecimiento y escudos

Concepto	Indicador	Comentario	
	Orgánico		
	• Alza de precios	Consecuencia de mayor demanda de producto(s)	
	• Alza en volumen de venta	Consecuencia de mayor demanda de producto(s)	
	• Reducción de costos	Mejora rentabilidad (ganancia)	
Fuentes	• Entrada de nuevos mercados	Mayores ventas (ingresos)	
	• Mayor penetración de mercado actual	Mayores ventas (ingresos)	
	• Cierre, revitalización o venta de divisiones con pérdidas	Reducción de pérdidas, mejora márgenes	
	No orgánico		
	• Fusiones y/o adquisiciones	Rápido crecimiento en resultados	Ejemplo
	• Reconocimiento de marca	Dificulta la competencia	Bimbo, Starbucks, Coca-Cola, Kimber, Herdez, Corona
	• Patente o fórmula secreta	Dificulta la competencia. Bebida, alimento y medicinas (frecuentes).	AC, Femsa, Modelo, Gruma, Lab
	• Liderazgo - Control de precio	Sin ser materia prima internacional (*commodity*), su liderazgo permite control de precio.	Amx, Televisa, TV Azteca, CIE

Escudos	• Herramientas o estructuras que permitan control de mercado o servicio diferenciado	Empresas con centros de distribución y sistemas de logística de estrategias muy eficientes.	Bimbo, Telmex
	• Empatía – parte de vida	Sectores de servicio: financiero, restaurantes, hoteles	
	• Leyes o regulaciones	Sectores restringidos a la inversión extranjera	Pemex
	• Monto de inversión	Sectores que para competir requieren grandes montos de inversión. Aeropuertos.	Asur, Oma

Fuente: Town, Phil (2006). *Rule # 1*. Nueva York, Random House.

2. Rentabilidad

Un segundo criterio importante como empresario es identificar si el crecimiento anticipado de una empresa se acompaña de una buena rentabilidad. El crecimiento de una empresa puede ser, ya lo mencionamos, de carácter orgánico (por el propio dinamismo de la compañía) y a través de fusiones o adquisiciones, inorgánico. En muchos casos algunas empresas adquieren otras que generan sinergia, pero cuyos niveles de rentabilidad son menores. Estas compañías cuando se consolidan presentan mayores crecimientos, pero con menor rentabilidad. Una empresa extraordinaria tiene mayor crecimiento pero con mayor o igual rentabilidad histórica.

Cuando la rentabilidad de una empresa disminuye debido a una adquisición, no necesariamente es malo si tiene la capacidad de poder mejorar el margen o rentabilidad de la recién adquirida en el tiempo. En estos casos, como dueño de empresas, usted deberá prestar atención a la conveniencia de dicha adquisición en función del precio que se pagó por ella y su potencial sinergia con la empresa actual.

¿Dónde veo la rentabilidad?

Un par de medidas tradicionales de rentabilidad son:

- **El rendimiento sobre los activos (ROA = *Return on Assets*)** que se determina dividiendo las utilidades operativas o netas anuales de la empresa entre el valor de su inversión total, la cual está representada por el total de sus activos (caja, inmuebles, planta, equipo, etc.). El resultado se expresa en porcentaje e indica qué tanta utilidad deja la inversión que estoy realizando en mi empresa (ejemplo: utilidad neta de $120 y activos totales de $500 120/500=0.24 o 24%). Una vez más, para medir el resultado se utilizan referencias históricas, sectoriales o, en este caso, la tasa de interés de una inversión sin riesgo (banco). El rendimiento de 24% de este ejemplo es mejor a la tasa de 5.75% que (en diciembre de 2016) paga un Cete, tasa libre de riesgo.

- **Otra medida de rentabilidad es la conocida como margen**. Se determina comparando la utilidad operativa, Ebitda o neta *vs.* las ventas del negocio, e indica la proporción de utilidad que me dejan las ventas (ejemplo: ventas anuales de $70 pesos y utilidad operativa de $30 pesos. 20/70 = 0.2857 o 28.57%). Esto significa que por cada $100 de venta yo gano $28.57 pesos de utilidad operativa. Al igual que el crecimiento y el ROA, la "calificación" del margen se realiza con un comparativo, histórico, sectorial o de alguna variable independiente (tasa de Cetes).

3. Sector

El tercer criterio se refiere al nivel de competencia que enfrenta una empresa. La primera impresión de muchos inversionistas es que empresas en sectores de moda o de aparente alto potencial de crecimiento pueden ser atractivas. No obstante, es mejor identificar empresas con crecimientos atractivos a futuro y una buena rentabilidad en un sector "aburrido", donde la competencia no pueda estar tan interesada. Son el tipo de empresas que consolidan un liderazgo en el sector de forma un poco más sencilla, pues no tienen que enfrentar una creciente competencia que pueda generar "guerras de precios" o costos adicionales.

4. Estructura financiera

La estadística en el mundo empresarial a nivel global indica que 80% de las historias trágicas en corporaciones, quiebras, no son por una mala administración, por un cambio de patrones de consumo en los clientes o una mayor competencia. El 80% de las quiebras suceden por un nivel de endeudamiento excesivo. Por ello, según el enfoque de un inversionista empresario, usted debe atender de manera prioritaria el nivel de deuda de las empresas de las que aspira a ser dueño. Una empresa extraordinaria es una empresa poco endeudada. Existen distintas fórmulas (razones financieras) para identificar el nivel de endeudamiento de una empresa, como por ejemplo comparar el pasivo o deuda total de la empresa *vs.* su capital contable; si la proporción es mayor a 1.0x, significa que la empresa tiene una deuda mayor a la que puede pagar con el capital de la empresa. Personalmente me gusta utilizar una razón llamada de "cobertura" que propuse hace años. Es muy estricta pero por lo mismo muy útil. Consiste en comparar el importe de caja, liquidez, más el Ebitda (utilidad operativa más depreciación) que genera una compañía para compararlo con la deuda total a corto y largo plazo, con y sin costo de la misma. Si el resultado es mayor a 1.0x significa que con el dinero que hoy tiene la empresa en caja y lo que genera de Ebitda puede pagar todo lo que debe. Se trata de empresas verdaderamente saludables según un criterio financiero. Por cierto, más adelante detallaremos el concepto Ebitda.

5. Dividendos

Se trata de una condición deseable pero no estrictamente necesaria. Para entender mejor la importancia de esta variable como empresario, suponga usted que busca ser dueño de una empresa que no cotiza en la Bolsa. Eso significa que el único beneficio económico que usted tendría como accionista sería la distribución de las utilidades cada año, si lo aprueba la asamblea anual de accionistas, mediante un dividendo en efectivo. La empresa puede o no proponer el pago de dividendos en función de sus planes de inversión, pues puede decidir reinvertir todas las utilidades en la empresa para seguir creciendo. ¿Se da cuenta? Muchos inversionistas en la Bolsa asignan mayor importancia a la potencial apreciación del precio de su acción en el mercado como consecuencia de una mayor demanda que oferta, cuando en realidad dicho beneficio es secundario. Un verdadero empresario debería asignarle mayor peso a la posibilidad de un pago de dividendos como consecuencia de una mayor generación de utilidades.

6. Dirección

Los 5 criterios anteriores ponen énfasis en aspectos eminentemente cuantitativos de una empresa. A este tipo de criterios se les identifica como criterios financieros. No obstante, existen otros iguales o más importantes de carácter cualitativo. A la combinación de factores cuantitativos financieros con cualitativos, se les llama fundamentales. La manera en que funciona la dirección, ejecutivos de primer nivel de una empresa es una variable de carácter cualitativo de primer orden.

¿Cuáles son otras variables cualitativas de una empresa?

Pueden ser: el reconocimiento de la marca en el mercado; la manera en que una empresa cumple sus compromisos con los accionistas; el ambiente laboral; la responsabilidad social, etcétera.

Las 2 preguntas para "medir" una buena dirección

A lo largo de los años he descubierto que poder identificar un buen liderazgo en las principales direcciones de una empresa (general, finanzas, relación con inversionistas, recursos humanos, etc.) es, sin duda, el elemento cualitativo más importante para descubrir empresas extraordinarias. Puede haber muchas maneras de medir una buena dirección, la más efectiva para mí la aprendí también de Phil Town en su libro *Rule #1*, y es realizar 2 preguntas breves cuando tengo la oportunidad de entrevistarme con estos ejecutivos. La primera es: ¿cuál ha sido su último gran proyecto en la empresa? Es increíble ver las distintas reacciones que esta pregunta genera. Están los que se quedan callados por un largo tiempo y al final parecen improvisar o no estar muy seguros ni convencidos, hasta los que reaccionan de manera entusiasta y comentan con detalle más de un proyecto demostrando no solo emoción y energía, sino conocimiento y pasión por la empresa: ¡ese es el tipo de director que quiero tener en mi empresa! La segunda pregunta que formulo es: ¿cuál es su próximo gran proyecto en la empresa? La respuesta a esta segunda resulta incluso más importante que la primera, pues me permite asomarme al futuro.

En lo personal

Cada vez que tengo la oportunidad de comentar sobre estas 2 preguntas en el proceso de búsqueda de empresas extraordinarias, como es ahora el caso, suelo invitar a mis receptores a reflexionar y contestar estas preguntas de manera personal... ¿Cuál ha sido su último gran proyecto y cuál es el siguiente? No tiene que ser algo fuera de serie o extraordinario, puede ser un proyecto deportivo, educativo, familiar, social, etcétera, pero tiene que existir, tiene que suceder y tiene que apasionarlo. Recuerdo siempre aquella escena de la película *Alicia en el país de las maravillas* en que la protagonista llega a un laberinto persiguiendo a un conejo que, en ese momento, se pierde. Se aparece entonces el gato *Sonrisas* y ella le pregunta:

—¿Qué camino tomo?

Y el gato contesta:

—¿A dónde vas?

—No lo sé. responde Alicia.

A lo que el gato concluye:

—Entonces no importa el camino que tomes, si no sabes adónde vas, no es importante.

¡Ups!

Responsabilidad social

En agosto de 2010, la Bolsa Mexicana de Valores (BMV) dio a conocer el inicio del proyecto para generar un Índice de Sustentabilidad y

Responsabilidad Social (ISRS), o Índice Verde. De acuerdo con los Principios de Inversión Responsable de la ONU, 10% de la inversión global se realiza con criterios sustentables. En distintas Bolsas, las empresas que forman parte de estos índices se premian.

Actualmente, son varias las empresas que forman parte de este índice. Las incorporadas presentan anualmente un informe anual sobre acciones de sustentabilidad basadas en acciones de responsabilidad social y cuidado de medio ambiente. La autoridad evalúa, cada vez más detalladamente, el carácter obligatorio de esta norma, que sin duda representa un elemento de orden cualitativo importante para la identificación de empresas extraordinarias.

Apostar al jinete

Para terminar de comentar la variable cualitativa de dirección de una empresa, vale recordar lo importante que esta resulta en estrategias de fondos de capital privado. Este tipo de fondos, a diferencia de un fondo en el mercado accionario, invierte en empresas que no son públicas, en su mayoría en procesos iniciales de crecimiento, llamadas también *start-ups*, y para las que difícilmente existe un historial de resultados financieros y mayor información de carácter fundamental.

En estos casos, los inversionistas dan especial peso al conocimiento de la dirección. Es lo que llaman "apostar al jinete". Identificar una dirección con un historial exitoso en su trayectoria profesional en otros proyectos, con experiencia en áreas estratégicas clave en una organización y con una actitud que refleja entusiasmo y conocimiento del negocio, resulta muchas veces suficiente para aquel que desea invertir en una empresa que está iniciando.

Otros aspectos cualitativos

El cuadro siguiente comparte otros aspectos de carácter cualitativo además de la dirección, que muchos inversionistas consideran en sus decisiones para identificar empresas extraordinarias.

Cuadro 19.3 Otros aspectos cualitativos de empresas extraordinarias

Aspecto cualitativo	Detalle
Integridad, honestidad y transparencia	Reportan las noticias buenas pero también las malas.
Cumplimiento de compromisos	Niveles de crecimiento a futuro y/o el alcance de determinados indicadores de eficiencia, rentabilidad o endeudamiento.
Utilidades con principios	Concebir beneficios de manera más amplia. No únicamente ganancias económicas, también considerar los beneficios en el impacto ambiental y social para sus inversionistas (industria sustentable).
Capital emocional	Analizar (entrevistar) y fijarse en los empleados, en el ambiente de trabajo y la cultura corporativa.
Directores con orientación de dueños (accionistas)	Directores que operen el negocio en el interés de los accionistas (dueños) y no en el de ellos mismos. Lujo excesivo y/o extravagancias en oficinas es directamente proporcional a la renuencia de la dirección por gratificar (premiar) a los accionistas.
Atracción y retención de talentos (alinear intereses)	Muy relacionado con el anterior son los beneficios que el inversionista percibe cuando los trabajadores son bien pagados y que algunos ejecutivos clave tienen participación accionaria en la empresa.
Pasión y conocimiento	MAA: metas ambiciosas por alcanzar, sin que ello signifique una dependencia de la empresa hacia uno o dos directores. "Cuáles han sido algunos de los mayores logros bajo su dirección en la empresa o área de negocio y cuáles son los siguientes" ayuda mucho.

Fuente: Metodología y elaboración propias.

El cuadro siguiente resume los 6 criterios propuestos con anterioridad para identificar empresas extraordinarias de las que vale la pena ser dueños.

Cuadro 19. 4 Seis criterios para identificar una empresa extraordinaria

Criterios	Indicadores
1. Crecimiento	Ventas Utilidad operativa Ebitda Flujo de efectivo
2. Rentabilidad	ROA (Rendimiento sobre activos) Márgenes (Utilidad operativa / Ventas)
3. Sector / competencia	Crecimiento estable ("Aburrido")
4. Estructura financiera	Cobertura (Ebitda + Caja / Pasivo total Ebitda / Pasivo total Pasivo total / Capital contable
5. Dividendos	Política permanente o eventual
6. Dirección	Integridad, honestidad, transparencia utilidad con principios capital emocional pasión / conocimiento ("último y próximo gran proyecto")

Fuente: Metodología y elaboración propias.

Valor (valuación) atractiva

Tras haber detallado los 6 criterios que ayudan a identificar una empresa extraordinaria, ahora es necesario saber lo siguiente:

1. Si se trata de una empresa extraordinaria pero con una valuación de mercado alta, significa que ese momento no es bueno para ser su dueño

2. Si se trata de una empresa extraordinaria pero con una valuación de mercado justa es, sin duda, un mejor momento que el anterior, pero tampoco es muy recomendable en este momento ser su dueño.

3. Si es una empresa extraordinaria y además su valuación es atractiva, en esta circunstancia, no cabe duda que estamos frente a la mejor oportunidad para comprar las acciones de la empresa y convertirnos en dueños.

¿Siempre caras o baratas?

En la "Pieza 1. Ciclos del mercado" platicábamos sobre la característica de altibajos en el mercado. Aunque nos referíamos sobre todo a los precios, este carácter cíclico sucede también en las valuaciones de las compañías.

Es una característica de irracionalidad que expusimos con mayor profundidad al comentar la "Pieza 2. El mercado es ineficiente", cuando nos referimos al señor Mercado.

En este momento, resulta importante que usted se dé cuenta (seguramente ya lo hizo) de cómo se va armando el rompecabezas, es decir, cómo se correlacionan y asocian distintos temas, conceptos y variables.

En este caso, relacionamos las siguientes: la característica cíclica de los mercados con la importancia de identificar empresas extraordinarias, pero con valuaciones atractivas, para decidir ser sus dueños y reconocer la condición de disciplina y paciencia como ingredientes de éxito para un inversionista.

Esto último significa que si una empresa no resulta atractiva (barata por su valuación) no quiere decir que nunca vaya a serlo. El mercado ya nos dará esa oportunidad de valuación atractiva ¡siempre sucede! Decía con gran sabiduría André Kostolany, famoso operador húngaro de mercados accionarios nacido en 1906: "Nunca corras detrás de una acción para comprarla, son como los trenes, si se va uno, ya llegará el próximo".

¿Cómo se determina y genera el valor, la valuación?

Recuerde que valor no es lo mismo que precio. El tema de la valuación resulta particularmente importante entre los criterios de selección de emisoras. Para la valuación de las empresas existen diferentes metodologías. A nivel internacional, una de las más aceptadas es el famoso DCF (*Discounted Cash Flows*) o descuento de flujos de efectivo. Esta metodología calcula en valor presente la suma de los flujos de efectivo anuales proyectados para una empresa en el tiempo y la compara después con su valor de mercado. De esta manera, se determina una relación de sobrevaluación o subvaluación en el precio de la acción.

En México, el empleo de esta metodología es muy discutible por la volatilidad de los indicadores económicos que se utilizan para la obtención y descuento de tales flujos. Por ello, en la práctica los cálculos se hacen en dólares y con variables internacionales.

Ejemplo de DCF en una empresa "X" en México: la empresa "X" mantiene un descuento contra su valor de mercado de 38.9%, tomando en cuenta, para la utilización de este método, una beta de 0.54, un crecimiento en la perpetuidad de 2.5%, un costo de capital y de la deuda de 12.2% y 8% respectivamente. Además, asumimos un premio de mercado de 5.5% y una tasa libre de riesgo de 9.2% (5.6% Bono Estados Unidos, a 30 años, más 3.6% de riesgo país).

Cuadro 19.5 Ejemplo de cálculo de DCF

Concepto	Abreviatura	Año x
WA CC = (CD*(1-t))*D/K)+(CE*E/K)	WACC	9.7%
Costo de la deuda	CD	8.06%
Tasa de impuestos	t	28.0%
Costo del capital (*equity*)	CE	12.2%
Pasivos con costo (D) / capital total (K)	D/K	38.6%
Capital contable (E) / capital total (K)	E/K	61.4%
Suma del pasivo y el capital		**100.0%**
Capital total (pasivo c/costo + capital contable)	K	6,254
CE= Tasa libre de riesgo +B*Premio al riesgo de mercado (Rf+ B*PRM)		12.2%
Tasa libre de riesgo = Bono de LP + riesgo país	Rf	9.2%
Bono de largo plazo		5.6%
Riesgo país		3.6%
Beta de Gcc		0.54
Premio al riesgo de mercado		5.5%

Fuente: Metodología y elaboración propias.

Cuadro 19.6 Ejemplo de cálculo de DCF

	Año 1	Año 2(E)	Año 3(E)	Año 4(E)	Año 5(E)	Año 6 (E)	Residual
Utilidad operativa	898	883	925	969	1,002	1,042	1,086
Impuestos	252	247	259	271	281	292	304
NOPLAT*	647	636	666	698	721	750	782
Tasa de impuesto	28%	28%	28%	28%	28%	28%	28%
Depreciación y amortización	271	299	302	306	315	311	330
Ebitda ajustado	918	934	968	1,003	1,036	1,062	1,112
Cambios en el capital de trabajo	103	23	-72	-108	-118	-106	-118
Inversiones de capital	-550	-380	-530	-560	-570	-580	-610
Flujo de efectivo libre	471	578	366	336	348	375	384
Tasa de descuento	9.7%	9.7%	9.7%	9.7%	9.7%	9.7%	9.7%
Flujo de efectivo descontado	578	334	279	264	260	242	3,091
VPN de flujos de efectivo 2001	5,049						
Menos (deuda neta)	1,515						
Valor de capitalización mercado (VCM) Objetivo 2001	3,534						
VCM actual	2,159						
Premio (descuento)	-38.9%						

Fuente: Metodología y elaboración propias.

En la valuación por el método DCF los elementos clave resultan ser el cálculo del flujo de efectivo libre de riesgo y de la tasa de descuento. Esta última es diferente para cada empresa y depende de la manera en que construye sus activos, es decir, cuánto de costo de capital (inversionistas dueños) y cuánto de costo de deuda (préstamos).

EMBI (Emerging Markets Bonds Index): existen medidas de riesgo a nivel país que se "mueven" todos los días. Al igual que otras variables, las que influyen en dicho movimiento son circunstancias de diversos tipos, económico, político, internacional, etcétera. Entre los elementos que incluyen el cálculo del costo de capital está el riesgo país.

El riesgo país es la diferencia que se presenta entre la tasa de interés en dólares que paga la deuda de gobierno o corporativa de cualquier país y la que paga un Estado reconocido internacionalmente como estable... ¡Estados Unidos!, a pesar de sus problemas de terrorismo y guerras.

El EMBI resulta del promedio de diferencias de tasas de interés emitidas por un grupo de instituciones de gobierno o empresas privadas (canasta) que construye y calcula diariamente una firma especializada y reconocida internacionalmente.

El Emerging Market Bond Index Plus (EMBI+) es un indicador que da a conocer JP Morgan Chase diariamente y que mide el *spread* de los bonos de diferentes países con sus similares bonos del Tesoro estadounidense. Se expresa en puntos base, donde un punto base es igual a 1/100 puntos porcentuales.

Con la creciente globalización, los inversionistas del mundo tienen cada vez mayor posibilidad de manejar sus recursos en diferentes países. Los países, a su vez, necesitan estas inversiones para financiar diferentes proyectos. La fuerte competencia y el diferente nivel de riesgo que el inversionista percibe en cada país se compensa entonces, con una mejor tasa de interés que la que se paga en Estados Unidos.

En México, al empezar 2017, el riesgo país se situaba en 245 pb; en los 10 años previos, los niveles promedio, máximo y mínimo fueron de 182 pb, 604 pb y 71 pb respectivamente en los años 2008 y 2007. Esto significa que si el Bono del Tesoro en Estados Unidos paga actualmente una tasa de interés de 2.36%, en México te paga 4.81% (2.36% + 2.45%). En países como Argentina, en donde los inversionistas perciben menor confianza o un riesgo mayor, el riesgo país llegó a ser mayor a

4,000 pb, lo que significó pagar tasas en dólares anuales mayores a 40%. ¿Suena atractivo? Ahora pregunten a los que se quedaron en el "corralito", mecanismo implementado en la crisis ocurrida en aquel país en 2001 que impidió el retiro de ahorros de bancos a todos los ahorradores. El cuadro siguiente presenta elementos de toma de decisiones para participantes internacionales en mercados emergentes. Destaca la variable de riesgo país (EMBI) y las valuaciones por múltiplos utilizando el *Firm Value* / Ebitda. Más allá de la cifra, la cual cambia prácticamente diario, el propósito del cuadro es ilustrar la importancia que tienen las variables EMBI y el múltiplo FV/Ebitda (que se comentan más adelante), dentro de los filtros de selección o ponderación de países en un portafolio global de naciones, tanto emergentes como desarrollados.

Cuadro 19.7 Comparativo de mercados emergentes

Región	**Riesgo país**	**FV/ Ebitda**	**FV/Ebitda**	**FV/Ebitda**	**Peso en**	**Peso en**
País	EMBI	12M	promedio U4A	variación % 12 meses	región	Total
Mercados emergentes	598	6.7	8.1	-16.64%		100.00%
AL	1,225	7.0	7.0	0.00%		18.77%
Asia	142	7.0	8.9	-21.35%		74.03%
Europa	169	4.8	7.3	-33.79%		7.20%
Argentina	5,210	11.6	5.9	96.61%	6.21%	1.17%
Brasil	412	5.5	5.5	0.00%	45.14%	8.47%
Corea	89	4.0	4.9	-18.37%	15.05%	11.14%
Chile	69	8.8	9.5	-7.37%	17.32%	3.25%
China	55	6.1	9.2	-33.70%	30.08%	22.27%
Filipinas	453	6.7	8.8	-23.86%	1.17%	0.87%
Malasia	63	9.5	8.9	6.74%	8.08%	5.98%
México	**201**	**7.4**	**6.7**	**10.12%**	**27.39%**	**5.14%**
Perú	263	4.5	7.4	-39.19%	3.01%	0.57%
Polonia	53	4.7	6.8	-30.88%	20.79%	1.50%
Tailandia	52	6.9	8.1	-14.81%	4.55%	3.37%
Turquía	284	4.9	7.7	-36.36%	33.53%	2.41%

Fuente: Elaboración propia con base en diversas fuentes financieras.

Los CDS

De un tiempo a la fecha, los analistas comenzamos a sustituir la medida de riesgo país por los *Credit Default Swaps* (CDS) o *Swaps* de incumplimiento crediticio, debido a una mayor facilidad de obtención y actualización.

Los CDS son los instrumentos más modernos de Wall Street y constituyen, en su forma más simple, un contrato bilateral entre un comprador y un vendedor de protección. Por lo general, los plazos de los CDS van de 1 a 10 años. La firma del contrato implica para el comprador la obligación del pago de una prima, mientras que, para el emisor, el compromiso es pagar el capital asegurado en caso de ser necesario.

La unidad en que se miden estos instrumentos se denomina *spread*. Si la deuda de una compañía tiene un *spread* de 852 puntos base, quiere decir que el costo de asegurar un millón de dólares sobre la deuda de esa empresa sería de 85,200 dólares por año. Para valuar una empresa, este valor se considera como una tasa de riesgo adicional sobre el Bono del Tesoro a 10 años al momento de calcular la tasa de costo de capital. En marzo de 2017 el Bono del Tesoro de Estados Unidos ofrecía una tasa de 2.42%, mientras que el CDS de México estaba en 210 pb. Ello propiciaba un 2.10% adicional a la tasa del Bono del Tesoro, es decir, 4.52% (2.42+2.10) para la valuación del DCF. En el mercado de CDS, los principales compradores y vendedores son los bancos, fondos de inversión y compañías aseguradoras.

El comprador de un CDS no es necesariamente tenedor del bono que sirve como subyacente del contrato. Esta es una importante diferencia con respecto a los seguros tradicionales, lo que permite que, en ocasiones, el volumen negociado de CDS sea mayor al operado de la deuda subyacente.

Los múltiplos

Por la sensibilidad de la metodología de valuación de DCF y debido a que internacionalmente recurren a otras metodologías, los múltiplos son las herramientas de valuación más comunes en nuestro mercado. Los múltiplos relacionan siempre el valor de mercado de la acción o índice, con algún indicador financiero (económico) de la empresa. Algunos de los más conocidos son: P/U, P/UN, P/FE, Firm Value/Ebitda, P/VL.

Como ya hemos comentado, estos múltiplos pueden analizar tanto a partir de parámetros históricos como de comparativos sectoriales e integrales. Esta manera de análisis se detalla más adelante en el capítulo "La "T" de análisis", en la última sección.

Lectura básica de múltiplos

Cuando el denominador de un múltiplo es algún concepto de utilidad o generación de flujo (ventas, utilidad operativa, utilidad neta, Ebitda) la lectura más común es la siguiente: el tiempo (años) que le tomaría a la empresa recuperar el precio que se está pagando hoy. Suponiendo que la empresa en cuestión tuviera la capacidad de generar dicho indicador económico (ventas, utilidad operativa, utilidad neta, Ebitda) de manera constante en periodos anuales.

Por ejemplo, para una empresa que cotiza en la Bolsa cuyo precio de mercado es $8 y su Utilidad Neta por Acción (UPA) es $4, el Múltiplo P/U (Precio de Mercado / Utilidad Neta por Acción) sería de 2 veces. Esto significa que en 2 años (con un ritmo de utilidad similar) la empresa cubrirá su valor de mercado.

Cuadro 19.8 Lectura del múltiplo FV/Ebitda

Empresa (por acción)	Precio	UPA	P/U
A	$8.0	$4.0	2x
B	$8.0	$2.0	4x

Fuente: Metodología y elaboración propias.

Información importante: de esta forma el inversionista busca siempre múltiplos bajos. Sin embargo, es relevante identificar que el múltiplo bajo se derive de un crecimiento en utilidades y no de una caída en el precio, recuerden que el múltiplo se compone de 2 factores. A esto se le llama "calidad del múltiplo".

En el cuadro siguiente se observa en el escenario 1 que el múltiplo se abarata 6 meses después por una caída en el precio, mientras que en el escenario 2, el mismo abaratamiento 6 meses después es resultado de un alza en la utilidad de la empresa. ¿Qué prefiere? Evidentemente el que muestra que la utilidad sube, pues es sinónimo de mejor calidad de múltiplo.

Cuadro 19.9 Diferencias de la calidad de múltiplo

Escenario	Empresa (por acción)	Precio	UPA	P/U
1	A	$8.0	$4.0	2x
	A (6 meses después)	$4.0	$4.0	1x
2	A	$8.0	$4.0	2x
	A (6 meses después)	$8.0	$8.0	1x

Fuente: Metodología y elaboración propias.

Otra forma de medir el resultado de un múltiplo es determinando su inverso y expresarlo como tasa de interés. En el ejemplo anterior, al múltiplo de 2x le correspondería un inverso o una tasa de 50%. En este caso la lectura o interpretación también es la misma: en 2 años recuperaríamos la inversión.

El inverso del múltiplo medido como tasa de interés puede compararse contra una tasa libre de riesgo de mercado (Cetes) como una forma rápida de identificar su atractivo.

Conexión con el inicio de 2017: luego de un alza acumulada de 325 pb en la tasa de referencia (Cetes a 28d pasó de 3% en noviembre de 2015 a 6.25% en abril de 2017 con la expectativa de nuevas alzas para el resto del año que podría terminar en 7.25%, esta tasa resultaba superior a la implícita en el inverso del P/U del IPyC que, al situarse en 24.4x equivalía a una tasa de 4.23%. En Estados Unidos, para el índice S&P la mejor tasa seguía siendo la implícita de su P/U que en 21.25x equivalía a 4.71%, mientras que el Bono del Tesoro a 30 años se situaba en 2.49%.

Cuadro 19.10 Comparativo entre inversos de P/U en México y Estados Unidos y tasas de referencia

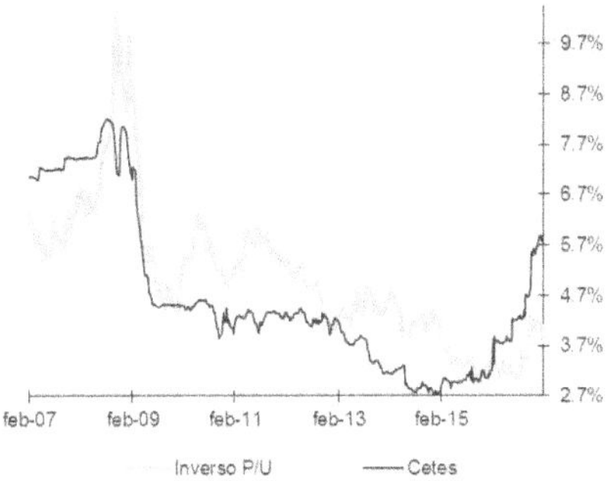

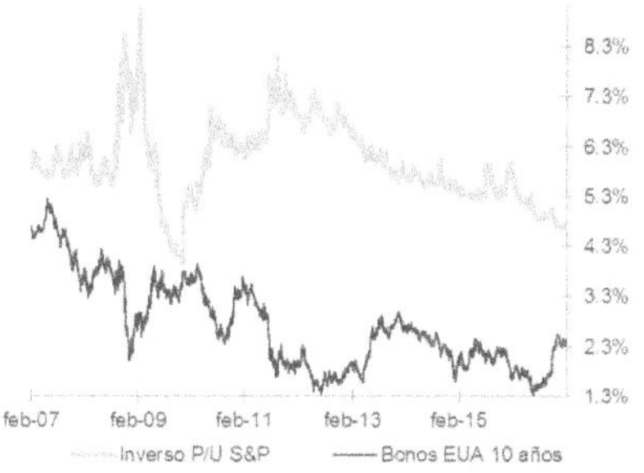

Fuente: Sistema Éxito del Grupo Financiero B×+.

Cuadro 19.11 Comparativo entre rendimientos tradicionales *vs.* inverso P/U

Referencias históricas	México	Estados Unidos
	Actual	**Prom. 5a**
P/U	25.14x	16.70x
Inverso P/U	3.98%	6.07%
Cetes 28d / Bono Tesoro 10ª	6.25%	2.13%

Fuente: Bloomberg.

¿Crecimiento o valor? La lectura anterior utilizó los componentes más simples y tradicionales de un múltiplo, el precio y la utilidad neta. No obstante, existen otros tipos de múltiplos.

En términos generales, los inversionistas toman decisiones de inversión a partir de dos tipos de criterios: los de crecimiento y los de valor.

A continuación, un cuadro donde comento diferentes tipos de múltiplos empleados, pero antes un cuento corto que ayudará a entender mejor la búsqueda o enfoque de crecimiento y de valor.

Para entender de forma más fácil el empleo, significado y diferencias entre estos tipos de múltiplos (crecimiento o valor) el siguiente razonamiento es muy útil. Suponga que en este momento le propongo invertir en una de dos empresas a escoger de un mismo sector, en este caso, del sector comercio. La información que le proporciono sobre cada una la detallo a continuación.

Primera empresa: se trata de una pequeña miscelánea ubicada en una colonia de clase media baja con un inmueble descuidado. No obstante, su generación de ingresos (ventas y utilidad operativa) ha sido extraordinaria desde que abrió sus puertas un año atrás y se prevé que pueda continuar así por lo menos un año más.

Segunda empresa: esta opción es la de una cadena comercial de prestigio internacional, con presencia en todo el país y con varios años ya en el mercado. No obstante, por diversas razones sus ventas no han sido buenas desde hace algunos meses y, de hecho, reportó pérdidas recientemente.

Con la información anterior, ¿cuál acción decidiría comprar? ¿Está seguro?, ¿muy seguro? Pues bien, la respuesta correcta es... ¡Cualquiera de los dos!

En efecto, por ahora no se trata de discutir los aspectos fundamentales de cada empresa, simplemente señalar que si usted se decidió por la primera (miscelánea), seguramente consideró de mayor peso la importancia de los flujos de efectivo, la generación de utilidades a corto plazo. Es decir, posiblemente, sin darse cuenta, consideró los múltiplos precio/ventas, precio/flujo o precio/utilidad, aquellos donde intervienen justamente las variables económicas de flujo y que se miden en periodos de 12 meses. Esto significa preferir una inversión de menor plazo; usted prefirió el crecimiento.

Si, por el contrario, prefirió la segunda empresa (almacén de prestigio internacional), es porque consideró más importantes los activos, los inventarios, la marca, etc., estos son ¡los fierros de la empresa! Usted pudo suponer que independientemente de las utilidades de un año, la inversión en los distintos activos de una empresa debería valer más que su valor o precio de mercado. En este caso, de manera consciente o no, se refirió a un múltiplo precio/valor en libros o valor contable o VM/VS. En este caso su visión fue de mayor plazo, usted prefirió el valor.

¿Cuánto valen los "fierros"?

Entre los múltiplos de valor (los del prestigiado almacén internacional), sin duda el más común es el P/VL, relación que asocia el precio de mercado con el capital contable por acción de una compañía. Si esta relación es menor a 1.0x, significaría que estamos comprando pesos a centavos.

Hace varios años propuse y comencé a utilizar un múltiplo similar, pero ajustado en un sentido más estricto, al que llamé valor de mercado (precio) *vs.* valor de solvencia (VM/VS). Los múltiplos VM/VS inferiores a 1.0x identifican a las empresas que, en teoría, podrían comprarse en el mercado a determinado precio (valor de mercado) y una vez obtenidas, se podrían rematar sus activos con un descuento importante, pagar también todas las deudas contratadas por la empresa y al final obtener una utilidad.

Importante: cuando este múltiplo VM/VS arroja una cifra negativa, significa que el nivel de deuda es tan alto que no alcanza a ser cubierto o pagado por el valor de los activos castigados de la empresa. El valor de solvencia se determina castigando con distintas proporciones los distintos tipos de activos de una empresa. Mi propuesta fue considerar los activos circulantes, que son muy líquidos, por lo general a 80% de su valor, los fijos a 60% y los diferidos u otros a 40%.

El cuadro siguiente indica con más detalle el proceso de cálculo del múltiplo VM/VS.

Cuadro 19.12 Determinación del múltiplo VM/VS

Concepto	Fórmula	Objeto		
VM: Valor de mercado	Número de acciones x precio de mercado	Identificar lo que el mercado está dispuesto a pagar en el momento por la empresa.		
VR: Valor de realización	Tipo de activos x tasa de descuento	Medir el valor inmediato de los activos de la empresa con un supuesto de oferta por los mismos.		
VS: Valor de solvencia	VR - Pasivos totales	Medir la ganancia total del dueño de la empresa luego de restarle al valor de los activos, las deudas de las empresas.		
VM/VS	Valor de mercado / Valor de solvencia	Comparar el valor que asigna el mercado *vs.* el valor real de sus activos "castigados" y sin deuda.		
Activo		**Circulante**	**Fijo**	**Otros activos**
Precio o factor teórico de venta		**80%**	**60%**	**40%**

Fuente: Metodología y elaboración propias.

A lo largo de más de 30 años en el ambiente bursátil, muy pocas veces he visto un número importante de emisoras con dicho múltiplo menor a 1.0x. Cuando ha sucedido, han resultado épocas de gran oportunidad a mayor plazo.

En la práctica, la mayor parte de los inversionistas suelen dar mayor peso a los múltiplos y variables asociadas a la generación de flujos y utilidades; es decir, a pesar de que la inversión bursátil tiene su mejor recompensa en un escenario de mayor plazo, nuestra naturaleza como individuos e inversionistas es buscar y atender resultados a menor plazo, por contradictorio que parezca.

Vea ahora el detalle en el cuadro a continuación, con los distintos y más comunes tipos de múltiplos en el mercado.

Cuadro 19.13 Tipos de múltiplos

Múltiplo	Fórmula	Lectura y comentario
P/U	Precio de la acción / utilidad neta por acción	Indica el número de años en los que, en teoría, de repartirse entre los accionistas la utilidad neta de la empresa, se tardaría en compensar el precio en que actualmente se paga la acción en el mercado. Asume que la generación anual de utilidad neta será similar en los próximos años a la realizada en el momento del cálculo del múltiplo. Otra forma de leer el múltiplo es utilizar el inverso (1/múltiplo) del mismo y considerarlo como una tasa de retorno. En México, este múltiplo es poco representativo por su volatilidad debido a que la contabilidad mexicana considera a nivel financiero (CIF) partidas que no necesariamente representan movimientos en flujos de efectivo. En 1997, por ejemplo, la partida de resultado por posición monetaria relacionada con inflación representó cerca de 46% del resultado neto de las empresas en la Bolsa. En épocas de fuerte movimiento cambiario, las pérdidas cambiarias han observado también una proporción mayor al 50% del resultado neto. Su visión es de menor plazo.
P/UN (utilidad normalizada)	Precio de la acción / utilidad neta + intereses netos + extraordinarias + % de impuestos	Similar al concepto anterior. Sin embargo, reconoce las implicaciones de partidas que no representan flujo y las elimina. La idea es acercar el resultado neto a parámetros y criterios internacionales.
P/FE	Precio de la acción / flujo de efectivo por acción	Concepto similar que considera el flujo de efectivo por acción.
***Firm Value* / Ebitda**	(Valor de mercado + pasivo con costo – caja) / Utilidad operativa + depreciación	Concepto más evolucionado a partir de un resultado operativo al que se suma la depreciación del costo de ventas, en donde además incorpora al valor de mercado la deuda de costo y la caja (liquidez de la empresa).
P/VL	Precio de la acción / capital contable por acción	A diferencia de los anteriores, utiliza como indicador financiero (económico) el valor en libros por acción, es decir, el valor al que de acuerdo con los libros de la empresa está respaldada cada acción. Los múltiplos menores a 1x significan que los pesos que vale la empresa se venden a centavos.

Fuente: Elaboración propia a partir de varias fuentes.

¿Estimados o conocidos?

En la industria del análisis bursátil se emplean por lo general dos tipos de múltiplos.

Los conocidos. O de los últimos 12 meses, que reflejan la situación del precio actual y de las variables financieras conocidas en los últimos 12 meses (ventas, utilidades, flujos, etc.). Se recomienda su uso principalmente después del periodo de reportes trimestrales.

Los estimados. De mayor preferencia y uso, mientras que la estimación sea confiable. Estos múltiplos se calculan utilizando el precio actual (conocido) y los indicadores financieros estimados para periodos de 12 meses a futuro y/o de cierre de año. Cuando se estima un crecimiento importante en resultados, en México el crecimiento de los resultados financieros de las empresas se expresa en términos reales (sin inflación), la consecuencia es una disminución en el múltiplo, abaratamiento.

Cuadro 19.14 Determinación de P/U conocido *vs.* estimado

Empresa	Precio por acción	Utilidad por acción	P/U
A(Conocido)	$8.0	$4.0 (últimos 12 meses)	2x (conocido)
A (Estimado)	$8.0	$8.0 (estimado al cierre de año)	1x (estimado)

Fuente: Metodología y elaboración propias.

Valuación por precio ¡no!, por múltiplos

En relación con el tema de los múltiplos, resulta muy importante insistir en que el movimiento independiente del precio de una acción no deberá asociarse por mucho tiempo con conceptos de valuación.

Resulta común que algunos participantes perciban que las acciones de una emisora están caras después de un alza relativamente permanente en su precio. No obstante, dicha percepción podría no resultar necesariamente cierta si durante el mismo periodo los resultados financieros de la emisora han aumentado por arriba, proporcionalmente, del crecimiento en el precio.

Por ejemplo, si durante 6 meses el precio de una acción ha aumentado 30%, pero en el mismo lapso sus resultados operativos crecieron 60%, el múltiplo precio/utilidad operativa (P/UO) de la empresa es ahora menor, es decir, está más barata.

Cuadro 19.15 Impacto en múltiplo de movimiento de precio y utilidades

Variable	Antes	Después	Variación %
Precio	24.00	31.20	30.0%
Utilidad operativa	8.00	12.80	60.0%
P/UO	3.00	2.44	-19.0%

Fuente: Metodología y elaboración propias.

A finales de 2004, y después de 24 meses en que el IPyC acumuló ganancias de más de 120%, resultaba común escuchar y leer en diversos medios de información sobre el nivel máximo histórico del mercado (12,800 pts.) y de cómo se percibía entonces ya muy caro.

¡Nada más alejado de la realidad! En ese mismo año (2004), una vez más, muchas empresas importantes en el índice bursátil habían estado presentando un crecimiento en sus resultados operativos mucho mejor al esperado. Esta situación se tradujo en menores múltiplos, a pesar del avance de los precios.

Al inicio de 2017, el Índice de Precios y Cotizaciones (IPyC) rondaba sobre los 46,300 pts., es decir, 262.7% por arriba los niveles de 2004. Esta diferencia equivale a una tasa promedio de 21.9%. Nada mal al considerar el contexto complicado de los años previos, ¿verdad? Por cierto, ¿en dónde invirtió usted en los 12 años anteriores a 2017, en que las tasas bancarias estuvieron sumamente bajas?

Valor *vs.* precio

La gráfica y los cuadros siguientes demuestran, una vez más, la diferencia entre las percepciones incorrectas de valor, que suceden al prestar atención al nivel de precio y al índice y las correctas, que resultan del entendimiento de un múltiplo. La línea superior indica un crecimiento de 193.5% en el IPyC desde su nivel más bajo en poco más de 10 años (2006 a marzo de 2017) y de 37.1% desde un rango promedio en el mismo periodo, mientras que el múltiplo FV/Ebitda observa un alza de 102.5% desde su mínimo y 10.5% desde su promedio.

Cuadro 19.16 Comparativo IPyC - FV/Ebitda - FV/Embitda

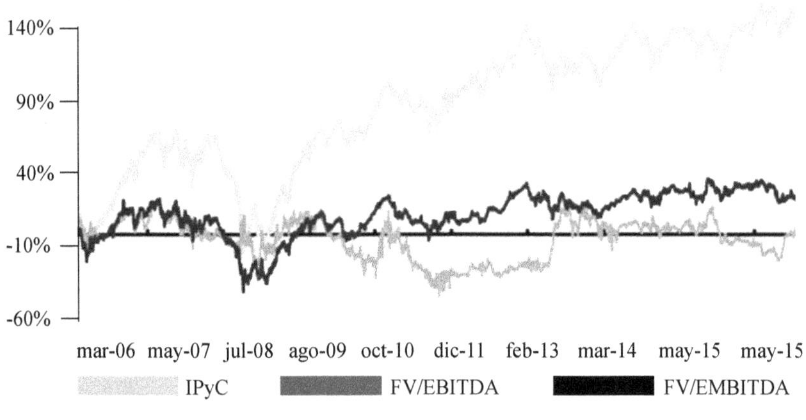

Fuente: Sistema Éxito del Grupo Financiero B×+.

Cuadro 19.17 Comparativo entre comportamientos IPyC *vs.* múltiplos FV/Ebitda y FV/Embitda

Indicador	Máximo	Promedio	Mínimo	Actual
IPyC	**48,872.01**	**35,636.94**	**16,653.15**	**48,872.01**
Var. % desde máximo		-27.1%	-65.9%	0.0%
Var. % contra promedio	37.1%		-53.3%	37.1%
Var. % desde mínimo	193.5%	114.0%		193.5%

FV/EBITDA	**11.15**	**9.23**	**5.04**	**10.21**
Var. % desde máximo		-17.2%	-54.8%	-8.5%
Var. % contra promedio	20.8%		-45.4%	10.6%
Var. % desde mínimo	121.3%	83.1%		102.5%
FV/EMBITDA	**7.17**	**5.59**	**4.80**	**6.06**
Var. % desde máximo		-22.0%	-33.0%	-15.5%
Var. % contra promedio	28.3%		-13.9%	8.4%
Var. % desde mínimo				26.2%

Fuente: Bolsa Mexicana de Valores, BMV / Bloomberg.

Una tercera línea inferior es aun de mayor interés, al representar valuaciones más justas. Dicha línea corresponde al múltiplo FV/Embitda ajustado por una tasa de interés integral o de riesgo que considera el bono del tesoro en Estados Unidos y el riesgo país. Este múltiplo lo bauticé así, FV/Embitda, haciendo un juego de palabras entre el concepto Ebitda y el EMBI o riesgo país. Su avance desde mínimos fue apenas de 26.2% y de 8.4% *vs*. su promedio.

Me pareció importante realizar este ajuste entendiendo el valor del riesgo. Una forma exagerada de entenderlo como ejemplo es suponer que le ofrezco, para su compra, dos casas con características físicas idénticas (tamaño, antigüedad, acabado, etc.). Pero, al final le digo que una está en Suiza y la otra en Irak. ¿Por cuál estaría dispuesto a pagar más?

El "famoso" FV/Ebitda: con objeto de encontrar un múltiplo que resultara más representativo para evaluar empresas en economías con volatilidad y contenido virtual en su contabilidad, el múltiplo precio/utilidad neta (P/U), "evolucionó" al Firm value/Ebitda o Enterprise value/Ebitda (valor de la empresa / utilidad antes de intereses, impuestos, depreciaciones y amortizaciones o *Earnings Before Interest, Taxes, Depreciation & Amortization*).

Para efectos prácticos, el Ebitda buscó responder a un flujo operativo de empresas. Este se determina agregando a la utilidad operativa (ventas netas – costos de venta y gastos de operación) la depreciación que anteriormente se restaba como parte del costo de ventas por considerarse una partida virtual; es decir, un concepto que en realidad no utiliza dinero de la empresa. Como ya mencioné, se trata de aproximarnos a un tipo de flujo de efectivo.

En el caso del *Firm value*, este se constituye por el valor de mercado (precio de mercado de la acción x número de acciones) + el pasivo con costo + (participación minoritaria x P/VL) – caja.

¿Por qué? Imagine usted que le ofrecen invertir en acciones de 2 empresas distintas (A y B), para elegir, y usted solo considera precio y Ebitda, y resulta que ambas tienen el mismo precio y la misma utilidad operativa + depreciación (Ebitda).

Cuadro 19.18 Análisis y entendimiento del múltiplo FV/Ebitda

	Empresa	Precio	Ebitda 12m	P/Ebitda
Antes	A	$10	$2	5X
	B	$10	$2	5X

Fuente: Metodología y elaboración propias.

Con esa información, ambas emisoras parecen iguales. Sin embargo, resulta ser que la segunda empresa (B), tiene cierto nivel de deuda ($10), mientras que la primera no tiene deuda. Al incorporar la deuda al precio (*Firm value*), automáticamente la segunda emisora se encarece (de 5x a 10x) reflejando una realidad distinta y más útil para el inversionista o dueño de la empresa.

Cuadro 19.19 Análisis y entendimiento del múltiplo FV/Ebitda

	Empresa	Precio	Ebitda 12m	Deuda neta	*FV	FV/Ebitda
Después	A	$10	$2	$0	$10	5x
	B	$10	$2	$10	$20	10x

Fuente: Metodología y elaboración propias. * Precio + deuda neta.

De la teoría a la realidad

Propongo un breve paréntesis en la lectura del libro para ofrecer evidencia sobre la manera en que variables como los crecimientos en resultados operativos, valuaciones y economía en general realmente impactan el comportamiento del IPyC.

El cuadro siguiente contiene una interesante estadística y correlación entre estos indicadores y el resultado (variación anual del IPyC). Observe usted cómo en los años de mejores resultados (2003, 2004, 2005, 2006, 2009 y 2010), los crecimientos operativos (Ebitda) del indicador bursátil promediaban cifras cercanas al 20%. En esos mismos años, el múltiplo FV/Ebitda difícilmente superaba 8.0x, al tiempo que el ritmo de la economía (PIB) en promedio reportaba crecimientos superiores a 3%.

Al inicio de 2017, el crecimiento operativo (Ebitda) apenas regresa a 10%, el múltiplo FV/Ebitda era mayor a 10.2x y el crecimiento económico del país, que en 2016 fue de 2.3%, se estimaba que disminuya a 1.6% en 2017.

Ante tal circunstancia, el potencial del IPyC parece limitado. Mi pronóstico para finales de 2017 fue de 53,200 pts., un rendimiento cercano a 12%, cuando la tasa de referencia (Cetes a 28d) podría concluir el mismo año en 7.25%.

Lo rescatable de esto es que el IPyC es cada vez menos representativo de todas las emisoras del mercado y que, a diferencia del índice general, hay empresas con tasas de crecimiento operativo muy superiores y valuaciones con un descuento de 10% o más por debajo de su promedio de 5 años. Algunos nombres que estos días (2017) publicamos para ser dueño fueron: Rassini, Oma, Pinfra, Alsea, AC y Vitro, cuyos precios objetivos podrían avanzar más de 20% al cierre de año. No olvide: "Usted no compra y vende el mercado. Usted invierte en empresas y es dueño de ellas".

Cuadro 19.20 Estadística de indicadores en el IPyC 2000 - 2017

Año	Variación % IPyC	Crecimiento Ebitda*	FV/ Ebitda Promedio	P/U Promedio	P/VL Promedio	PIB
2000	-20.73%	15.64%	8.06x	14.85	2.12	5.96%
2001	12.74%	7.46%	6.17x	12.32	1.85	-0.95%
2002	-3.85%	9.73%	6.19x	14.65	1.83	0.09%
2003	43.55%	17.08%	6.24x	17.04	1.72	1.35%
2004	46.87%	24.82%	7.32x	16.84	2.12	4.05%
2005	37.81%	21.19%	7.47x	11.85	2.25	3.21%
2006	48.56%	18.60%	8.18x	13.48	2.66	5.15%
2007	11.68%	14.60%	9.36x	17.10	3.59	3.26%
2008	-24.23%	-4.26%	7.81x	13.55	2.87	1.19%
2009	43.52%	7.31%	7.58x	17.66	2.45	-5.95%
2010	20.02%	20.38%	8.86x	18.47	2.90	5.53%
2011	-3.82%	11.56%	9.00x	18.00	2.88	3.91%
2012	17.88%	4.46%	10.31x	20.44	3.16	3.95%
2013	-2.24%	-3.10%	9.95x	22.82	3.34	1.08%
2014	0.98%	3.21%	9.92x	23.63	3.11	2.10%
2015	-0.39%	7.52%	10.44x	29.25	3.23	2.50%
2016	6.20%	10.0%	10.57x	29.53	3.06	2.30%
(3T16)	**3.62%**	**9.73%**	**10.22x**	**25.18**	**2.84**	

Fuente: Bolsa Mexicana de Valores, BMV.

Bursatilidad

En el capítulo de "Conocimiento básico" nos referíamos a esta variable que se identifica por la facilidad de compra y venta de las acciones de cada empresa. Si bien para inversionistas con horizonte a muy largo plazo resulta relativamente poco importante, en la práctica, muchos participantes prefieren empresas cuya facilidad de entrada y salida (compra y venta) sea ágil. Esta característica es particularmente útil en periodos complicados y de alta incertidumbre en el mercado. De hecho, durante la misma valuación de empresas, algunos analistas consideran esta variable de bursatilidad para asignar una mayor o menor valuación final.

Precio objetivo: lo primero que ver

Los precios objetivos no son un pronóstico inequívoco. Es la opinión pública de un especialista sobre el precio que podría alcanzar una acción en un momento específico, condicionado a ciertos sucesos.

Existen distintos métodos para establecer precios objetivos. Es importante entender metodologías al comparar (usar) distintas fuentes. En lo personal, la metodología que utilizo y recomiendo desde hace muchos años deriva del "despeje aritmético" del múltiplo FV/Ebitda, que se explica en detalle un poco más adelante. Por lo general, asumo permanencia en el nivel de deuda, interés minoritario y depreciación de las empresas, por lo que las variables importantes terminan siendo el Ebitda estimado: crecimiento nominal de utilidades operativas; y el nivel de valuación: múltiplo esperado. Tomamos de referencia parámetros históricos y sectoriales.

El principal problema de los precios objetivos es utilizar rangos de 12 a 18 meses futuros. No todos dan inicio o revisan en una misma fecha, por lo que su comparación en rendimientos esperados no siempre es válida (tiempos esperados distintos). Durante mi desarrollo profesional he preferido que los equipos de análisis que he coordinado presenten siempre precios objetivos en una misma fecha... ¡fin de año!

Filtros: cuando llegamos a utilizar precios objetivos de otras fuentes, no siempre tenemos capacidad de tener "cobertura" de todas las empresas; filtramos los precios objetivos en función de los siguientes criterios:

1. **La fuente**: instituciones y analistas colegas más reconocidos;
2. **Antigüedad**: no mayores a 3 meses;
3. **Eliminamos extremos**: el más optimista y el más pesimista, y
4. **Despejamos los precios objetivos** para llevarlos a la misma fecha en su pronóstico que utilizamos en los nuestros.

Recuerde, el precio objetivo ¡es la expresión final o resultado del análisis!: si usted quisiera buscar un número, concepto o indicador que resumiera el análisis de los 6 criterios fundamentales para encontrar una empresa extraordinaria y los 2 criterios adicionales que la ayudaran a identificar si su valuación es atractiva, ese indicador es precisamente el *precio objetivo*.

El llamado "margen de seguridad": cuando comparamos un precio objetivo *vs.* el precio actual de una emisora identificamos su potencial. El cuadro siguiente supone un grupo de 7 distintas empresas cuyo precio objetivo a fin de año se compara contra su precio actual.

Veamos primero el caso de la empresa F. El rendimiento potencial de esta emisora a partir de su precio objetivo es de 5.3%, mientras que el rendimiento potencial de la empresa E es de 58.3%.

Asumamos ahora que ambos pronósticos son fallidos en la mitad de su potencial. Ello significa que en la empresa F, el rendimiento final será de 2.65% y en la empresa E de 29.15%. Esto significa que el margen de seguridad por cualquier equivocación es mucho mejor en la empresa E, es decir, en aquellas emisoras cuyo potencial de precio objetivo es mayor.

Cuadro 19.21 Comparativos de precios objetivos

Emisora	Precio actual	Precio objetivo	Potencial
A	65	70	7.7%
B	42	53	26.2%
C	104	120	15.4%
D	56	70	25.0%
E	12	19	58.3%
F	76	80	5.3%
G	29	33	13.8%
Promedio			**21.7%**
IPyC	**46,200**	**49,500**	**7.1%**

Fuente: Metodología y elaboración propias.

¿Cómo sé si el precio objetivo es atractivo?

Al igual que en otras variables, habría que hacer un comparativo del rendimiento implícito del precio objetivo. Por ejemplo: la empresa F tiene un potencial en su precio objetivo para el año de 5.3%. Asumiendo que estamos al inicio de 2017, la primera comparación es sobre una tasa de referencia libre de riesgo que en este caso es el Cetes 28d, cuya tasa está en 5.75%. Esta tasa que no tiene riesgo (banco / Cetes) es mayor, por lo tanto, el *precio* atractivo es muy poco atractivo. Una segunda referencia comparativa es el promedio de rendimiento del precio objetivo de las 7 empresas del cuadro anterior. El rendimiento es de 21.7%, cifra mayor al de la empresa F. Una vez más, no es atractivo, existen muchas empresas con mayor potencial de avance. Finalmente, compare siempre el potencial esperado para el mismo IPyC (su parámetro a vencer o *benchmark*). Su pronóstico equivale a un avance de 7.1%, que también es mayor al 5.3% de la empresa F.

Determinación (cálculo) del precio objetivo

Ya había mencionado que una manera sencilla de hacerla es mediante un despeje aritmético. Comencemos utilizando el múltiplo P/U.

En el cuadro siguiente vemos la empresa A con un precio de $10 y una utilidad por acción (UPA) conocida o 12m de $2, lo que indica un P/U de 5.0x (en 5 años recupera su inversión).

Nuestro modelo de valuación indica que la utilidad de la empresa A puede tener un crecimiento en el año de 50%. Ello significa que su utilidad a fin de año será de $3.

Ahora hagamos un supuesto del nivel de múltiplo P/U que los participantes del mercado estarían dispuestos a pagar por la empresa A. Para este supuesto los analistas solemos recurrir a dos tipos de referencias: histórica y sectorial.

- **Histórica:** al analizar una gráfica histórica (5 años) del múltiplo P/U de la empresa A, nos damos cuenta de que su máximo ha sido de 7.0x y su mínimo de 3.0x. Ello significa que si la emisora tuviera una expectativa muy positiva difícilmente podríamos asumir que los inversionistas la paguen a más de 7.0x pues nunca ha sucedido en los últimos 5 años. De la misma manera, si anticipamos una situación complicada a futuro, tampoco la podríamos "castigar", asumiendo que la pagarán en un múltiplo menor a 3.0x, ya que ello tampoco ha sucedido. De esta manera, al saber que sus utilidades crecerán 50%, muy favorable, podemos asumir que se pague más que su nivel actual de 5.0x, el cual resulta similar al promedio histórico. Un múltiplo P/U estimado razonable sería de 6.0x , ¿está de acuerdo?

- **Sectorial**: La segunda referencia que utilizamos para suponer el nivel de múltiplo que a fin de año los participantes estarían dispuestos a pagar por una emisora es un comparativo de empresas similares. Esto significa empresas del mismo sector, con un tamaño (ventas, capital contable o valor de mercado) parecido, con un ritmo de crecimiento y niveles de rentabilidad también equivalentes y, de ser posible, que su bursatilidad no sea muy distinta; pueden ser locales y/o internacionales. El cuadro siguiente propone un ejemplo en donde las empresas del sector tienen un P/U de 6.3x.

Cuadro 19.22 Comparativos múltiplo P/U de un mismo sector

Emisora	Origen	P/u
A	Local	5.5X
B	Local	6.6X
C	Internacional	7.1X
D	Internacional	7.5X
E	Internacional	5.0X
Promedio		**6.3X**

Fuente: Metodología y elaboración propias.

Ya con ambas referencias, un múltiplo probable bien podría ser de 6.0x, el cual resulta razonable al establecer que es similar a su promedio histórico y al de empresas de su sector para una empresa con un crecimiento esperado en utilidades realmente atractivo (50%). De hecho, con una estimación tan positiva de crecimiento en utilidades, el múltiplo podría ser mayor, sin embargo, siempre es conveniente calcular supuestos conservadores.

El cuadro siguiente indica el despeje aritmético. En el primer renglón están los datos conocidos. En el segundo aparece el supuesto de 50% de crecimiento en UPA, lo que equivale a $3 y la estimación de P/U a fin de año de 6.0x. Para determinar el precio objetivo (pronóstico) multiplicamos el 3 por el 6. El resultado es $18 de precio objetivo; la interpretación es la siguiente: con un precio objetivo estimado de $18 y una utilidad neta a fin de año en $3, el múltiplo equivalente es de 6.0x, similar al promedio histórico de la emisora en 5 años y al de sus empresas del sector. El potencial de la emisora es entonces de 80% ($18/$10).

Cuadro 19.23 Obtención de precio objetivo

	Empresa	Precio	UPA	Crecimiento estimado UPA	P/U
Conocido	A	$10	$2		5.0X
Supuesto fin de año	A	?	$3		6.0X
Pronóstico	A	$18	*$2		6.0X

Fuente: Metodología y elaboración propias.

No fue tan complicado ¿verdad? Ahora, el despeje del precio objetivo a partir del múltiplo FV/Ebitda.

Cuadro 19.24 Comparativos de precios objetivos

	Paso 1	Paso 2	Paso 3	Paso 4
Concepto	Se identifica los componentes del múltiplo FV/Ebitda actual (últimos 12 meses).	Se determina un crecimiento nominal (real + inflación) en utilidad operativa.	Se determina el nivel del múltiplo (FV/Ebitda) que el inversionista estará dispuesto a pagar.	Se despeja la variable de precio en la fórmula del múltiplo estimado… Esto es el precio objetivo (PO)
Fórmula	FV/Ebitda = 10/2 =5x (Pcio+DN+IM) / (Ut. Op + Dep)	Ejemplo: 30% = 1.8+30%=2.34	Ejemplo:6x	PO= (Mult. Estim. X (Ut. Op estim+Dep)) - (DN-IM) PO= (6X (2.34+0.2))- (2-0) = 13.24
Desglose	FV (Pcio + DN + IM) = 10 precio actual = 8 Deuda neta = 2 Interés minoritario = 0 Ebitda (Ut.Op + Dep) = 2 Ut. operativa = 1.8 Depreciación = 0.2	El crecimiento es nominal y no real pues la estimación de rendimiento se hace también en términos nominales y no reales.	El dato se justifica por una referencia histórica y una sectorial internacional. Ejemplo: el múltiplo promedio es de 6.5x y otras empresas del sector en el mundo se pagan con FV/Ebitda de 5.5x. Por lo tanto 6x es razonable.	Como se mencionó antes, se asume que la deuda neta (DN), la depreciación (Dep) y el interés minoritario (IM) se mantienen.

Fuente: Metodología y elaboración propias.

De la misma manera que presenté un cuadro resumen final al referir los 6 criterios para descubrir empresas extraordinarias, el siguiente cuadro resume los 2 criterios relacionados con la identificación de valuaciones atractivas. La consideración de los 8 nos ayuda a encontrar las mejores empresas para ser dueño.

Cuadro 19.25 Dos criterios adicionales después de encontrar empresas extraordinarias

Criterios	Indicadores
7. **Valuación**	• P/U • Fv/Ebitda • Vm/vs • Dcf • Precio objetivo
8. **Bursatilidad**	• Importante para el cálculo de descuento/premio. • Poco importante a mayor plazo

Fuente: Metodología y elaboración propias.

En defensa del precio objetivo

Le recomiendo un breve repaso al capítulo titulado "Defendiendo el precio objetivo" en la Primera sección para terminar de redondear este importante concepto.

En ocasiones identifico participantes en la Bolsa que, al comentar sus metodologías de selección de emisoras al formar un portafolio, cuestionan el uso de los precios objetivos de las emisoras de las que son dueños, cuando en realidad no los conocen, no saben lo que representan ni cómo se obtienen. La pregunta entonces es: y tú, ¿cómo valúas las empresas de las que eres dueño?

Política de opinión

Por lo general, el precio objetivo que determina un especialista en el gremio bursátil, a nivel internacional, va siempre acompañado de una opinión. Estas recomendaciones suelen ser: "Compra", "Venta" o "Mantener" (en inglés, en documentos internacionales, usted identificará los conceptos "*Buy*", "*Sell*" o "*Hold*", u otros como "*Overweight*", "*Underweight*" o "*Neutral*"). Este tipo de opiniones suceden en función de dos escenarios específicos:

- **Valores absolutos**: el especialista determina una tasa especifica de retorno o interés, en función de variables económicas como inflación y tasa libre de riesgo (banco – Cetes) y decide sus políticas o calificaciones en función de la misma. Ejemplo: la tasa que decide es de 8%. Cuando los precios objetivos tienen en su rendimiento implícito un diferencial mayor a 3 puntos porcentuales (pp) *vs.* tal rendimiento (es decir 11.1% = 8% + 3 pp), entonces su opinión es compra. Si los precios objetivos tienen un rendimiento implícito en un rango de 3 puntos porcentuales sobre la tasa determinada por arriba o por debajo de este, entonces la opinión es mantener (entre 5% y 11%). Por último, si el rendimiento implícito del precio objetivo es menor a 3 puntos porcentuales, la tasa determinada (4.9%= 8% - 3% pp) emite una opinión de venta.

- **Valores relativos respecto a un parámetro a vencer (*benchmark*)**: el razonamiento es similar al criterio anterior. La diferencia es que la tasa sobre la cual se determinan los puntos porcentuales para emitir la opinión está dada por el pronóstico del Índice de Precios y Cotizaciones (IPyC) que, como comentamos desde la Primera sección, es el parámetro a vencer natural y lógico de todo inversionista en el mercado accionario en México. Ejemplo: si el pronóstico (precio objetivo) del IPyC se sitúa en 49,500 pts. y el nivel actual es de 43,000 pts., entonces el rendimiento esperado para el índice será de 15.11%. A partir de tal rendimiento, que cambia todos los días, se determina un diferencial en puntos porcentuales a la alza, en un rango cercano y a la baja, en el ejemplo anterior fueron 3pp; en la práctica esta diferencia se determina en un rango de 3pp a 5pp), para generar las opiniones de compra, mantener y venta, de la misma manera que detallé con los valores absolutos.

¿Cuándo se revisan las utilidades, precios objetivos y recomendaciones?

Ya he señalado la importancia de la temporada de reportes corporativos financieros trimestrales en la Bolsa, pues ofrecen la oportunidad de confirmar o modificar los pronósticos de utilidades anuales. Estas utilidades anuales estimadas, a su vez, son un elemento indispensable para la determinación de un precio objetivo. Existe la percepción generalizada de que los analistas revisamos constantemente las estimaciones de utilidades, sobre todo en la temporada de reportes. Estudios especializados indican que únicamente en 13% de las ocasiones en que los analistas, a nivel internacional, revisamos utilidades anuales se debe al conocimiento o comunicado previo de utilidades trimestrales.

Temas específicos de la empresa

La mayoría de las razones o motivos (46%) por los cuales los analistas revisamos utilidades (46%) es por otros temas específicos, inherentes a la propia empresa, que pueden presentarse en cualquier momento. Por ejemplo: emisión de deuda, adquisiciones y fusiones, colocaciones secundarias, cierre de planta por accidente, etcétera. El siguiente cuadro recuerda cuáles son los principales motivos de revisión de utilidades. Se reconoce no obstante, que en una proporción (15%), algunos analistas revisan utilidades al identificar rezago o diferencias de estimaciones *vs*. consenso.

Estadísticas de motivos de revisión de utilidades

Cuadro 19.26 Temas específicos de la empresa

Motivo de revisión de utilidades	%	Detalle
Movimiento en el precio de la acción	11%	El precio se mueve antes, pues no es hasta después de digerir (investigar y conocer con detalle), la noticia de cambio fundamental, estructural o psicológico que el analista revisa estimaciones, ajusta su modelo y publica sus conclusiones.
Comunicado de utilidades	13%	El conocimiento de resultados financieros trimestrales es el mejor ejemplo de una variable que influye en fundamentales futuros. Algunas empresas aprovechan sus reportes trimestrales para ofrecer guías de los próximos trimestres.

Revisión de estimaciones de otros analistas	15%	Se explica por la manera en que el género humano reacciona frente a la incertidumbre. El analista debe demostrar que es un experto en las empresas que cubre y teme equivocarse. Al moverse de manera similar al consenso, se siente protegido por esa misma mayoría.
Desviación de estimaciones del consenso de analistas	12%	La diferencia entre la estimación "vieja" (realizada tiempo atrás) de un analista y las más recientes del consenso es otra razón tradicional para hacer una revisión. El motivo es muy similar al punto anterior.
Guía de la empresa (administración) inesperada	3%	En ocasiones, la dirección de la empresa hace anuncios o provee una guía sobre utilidades futuras fuera de la temporada de los reportes financieros trimestrales.
Otros temas específicos de la emisora (empresa)	46%	Ejemplo: valuaciones, decisiones de crecimiento vía emisión de deuda, adquisiciones y fusiones, colocaciones secundarias, etcétera.

Fuente: *Money Magazine*, junio de 2016.

¿Cuándo vendo?

Muy relacionada con la estadística anterior de motivos para la revisión de utilidades de una empresa, la pregunta que usted podría estarse haciendo en este momento es: "Entonces ¿cuándo vendo?"

Siendo congruente con el enfoque de *Además, soy empresario en la Bolsa*, la respuesta sería: "Cuando las emisoras dejan de ser extraordinarias y cuando sus valuaciones dejan de ser atractivas".

Indicadores más puntuales relacionados con estas 2 condiciones se concentran en 5 criterios específicos:

1. **¿Algún error al evaluar por primera vez la compañía?**
   Fue muy optimista y pensó que la empresa lograría objetivos que están siendo difíciles alcanzar; subestimó la fuerza de la competencia; ve factores que no identificó antes.

2. **¿Se han deteriorado los fundamentales de la empresa?**
   Tras un largo periodo de éxito (fuerte crecimiento en resultados), las cifras comienzan a ser menores, la rentabilidad del negocio disminuye y la fortaleza financiera es menor.

3. **¿Ha subido demasiado el precio, superando su valor justo?**
   Los mercados entran en ciclos de avance extraordinario por distintas razones y aparece quién ofrece pagar un precio por nuestra acción que excede su valor justo. ¡Hágalo!

4. **¿Existe alguna alternativa mejor para invertir su dinero?**
   Usted deberá siempre buscar que su dinero se destine a los activos o inversiones que perciba que puedan generar los mayores beneficios (rendimientos) relativos al riesgo asociado. No debe existir vergüenza en no tener algo que no genera valor.

5. **¿Tiene demasiada concentración en una sola acción?**
   Esta es, sin duda, la mejor razón para vender, pues significa que usted hizo una elección correcta en el pasado. El precio de la empresa ha subido de manera importante y ahora lo que necesita es disminuir el riesgo de concentración, esto es, "no poner todos los huevos en una misma canasta".

Diversificar

Habiendo disminuido el riesgo de una correcta selección de emisoras (¿cuáles?) a partir de la identificación de empresas extraordinarias con valuaciones atractivas que justifican querer ser dueño de ellas, la siguiente fase para disminuir el riesgo consiste en una diversificación inteligente.

Fases para disminuir el riesgo de la metodología C4

Riesgo	++++	+++	++	+
Fase	**Distribución en portafolio**	**Selección de emisoras**	**Distribución (inteligente)**	**Momento / ponderación**
Pregunta	**¿Cuánto?**	**¿Cuáles?**	**¿Cómo?**	**¿Cuándo?**
Denominación	**C1**	**C2**	**C3**	**C4**
Herramienta	**Diagnóstico Rebalanceo** • Horizonte de inversión • Objetivo de inversión • Aversión al riesgo	**8 Criterios Precio objetivo** • Crecimiento • Rentabilidad • Sector • Estructura financiera • Dividendos • Manejo (dirección) • Valuación • Bursatilidad	**Diversifica "inteligente"** • 6 emisoras mínimo • Balance riesgo-rendimiento • 70% representado en el IPyC	**Momento adecuado** • "ET" (Técnico CP) • MVLP (Valor LP)

Fuente: Elaboración propia.

La diversificación es la estrategia básica para disminuir riesgo en prácticamente cualquier actividad. Las abuelas decían que no había que poner todos los huevos en un mismo cesto por si este se caía.

No obstante, una diversificación excesiva tampoco es buena y en temas de estrategias de inversión, particularmente en el mercado accionario, una diversificación muy amplia en cuanto al número de emisoras en un portafolio es en realidad un síntoma de desconocimiento.

La estadística demuestra que cualquier portafolio con menos de 6 acciones no logra el objetivo de disminuir el riesgo, aunque habría que precisar también que esta diversificación incluye aspectos de carácter sectorial, es decir, no pueden ser 3 acciones de un mismo sector y otras 3 de otro sector en el que también coincidan.

Al momento de elaborar un portafolio de acciones mexicanas en la Bolsa ya comentamos que el parámetro a vencer o *benchmark* será siempre el Índice de Precios y Cotizaciones (IPyC).

Si usted en este momento ya decidió que ser empresario en la Bolsa es una buena idea, el vehículo natural en el que debería invertir es en el mismo IPyC. Esto puede hacerlo a través de un fondo indizado o de la "acción Naftrac", que replica la misma canasta de acciones del IPyC con diversificación implícita, pues el IPyC se forma de 35 emisoras. Ya habíamos señalado que la diferencia básica entre ambas opciones es que en el fondo usted obtiene el precio del cierre del día que compra o vende el fondo, y que paga una comisión anual incluida en el precio diario del fondo.

Busco ganarle al IPyC

Si usted quiere tener un mejor rendimiento que el IPyC, entonces deberá primero conocer a su adversario para así poder derrotarlo. Esto significa saber cómo está constituida la variable que queremos superar en rendimiento. Recomiendo primero identificar siempre la estructura del IPyC por la importancia de sectores y empresas que lo forman para construir, mediante un proceso de comparación, un portafolio propio diversificado, fundamentado y competitivo.

En otras palabras, buscamos sobreponderar, invertir en mayor proporción, sectores y acciones con fundamentos atractivos *vs.* el peso que están en el IPyC y agregar emisoras que, sin formar parte del IPyC, tienen un potencial atractivo.

Un error típico

En la práctica, resulta común que un cliente o asesor de inversión pregunte al analista especialista su opinión sobre alguna empresa. Cuando el analista termina de justificar una opinión favorable (un precio objetivo atractivo), por lo general la llamada concluye y los dos, asesor y analistas, creen que han hecho bien su trabajo. ¡Error!

Supongamos que el asesor preguntó por Gruma, empresa líder en el ramo de alimentos con fundamentales, en general, positivos. Si la respuesta es muy favorable ¿cuánto de esta acción debería usted tener en su portafolio de acciones? ¿10%?, ¿20%?, ¿30%? La verdad es que no demasiado pues, a pesar de ser una muy buena empresa, representa menos de 2% del IPyC (al mes de marzo del 2017).

En el otro extremo, si les preguntaran por Femsa, empresa líder en bebidas con una respuesta también positiva, y usted decidiera invertir 5%, corre el riesgo de que el rendimiento de su portafolio sea menor al IPyC si la acción de Femsa sube, pues representaba (a marzo de 2017) poco más de 12% de índice bursátil.

Concluimos que la distribución por sí sola no es suficiente, debemos saber cómo construir un portafolio. Existen modelos sofisticados de administración de portafolios que emplean medidas estadísticas complejas (*Assets Allocations*). No se preocupe, los criterios de diversificación sugeridos aquí son la esencia de esas mismas medidas y más sencillos. En la práctica, los resultados de la estrategia integral han superado modelos sofisticados.

¿Es fácil superar el IPyC?

Las estadísticas internacionales demuestran que el promedio de los fondos de renta variable o fondos de inversión común tienen un comportamiento en el tiempo de crecimiento menor a los índices contra los que compiten (*benchmark*). México no es la excepción. El siguiente cuadro compara el rendimiento acumulado entre el IPyC y el Índice de Fondos de Inversión Común, lo que equivale al rendimiento promedio de este tipo de fondos. Aunque dicho índice dejó de publicarse en enero de 2016, vemos cómo en un plazo de 19 años (1997-2015), el IPyC más que duplicó el rendimiento promedio de los fondos de renta variable en México.

Cuadro 19.27 IPyC *vs.* Índice de Fondos de Inversión Común

Fuente: Bolsa Mexicana de Valores, BMV.

En la Pieza 2 (capítulo: "El mercado es ineficiente") hice referencia a las causas más comunes del porqué muchos fondos de inversión no superan los resultados de los índices contra los que compiten (por favor lea la sección titulada: "¿Por qué fallan los profesionales?".

Diversificación inteligente

El diagrama siguiente representa la manera en que nuestro modelo optimiza portafolios en una relación riesgo-rendimiento.

Riesgo: para efectos prácticos, entendemos el riesgo como la proporción que la estructura de nuestro portafolio personal replica al IPyC. Entre menos parecida a la estructura del IPyC sea nuestro portafolio, mayor es la posibilidad de que nos alejemos del resultado del IPyC. ¿Recuerda la gráfica anterior que compara en el tiempo el resultado del IPyC y la del promedio de los fondos de renta variable? Pues bien, la mayoría tiene estructuras poco parecidas al IPyC y por ello se quedan rezagados. Consideramos que un portafolio es de riesgo:

- **Alto**: cuando la estructura tiene una representatividad menor a 25% del IPyC.

- **Medio**: cuando la estructura tiene una representatividad entre 25% y 50% del IPyC.

- **Bajo**: cuando la estructura tiene una representatividad mayor a 50% del IPyC. Una representatividad mayor a 50% puede lograrse considerando en ese mismo peso la acción Naftrac, que como señalé antes equivale a replicar la misma estructura del IPyC.

Rendimiento: el rendimiento esperado (¡no garantizado!) se determina a partir de las estimaciones de los precios objetivos de las emisoras que contiene nuestro portafolio personal. El rendimiento potencial del portafolio termina siendo la suma de la ponderación del rendimiento de cada emisora que contiene. El siguiente cuadro busca explicarlo de mejor forma.

Suponga un portafolio hipotético con 3 acciones (dije hipotético y únicamente para efectos de ejemplo, pues ya explicamos que la clave de la diversificación es un número no menor a 6 emisoras).

Cada acción tiene un rendimiento potencial (precio objetivo / precio actual). El rendimiento se multiplica por la proporción o "peso" que cada acción tiene en el portafolio total. Esto genera la variación de rendimiento potencial por cada emisora. La suma de este último concepto es el rendimiento estimado para el portafolio.

Cuadro 19.28 Ejemplo de rendimiento potencial de portafolio

Emisora	Precio actual	Precio objetivo	Variación %	Peso en el portafolio	Variación (%) ponderada
A	$9.4	$12.0	27.6%	50.0%	13.8%
B	$20.3	$22.0	8.4%	30.0%	2.5%
C	$33.6	$42.0	25.0%	20.0%	5.0%
Total / ponderada				**100.0%**	**21.3%**

Fuente: Elaboración propia.

Para optimizar el riesgo-rendimiento

El diagrama siguiente ilustra la relación final entre el riesgo y el rendimiento que analizamos para cada portafolio. La "burbuja" superior es el IPyC y está al nivel de 100% de representatividad de sí mismo (por ser precisamente el parámetro a vencer).

Los niveles de riesgo se representan en el eje horizontal (Y). Ya mencionaba que una representatividad superior a 50% implica un nivel de riesgo bajo por tener menor probabilidad de alejarse del comportamiento del IPyC.

Los rendimientos esperados están expresados en el eje vertical (X). El objetivo es construir un portafolio con representatividad mayor a 50% en su estructura en comparación con el IPyC y un rendimiento que supere al esperado por el IPyC (eso significa que tiene que aparecer a la derecha de la burbuja del IPyC).

Zona óptima

Está marcada precisamente por las coordenadas de menor riesgo y mayor rendimiento. Cabe señalar que es imposible lograr un menor riesgo sin sacrificar rendimiento. Entre menor riesgo (más parecido al IPyC), el rendimiento esperado no podrá ser mucho mejor al del mismo IPyC sin aumentar riesgo (alejarse a la baja del 100% de representatividad).

Cuadro 19.29 Diagrama para optimizar relación riesgo-rendimiento

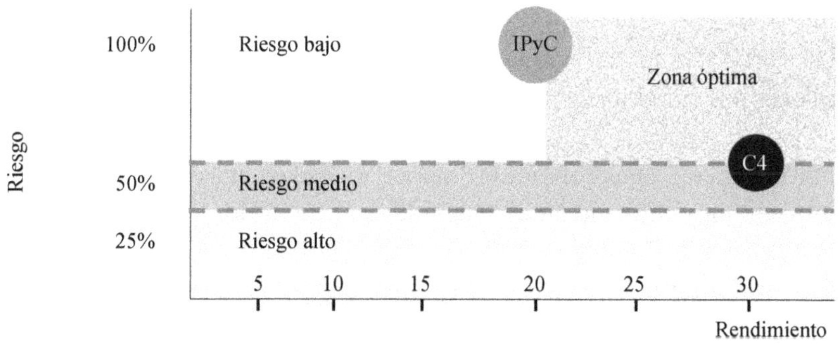

Fuente: Elaboración propia.

En la búsqueda por ofrecer un mejor entendimiento de este importantísimo proceso de optimización de portafolios presento un ejemplo real en el que reestructuré, en marzo de 2017, el portafolio de un inversionista con 17 emisoras en el que él parecía sentirse cómodo.

Al analizar su estructura, el portafolio observaba una representatividad de 39.4% *vs.* el IPyC, equivalente a un riesgo alto y un rendimiento potencial de 10.6%, cuando en la misma fecha el rendimiento esperado por el IPyC apuntaba a 11.8%. Con la reestructura propuesta, el número de emisoras disminuyó a 6, su representatividad *vs.* el IPyC aumentó a 51.9% (riesgo bajo) y su rendimiento potencial mejoró hacia 18.1%.

Resumen de reestructura

La reestructura tiene como objeto maximizar la relación riesgo-rendimiento de un portafolio con horizonte a un mayor plazo.

La selección de emisoras atiende aspectos fundamentales, en particular la perspectiva de atractivos crecimientos en los resultados operativos (Ebitda), cuyo pronóstico anual puede ser validado cada trimestre con la información financiera que las empresas envían a la BMV.

Los atractivos fundamentos se transforman en valuaciones que se traducen en precios objetivos. El rendimiento potencial de dicho precio objetivo debe ser mejor al rendimiento esperado por el Índice de Precios y Cotizaciones (IPyC).

Un portafolio con un número excesivo de emisoras en su diversificación es sinónimo de desconocimiento.

Por lo general, una proporción “menor” (-3%) en una emisora tiene un impacto muy limitado en el resultado del portafolio.

Portafolio actual: cuenta con 17 emisoras, tiene una representatividad (riesgo medio) de 39.4% en comparación con el IPyC y un potencial de 10.6% *vs.* 11.58% del IPyC.

Reestructura: disminuye a 6 emisoras (50% en Naftrac), tiene una representatividad (riesgo bajo) de 51.9% en comparación con el IPyC y un potencial de 18.1% *vs.* 11.58% del IPyC.

Cuadro 19.30 Original: rendimiento estimado 10.6% / riesgo (representativo) 39.4% / emisoras 17

Emisora	Precio actual	Precio objetivo 2017	Potencial	% EBITDA	IPyC	Portafolio	Ponderado
Aeromex	44.50	45.45	2.13%	**8.40%**		12.00%	0.26%
Alfa	26.25	31.16	18.70%	**13.10%**	3.18%	5.00%	0.94%
Alsea	57.02	75.20	31.88%	**10.30%**	0.98%	2.00%	0.64%
Amx	13.16	13.66	3.80%	**9.30%**	11.01%	8.00%	0.30%
Axtel	3.89	4.01	3.08%	**41.30%**		5.00%	0.15%
Bachoco	80.45	92.87	15.44%	**-2.30%**		2.00%	0.31%
Bimbo	46.86	52.13	11.25%	**14.50%**	1.90%	5.00%	0.56%
Cemex	17.53	22.50	28.35%	**15.00%**	8.44%	8.00%	2.27%
Chedraui	38.22	44.13	15.46%	**5.30%**		3.00%	0.46%
Gap	177.15	189.29	6.85%	**12.20%**	2.45%	6.00%	0.41%
Gruma	269.32	308.29	14.47%	**14.10%**	1.96%	5.00%	0.72%
Kimber	39.25	38.92	-0.84%	**3.30%**	1.94%	8.00%	-0.07%
Lala	34.10	34.34	0.70%	**5.00%**	0.72%	5.00%	0.04%
Liverpool	141.61	166.59	17.64%	**15.90%**	0.91%	5.00%	0.88%
Mexchem	51.29	55.75	8.70%	**17.90%**	1.87%	8.00%	0.70%
Nemak	19.89	24.30	22.17%	**16.10%**	0.42%	5.00%	1.11%
Walmex	38.90	43.54	11.93%	**9.50%**	7.08%	8.00%	0.95%

Fuente: Elaboración propia.

Cuadro 19.31 Propuesta: rendimiento estimado 18.1% / riesgo (representativo) 51.9% / emisoras 6

Emisora	Precio actual	Precio objetivo 2017	Potencial	% EBITDA	IPyC	Portafolio	Ponderado
Naftrac	**47.72**	**53,200.00**	**11.58%**	**7.00%**	**100.00%**	**50.00%**	**5.79%**
Ac	115.58	145.47	25.86%	**23.90%**	0.43%	12.00%	3.10%
Alsea	57.05	75.20	31.81%	**10.30%**	0.31%	12.00%	3.82%
Pinfra	188.22	225.78	19.95%	**15.0%**	0.25%	8.00%	1.60%
Rassini	79.10	94.24	19.14%	**32.30%**		8.00%	1.53%
Vitro	70.20	86.09	22.64%	**59.70%**		10.00%	2.26%

Fuente: Elaboración propia.

Antes: aquí está el diagrama riesgo-rendimiento. Observe cómo el portafolios original de 17 emisoras se sitúa fuera de la zona óptima.

Cuadro 19.32 Diagrama para optimizar relación riesgo-rendimiento

Portafolio	Potencial	Representativo	Núm. de emisiones
IPyC Valuación	11.8%	100.0%	35
IPyC POs	10.4%	100.0%	35
Portafolio mejores ideas	**16.1%**	**57.0%**	**8**
Portafolio personal	**10.6%**	**39.4%**	**17**

Fuente: Elaboración propia.

Cuadro 19.33 Gráfica de la relación riesgo-rendimiento antes de optimizar portafolio

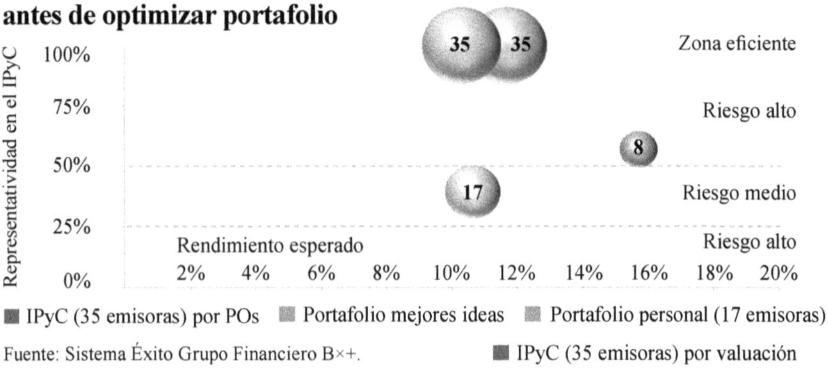

Fuente: Sistema Éxito Grupo Financiero B×+.

Después: aquí está el mismo diagrama riesgo-rendimiento luego de la reestructura. Observe cómo el portafolio ahora con menos emisoras (6 / 1 es Naftrac) ofrece un menor riesgo y un mayor rendimiento, situándolo dentro de la zona óptima.

Conocimiento básico, metodología y temperamento (paciencia y disciplina) son los ingredientes clave para un resultado exitoso en el tiempo al invertir en la Bolsa.

Cuadro 19.34 Diagrama para optimizar relación riesgo-rendimiento

Portafolio	Potencial	Representativo	Núm. de emisiones
IPyC Valuación	11.8%	100.0%	35
IPyC POs	10.4%	100.0%	35
Portafolio mejores ideas	**16.1%**	**57.0%**	**8**
Portafolio personal	**18.1%**	**51.9%**	**6**

Fuente: Elaboración propia.

Cuadro 19.35 Gráfica de la relación riesgo-rendimiento después de optimizar portafolio

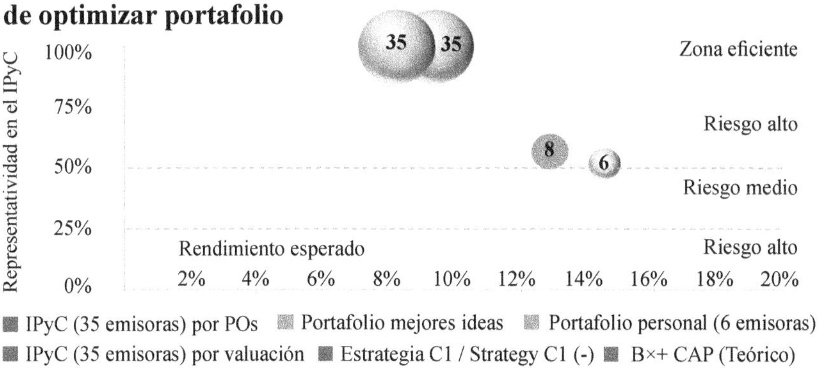

Fuente: Sistema Éxito Grupo Financiero B×+.

Momento

Llegamos a la última parte de nuestra "Estrategia Integral C4", la asociada con la pregunta ¿cuándo?

Cuadro 19.36 Fases para disminuir el riesgo de la metodología C4

Riesgo	++++	+++	++	+
Fase	**Distribución en portafolio**	**Selección de emisoras**	**Distribución (inteligente)**	**Momento / ponderación**
Pregunta	**¿Cuánto?**	**¿Cuáles?**	**¿Cómo?**	**¿Cuándo?**
Denominación	**C1**	**C2**	**C3**	**C4**
Herramienta	**Diagnóstico Rebalanceo** • Horizonte de inversión • Objetivo de inversión • Aversión al riesgo	**8 Criterios Precio objetivo** • Crecimiento • Rentabilidad • Sector • Estructura financiera • Dividendos • Manejo (dirección) • Valuación • Bursatilidad	**Diversifica "inteligente"** • 6 emisoras mínimo • Balance riesgo-rendimiento • 70% representado en el IPyC	**Momento adecuado** • "ET" (Técnico CP) • MVLP (Valor LP)

Fuente: Elaboración propia.

Una vez identificadas las mejores opciones fundamentales y una "diversificación inteligente en el portafolio", habrá que resolver el tema del momento "ideal" de participación del mercado.

Cualquiera que haya invertido alguna vez en este mercado se habrá dado cuenta de la dificultad y el riesgo que ello conlleva, incluso para aquellos que mantienen una visión a mayor plazo como la que siempre se recomienda. En mi experiencia, he confirmado que permanecer "fuera del mercado" en días importantes de alza, disminuye significativamente los rendimientos en el tiempo, del mismo modo que afecta el hecho de permanecer en momentos de bajas pronunciadas y permanentes. La gráfica y cuadro siguientes indican la drástica disminución que representa en el rendimiento acumulado del IPyC de 5 años (2011-2016) el haberse "perdido" días con mayor crecimiento en el mercado.

Cuadro 19.37 Comparativo IPyC de 5 años (2011-2016) sin mejores días de alza

Referencia	Variación (%)
IPyC en periodo completo (5 años)	24.01%
IPyC en periodo sin mejores 5 días	7.03%
IPyC en periodo sin mejores 10 días	-5.50%
IPyC en periodo sin mejores 15 días	-15.46%

Fuente: Elaboración propia.

Cuadro 19.38 Impacto en rendimiento sin participar en mejores días de alza del IPyC

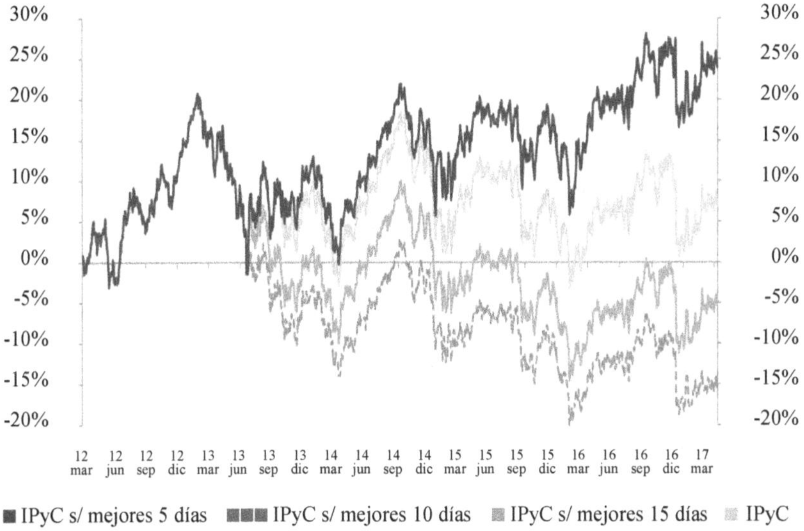

Fuente: Bolsa Mexicana de Valores, BMV.

En capítulos anteriores hice referencia a cómo el mercado accionario y otros mercados financieros en general (divisas, tasas, mercancías internacionales, etc.) suelen verse afectados por variables de diverso tipo: fundamentales, psicológicas, estructurales y técnicas.

Esto significa que en más de una ocasión nos habremos de equivocar en la dirección futura del mercado, a pesar de justificar nuestros pronósticos y estrategia en aspectos fundamentales. No obstante, el mercado termina por reconocer siempre lo fundamental. Entonces, ¿qué hacer?

Afortunadamente, existen "herramientas técnicas" que pueden contribuir a identificar momentos oportunos de entrada o salida del mercado a partir de ciertos indicadores.

El empleo constante del promedio móvil a 31 días durante muchos años (casi 30) ha demostrado su eficacia para aminorar riesgos de caídas y maximizar rendimientos en periodos de alza en el mercado accionario.

Es importante señalar que fue seleccionada de un grupo de 5 distintas herramientas técnicas (Soportes y resistencias, RSI, Ondas de Elliot, Estocásticos, Promedios móviles) donde se compararon los resultados teóricos obtenidos usando solamente una.

Información importante: durante muchos años la manera en que se complementó la Estrategia Integral fue utilizando, para el índice bursátil y la mayoría de las emisoras, un promedio móvil general de 31 días. Los resultados fueron muy positivos. No obstante, hacia finales de 2004 seguimos desarrollando e implementamos el uso de un promedio móvil ideal (PMI) para cada una de las emisoras del mercado en un rango de 20 a 40 días, logrando mejorar sustancialmente los resultados. Para el caso específico del IPyC el promedio se modificó de 30 a 31 días.

¿Cómo se construye un PM?

Un promedio móvil se construye promediando los precios de las acciones o índices del número de días pasados según se indica. Uno de 30 días es el promedio de los últimos 30 días, mientras que uno de 200 días, es el promedio de las últimas 200 observaciones. Cada día nuevo se suma y se elimina el más antiguo, de manera que siempre el promedio sea del mismo número de días.

El empleo de esta herramienta (promedio móvil a 31 días) consiste en "entrar" al mercado cada vez que un precio (índice) "cruza" al alza el promedio móvil a 31 días, y en vender con el movimiento contrario. De esta forma, se busca tener inversión en el mercado durante la mayor parte de un movimiento alcista y evitar con la mayor anticipación los posibles movimientos a la baja. Estos son justamente los riesgos que ello evita: 1) tener inversiones en baja y 2) salir (vender) antes de tiempo.

Interpretación gráfica

- La línea de en medio indica el promedio móvil ideal (PMI), que en esta ocasión es de 31 días.

- Las líneas superior e inferior cercanas al PMI indican un diferencial de 1% y validan la señal de cambio de tendencia cuando cruzan al alza o a la baja dicha línea.

- Las líneas extremas inferior y superior indican compras (inferior) o ventas (superior) de carácter especulativo, y suceden cuando la diferencia actual entre el IPyC y su PMI es similar a la diferencia máxima promedio que durante los últimos 12 meses se han observado como máximo antes de un regreso del alza o baja respectivamente.

- La línea inferior marca el volumen operado. Para que una señal se valide y se considere representativa de los participantes, el volumen de la sesión no puede ser 50% menor al promedio histórico del último año.

- La gráfica indica también el nivel de volatilidad actual. Cuando este excede su promedio histórico, el PMI de 31 días cambia a 10 días para optimizar resultados.

Cuadro 19.39 Ejemplo de gráfica utilizando herramienta "ET" (Estrategia de tendencia)

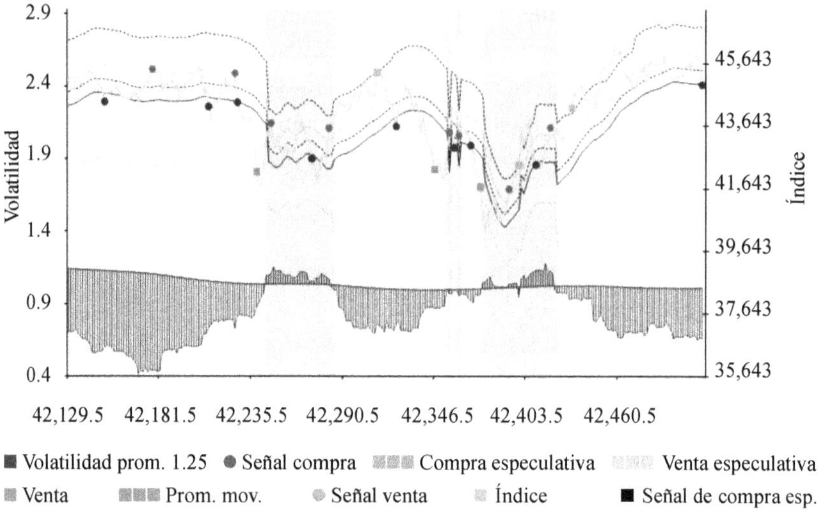

Fuente: Sistema Éxito Grupo Financiero B×+.

Parece fácil ¿o no? La clave consiste en mantener la disciplina incluso en eventuales periodos de acumulación (movimientos laterales), en los que la cantidad de señales de "cruces" puede ser mayor.

Con el tiempo hemos agregado elementos para mejorar el resultado (rangos de validación, volumen mínimo de operación, etc.) por lo que identificamos a esta herramienta con el nombre de estrategia de tendencias (ET), para diferenciarla del uso de un promedio móvil simple.

Convencidos de la existencia de otras herramientas técnicas cuya correcta combinación (en acumulaciones en tendencias, de corto plazo, de largo plazo, etc.) pudiera resultar mejor que el PMI, nuestra preferencia por esta última se sigue justificando por las siguientes razones:

- **Resultados**: el empleo constante del mismo ha demostrado favorables resultados en el tiempo. ¿Tiene usted una estadística constante mejor a la de la ET comparada *vs.* una estrategia de inversión permanente? ¿Qué tan bueno es su porcentaje de bateo?

- **Facilidad**: al entender el PMI o el ET como una herramienta que identifica tendencias, su lógica de empleo es mucho más "cómoda" para el usuario. En este sentido, es importante insistir en 2 asuntos: 1) el criterio de selección de emisoras nos lo proporciona el análisis fundamental; y 2) tarde o temprano el mercado (IPyC o precios de emisoras) terminan por identificar tendencias.

Predominio de tendencias en el mercado mexicano

Relacionado con este último punto (tarde o temprano el mercado toma tendencia), resulta muy frecuente que los participantes duden sobre la bondad de la ET que complementa nuestra Estrategia Integral C4, a pesar de los resultados favorables observados en el tiempo. Al conversar en una ocasión sobre lo sucedido con un muy buen *trader* y mejor amigo, me hacía ver la dificultad que suponía seguir al pie de la letra la metodología, dada la psicología natural de la ambición, la frustración, el miedo, la visión de corto plazo y la falta de disciplina de muchos participantes.

La cuestión por responder después de aquella plática consistió en identificar la proporción de movimientos de acumulaciones (laterales) y tendencias (de alza o baja) en el mercado accionario mexicano en los últimos años. Nuestro análisis concluyó que a largo plazo (+10 años), entre 65% y 70% de las veces el mercado sigue un comportamiento de tendencia y el otro 35% o 30%, una acumulación (comportamiento lateral).

El análisis anterior ayudó a concluir que nuestra herramienta ET funcionará más temprano que tarde, pues en la Bolsa mexicana existen más movimientos de tendencia que de acumulación.

Para identificar la proporción histórica en que el Índice de Precios y Cotizaciones (IPyC) se ha mantenido en un movimiento de acumulación (lateral) o de tendencia (alza o baja), utilizamos la herramienta conocida como promedio móvil de 30 días.

Acumulación (lateral). Definimos este movimiento cada día en que el IPyC se situó en un rango menor (arriba o abajo) a 2% respecto a su promedio móvil de 30 días (PM30d).

Tendencia. Como consecuencia, la definición de una tendencia de alza o baja es cuando el IPyC se sitúa en un rango mayor a 2% respecto a su promedio móvil de 30 días (PM30d).

La evidencia más clara de un predominio de tendencias (al alza) en el mercado accionario es la siguiente grafica de 17 años del IPyC.

Cuadro 19.40 IPyC con herramienta ET

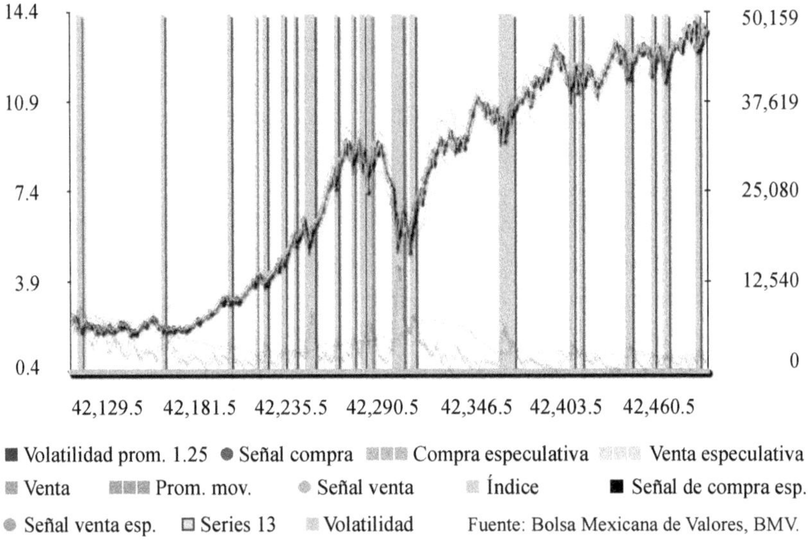

Fuente: Bolsa Mexicana de Valores, BMV.

Le repito, en realidad, los resultados muy favorables derivados de emplear de manera constante el promedio móvil ideal (PMI) involucran algo más que solamente este promedio, son resultado de una investigación permanente que ha permitido incluir variables adicionales como: rangos de validación de tendencia, niveles de compra y venta especulativa, validación por volumen de operación, etcétera. Para diferenciar el empleo común del PMI respecto de la metodología propuesta, identificaremos a la segunda como una estrategia de tendencias (ET).

Con el tiempo, hemos comprobado mejores resultados atendiendo sobre todo señales de compra o venta especulativa. Esto sucede cuando la diferencia entre el PMI y el precio de una emisora o índice resulta cercano a la diferencia máxima entre ambos indicadores al alza o a la baja observada en los 12 meses previos.

Cuando el precio de una emisora es similar al promedio máximo de diferencia del precio y el PMI de 12 meses (señalado por la línea superior en la gráfica), es recomendable disminuir exposiciones.

Ejemplos con emisoras

Venta especulativa: la gráfica siguiente ejemplifica el caso de la emisora Vitro, empresa líder internacional en la fabricación de vidrios planos.

En esta se considera un plazo de un año a mediados de marzo de 2017. A pesar de ser una emisora con buenos fundamentales, observe cómo alcanza y traspasa la línea superior de venta especulativa.

No se recomienda una venta total de las acciones, se trata de una venta parcial con el concepto de "toma de utilidades".

Cuadro 19.41 Vitro con herramienta ET (señal de venta especulativa)

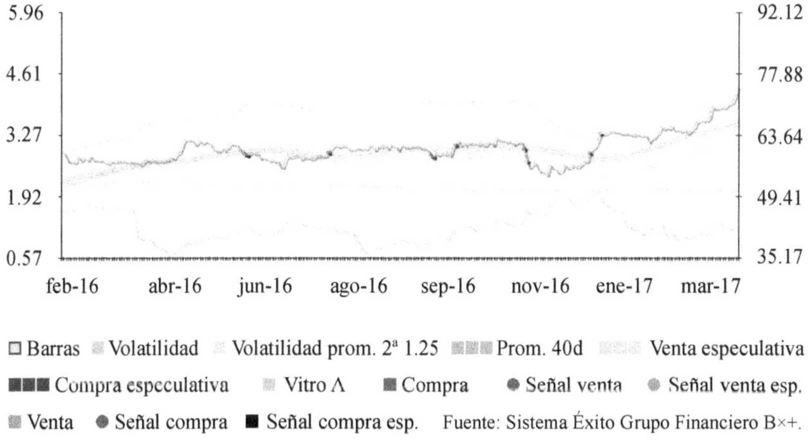

Fuente: Sistema Éxito Grupo Financiero B×+.

Compra especulativa: esta otra gráfica ejemplifica el caso contrario (una fuerte baja). La emisora es la minera Gmexico, de reconocimiento internacional en la producción de cobre. Su precio a la fecha de esta redacción (marzo de 2017) caía de manera importante, alcanzando la línea inferior que marca el máximo que en promedio el precio se ha alejado más del PMI en los últimos 12 meses.

Esto invitaba a incrementar exposiciones si sus fundamentales son atractivos.

Insisto, esta última fase del riesgo, aunque importante, tiene un carácter más complementario y no primordial para un inversionista dueño de empresas.

Cuadro 19.42 Vitro con herramienta ET (Señal de venta especulativa)

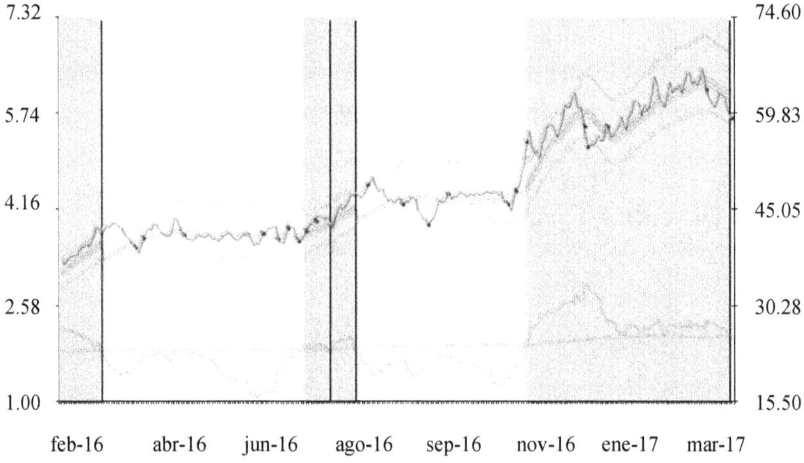

Fuente: Sistema Éxito Grupo Financiero B×+.

20 Pieza 9
Toda propuesta de inversión debe estar acompañada de resultados

«Si el resultado no es importante, entonces,
¿por qué se lleva un marcador en los partidos?»
Vince Lombardi

Lo dije antes, la metodología que detallé en el capítulo anterior no es la única y posiblemente tampoco sea la mejor. Sin embargo, me parece lógica, fácil y, sobre todo, ha demostrado que funciona.

Con frecuencia muchas personas me sugieren otro tipo de metodologías y modelos de inversión. Agradecido y respetuoso siempre de otros puntos de vista, me gusta cuestionar sobre los resultados obtenidos de esas propuestas y es en ese momento en el que muchas propuestas y "buenas ideas" se vienen abajo, al no existir un registro histórico que valide un buen resultado preponderante.

Repito para usted el cuadro resumen de resultados desde 2001, año en que terminé de "armar mi rompecabezas" o modelo de inversión. Como también lo he mencionado, el modelo ha evolucionado y los resultados evidencian su conveniencia.

Me gusta hacer referencia a la necesidad natural (¡muy buena!) que tenemos como individuos de preguntar. Como lo dice un proverbio danés: "Quien teme preguntar se avergüenza de aprender". No obstante, recomiendo ser cuidadoso cuando se pregunta y preferir a personas cuya experiencia y resultados en temas específicos puedan considerarse exitosos, así como entender la especialización en cada tema.

Esto significa (vuelvo al deporte) que, si como jugador de basquetbol quiero mejorar mi tiro de larga distancia (3 puntos), siempre será mucho mejor escuchar a Stephen Curry (jugador estrella del equipo de los Guerreros (Warriors) de Golden State de la NBA, con un registro récord de tiros de larga distancia (durante un entrenamiento logró más de 70 tiros consecutivos de 3 puntos), que preguntarle a Lionel Messi, goleador del Barcelona y también destacado deportista, pero de futbol (a él escúchenlo cuando diga cómo tirar un penal).

En el ambiente financiero hay muchos profesionales destacados, pero no le pregunte a un especialista en crédito o a un tesorero de empresas sobre la inversión en la Bolsa.

Cuadro 20.1 Comparativo IPyC *vs.* Estrategia C

	Rendimiento por año			Rendimiento acumulado		
Fecha	**Estrategia C4**	**IPyC**	**SI Comunes**	**Estrategia C4**	**IPyC**	**SI Comunes**
*2001	11.38%	8.24%	5.01%	11.38%	8.24%	4.73%
2002	-1.92%	-3.85%	-5.60%	9.24%	4.07%	-2.45%
2003	58.18%	43.55%	30.74%	72.80%	49.40%	27.97%
2004	57.10%	46.87%	31.74%	171.47%	119.42%	68.91%
2005	42.97%	37.81%	26.60%	288.11%	202.38%	113.55%
2006	62.32%	48.56%	32.97%	529.99%	349.22%	182.74%
2007	22.14%	11.68%	14.89%	669.47%	401.69%	226.51%
2008	-19.48%	-24.23%	-20.90%	519.60%	280.13%	157.49%
2009	52.76%	43.52%	31.37%	846.47%	445.57%	240.31%
2010	28.86%	20.02%	11.67%	1119.61%	554.79%	276.01%
2011	-2.81%	-3.82%	-5.52%	1085.39%	529.76%	257.27%
2012	25.98%	17.88%	6.87%	1393.38%	642.35%	282.20%
2013	6.43%	-2.24%	2.39%	1489.34%	625.72%	291.98%
2014	2.90%	0.98%	-0.52%	1535.44%	632.83%	288.31%
2015	15.58%	-0.39%	1.98%	1790.19%	629.98%	**301.90%
2016	-2.07%	6.20%	ND	**1751.08%**	**675.25%**	
Promedio	22.52%	15.67%	10.91%	109.44%	42.42.20%	**20.13%

Fuente: Elaboración propia.

Cuadro 20.2 Comparativo de resultados históricos de la estrategia propuesta *vs.* IPyC y promedio de Sociedades de Inversión de renta variable

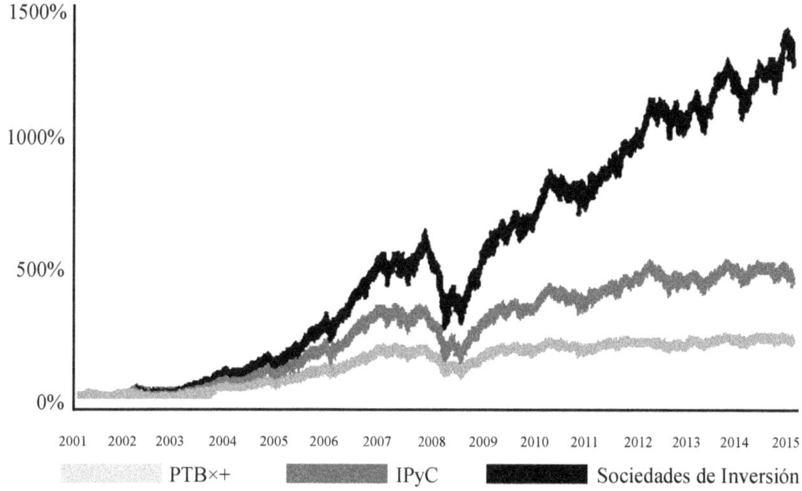

Fuente: Reportes de publicación periódica de Ixe Casa de Bolsa y Grupo Financiero B×+) *Desde abril.
**En diciembre de 2016 dejó de publicarse el Índice de Fondos de Inversión Común (renta variable).

21

Guía rápida para la revisión del portafolio en la Bolsa

«La educación es el arma más poderosa
para cambiar al mundo.»
Nelson Mandela

Los métodos y procesos resultan indispensables para el éxito de cualquier objetivo. Sin embargo, la persona que ayuda a entender y realizar el proceso también lo es. La empatía y confianza con su asesor y estratega es un elemento indispensable cuando se establece una relación con objetivos comunes y alineados. La mejor combinación: proceso y persona.

Para cerrar esta sección, consideré conveniente incluir un resumen o guía ordenada y completa para la revisión de un portafolio de inversión en la Bolsa. Se trata de un cuadro que establece 18 indicadores por categoría, los objetivos de cada uno y un comentario breve sobre estos.

Sin minimizar la importancia de cada uno de los indicadores propuestos, recuerde que 2 elementos clave que invitamos a conocer en cualquier portafolio en la Bolsa son: perspectiva (no garantía) de rendimiento *vs. benchmark* y riesgo del portafolio (representatividad de estructura *vs. benchmark*).

El conocimiento de esta información permite ajustes pertinentes (de ser necesarios) durante la revisión periódica del mismo. A nivel emisora, el precio objetivo es el indicador que resume todo el análisis fundamental de una emisora.

Elementos del *trading*

Nuestra guía contiene 4 indicadores adicionales que sirven para identificar criterios de estrategias del *trading* o ideas dinámicas para inversionistas cuyo perfil permita establecer una parte de su estrategia (recomendamos no mayor a 10%) con ideas de mayor riesgo.

Instrucciones: Le recomiendo dedicarle unos minutos de manera periódica a su portafolio y "palomear" cada uno de los criterios que indica. Recuerde que la disciplina es la clave del éxito.

Cuadro 21.1 Guía rápida para revisión de portafolio en acciones

Categoría	Indicador	Objetivo	Comentario
Perfil	Proporción de inversión en Bolsa del portafolio global (bonos, bienes raíces, divisas, materias primas, etcétera)	Identificar el "peso" de la inversión en la Bolsa *vs.* el total de las inversiones, buscando ser congruente con el perfil del inversionista en función de las siguientes consideraciones: 1) su horizonte de inversión; 2) su objetivo de inversión; 3) su aversión al riesgo; 4) su experiencia y 5) su necesidad de liquidez.	Un movimiento importante en el precio de las acciones (alza o baja) puede modificar la proporción de la inversión en la Bolsa, lo que justifica un "rebalanceo". El "rebalanceo" también puede suceder por cambio de perfil o de condición del mercado.
Resultados generales	Resultado periodo	Medir el éxito de la estrategia propuesta	
	Resultado *benchmark*	Es importante establecer el "parámetro a vencer".	Por ejemplo: para la Bolsa en México es el IPyC. Para Estados Unidos el S&P.
	Resultado combinado	Si el portafolio tiene acciones de distintos países, hay más de un *benchmark*.	El *benchmark* se construye con la misma proporción que el portafolio a comparar (por ejemplo: 50% de acciones mexicanas y 50% de acciones de Estados Unidos = 50% en IPyC y 50% en S&P).

Resultado total o proporcional	Medición equivalente correcta.	Importante identificar si el resultado del portafolio sucedió estando 100% invertido en acciones o con una proporción líquida.

Cuadro 21.2 Guía rápida para revisión de portafolio en acciones

	Indicador	Objetivo	Comentario
Selección de emisoras	Precio objetivo	Identificar el potencial de avance de precio en función de fundamentos.	Prioridad en emisoras con rendimiento potencial superior al del *benchmark*. El precio objetivo resume el análisis de todos los criterios de selección.
	Crecimiento esperado	Identificar emisoras con mayor potencial de avance en resultados operativos (Ebitda).	El resultado operativo refleja de mejor manera la naturaleza del negocio. Considerar el crecimiento orgánico de uno asociado con fusiones y adquisiciones.
	Rentabilidad	Evitar crecimientos fuertes a costa de pérdida de rentabilidad permanente.	La rentabilidad del negocio es un elemento tanto o más importante que el crecimiento en sí. El margen de Ebitda y el ROE son buenas medidas.
	Competencia	Identificar peligros asociados con mayor competencia.	Sucede mucho en sectores de “moda”. Es preferible un sector “aburrido”.
	Nivel de deuda	Evitar riesgos de incapacidad de pago o quiebra.	El 80% de los fracasos corporativos se debe a una deuda excesiva.
	Política de dividendos	Beneficio central de un empresario.	Ganancia adicional al comportamiento de la acción en el mercado.
	Administración	Considerar elementos de carácter cualitativo en la emisora.	“¿Cuál fue el último gran proyecto y cuál el próximo gran proyecto?” Son 2 preguntas cuya respuesta trata de la dirección de una empresa y, al hacerlo, dicen mucho de esta.

Categoría	Indicador	Objetivo	Comentario
Selección de emisoras	Valuación	Conocer lo atractivo o no de una empresa a partir de su valuación. Existen distintos métodos (múltiplos, DCF, suma de partes, etcétera).	Las valuaciones en general se dividen en: 1) de crecimiento y 2) de valor. Es conveniente establecer comparaciones históricas y sectoriales, y entender que el precio no es un indicador de valor (el mercado es sumamente ineficiente).
	Bursatilidad	Conocer la facilidad de la ejecución (compraventa de cada emisora).	Relativamente importante para portafolios de mayor tamaño.
Rendimiento esperado	Potencial de avance del portafolio	Identificar el potencial general del portafolio con los precios por emisora y "peso" de cada uno.	Una revisión periódica del portafolio permite maximizar este objetivo.
Distribución	Cantidad de acciones en el portafolio	Evitar un número excesivo de emisoras que dificulte el seguimiento profundo y oportuno de cada una.	"No tengas más hijos de los que puedas atender." "Una diversificación en exceso es sinónimo de desconocimiento."
	Proporción de cada emisora en el portafolio	Evitar un riesgo de concentración ("no todos los huevos en la misma cesta").	Se recomienda no exceder más de 10% en una emisora (excepto en índices de países o regiones, por ejemplo, Naftrac).
Riesgo	Representatividad del portafolio *vs.* *benchmark*	Evitar alejarse demasiado del "parámetro a vencer".	Una manera fácil de evitar alejarse es considerar una proporción no menor a 50% en una acción que simule al propio *benchmark*. Por ejemplo: Naftrac.

***Trading* inteligente**	Pérdida limitada (*stop loss*) / ganancia establecida / plazo establecido	Claridad de objetivos en términos de riesgo, pérdida, ganancia probable y tiempo de permanencia al incorporar en un portafolio ideas de *trading* o dinámicas.	El perfil más agresivo de algunos inversionistas permite incorporar ideas con un enfoque distinto al de *Además, ahora soy empresario en la Bolsa*. Se recomienda no represente más de 10% del total del portafolio accionario.
Movimientos en exceso	Desviaciones altas sobre promedios móviles	Identificar emisoras con un avance o caída extraordinario en el precio que ofrece mayor probabilidad de "rebote" (alza) o "toma de utilidades" (baja).	Insistimos en la naturaleza de mayor riesgo en estas ideas.
Rango de múltiplos	Referencia histórica (3 a 5 años) de múltiplos como fv/ ebitda	Oportunidades con valuaciones cercanas o en mínimos. Disminuir exposición en niveles máximos.	Insistimos en la naturaleza de mayor riesgo en estas ideas.
Correlación	Identificar acciones con series o emisoras en sector con correlación histórica	Identificar diferencias cuyo regreso a correlación indiquen oportunidades.	Insistimos en la naturaleza de mayor riesgo en estas ideas.

Fuente: Elaboración y metodología propias.

Sección III

Reflexiones finales

22

El diagrama "T" del análisis

«Debe hacerse todo tan sencillo como sea posible,
pero no más sencillo.»
Albert Einstein

Para esta última sección de reflexiones finales me resultó indispensable empezar por compartir un modelo de entendimiento básico de cualquier variable que aprendí hace muchos años en la universidad (mi muy querida UNAM) y que sigue siendo tan vigente como el día que lo conocí. Se trata del formato conocido como la "T" del análisis. También recordaremos algunas diferencias básicas sobre los distintos tipos de análisis que directa e indirectamente contuvieron capítulos previos.

Al leer este capítulo, estoy seguro de que podrá identificar la manera en que cada uno de estos conceptos se fue desarrollando a lo largo del libro y así "cerrará el círculo" de entendimiento de una mejor manera.

El análisis es un concepto que se define como una forma de actuar y de entender diversas variables, no solo las de tipo financiero y bursátil.

Análisis: distinción y separación de las partes de un todo hasta llegar a conocer sus principios o elementos.

Cuadro 22.1 Entender el análisis como la separación de un todo

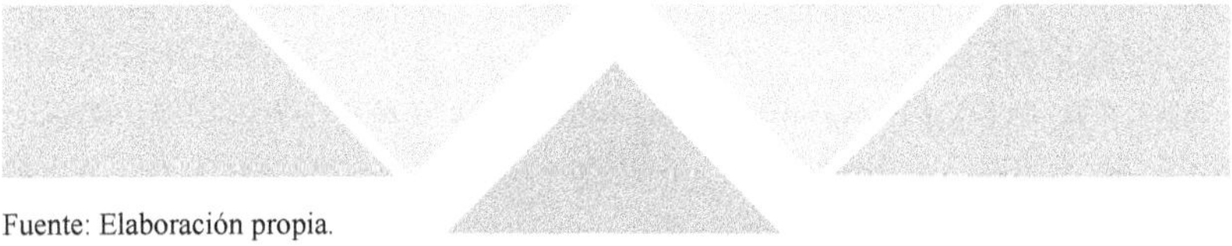

Fuente: Elaboración propia.

El siguiente diagrama ejemplifica las 3 líneas básicas para la elaboración de un análisis más completo, entendiendo que cualquier variable está sujeta a ser analizada.

Cuadro 22.2 Diagrama de "T" del análisis

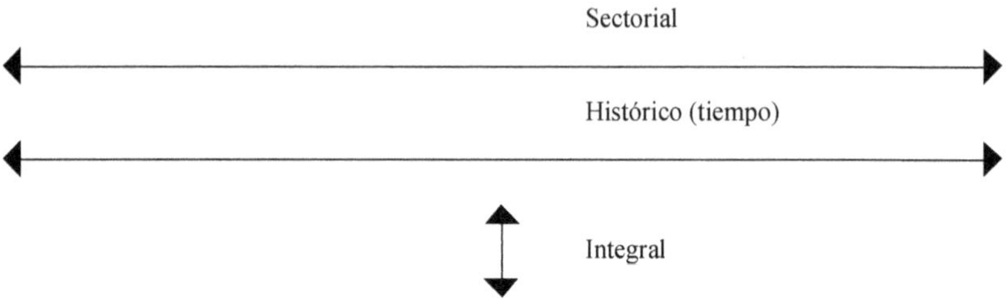

Fuente: Carlos Ponce (2006). *¡La fórmula: inversiones en la Bolsa!* México, Gasca Sicco.

Nuestro esquema consiste en considerar todas las líneas en distintos parámetros aplicados a estrategias de inversión.

- **Primera línea horizontal: análisis sectorial.** Nos ayuda a "calificar" la variable analizada con respecto a la misma variable que presentan otros competidores en el mercado (región, país, sector, etcétera).

- **Segunda línea horizontal: análisis histórico / tiempo.** Identificamos la evolución de la variable en el tiempo (pasado y futuro), calificando su estimación en función de la tendencia histórica (un promedio o la mediana es útil).

- **Línea vertical: análisis integral.** Ayuda a entender el contenido de la variable, identificando las partes, los riesgos y las oportunidades de dicha integración.

Enfoque no financiero

Para ejemplificar el esquema anterior utilizaremos una variable muy común: el sueldo. Cuando uno lo analiza (algo muy frecuente), por lo general se siguen razonamientos como los que a continuación presento:

1. **¿Cuánto ganaba el año pasado? ¿Cuánto gano hoy? ¿Cuánto podré estar ganando el próximo año?** En este caso, y probablemente sin darnos cuenta, estamos empleando un análisis de tiempo (horizontal).

2. **Comparar lo que ganan otros amigos o compañeros de trabajo.** Aquí se involucra el segundo análisis horizontal, conocido como sectorial.

3. **Considerar otras prestaciones que forman parte del sueldo,** como los seguros médicos, las vacaciones, los bonos, etcétera, es decir, los componentes del sueldo. En ese momento nuestro análisis se complementa con el concepto integral (vertical).

Enfoque financiero

Estos mismos conceptos en un enfoque de análisis financiero se ejemplifican de la siguiente manera: utilizaremos como variable el margen operativo (utilidad operativa / ventas totales) y nos referiremos a la empresa "D".

Análisis sectorial: la empresa "D" presenta un margen operativo (15%) similar al promedio del sector (14.8%).

Cuadro 22.3 Ejemplo teórico de análisis sectorial

Empresa	Ventas	Utilidad operativa	Margen operativo
A	120	23	19.2%
B	230	40	17.4%
C	145	18	12.4%
D	**400**	**60**	**15.0%**
E	720	74	10.3%
Promedio			**14.8%**

Fuente: Elaboración propia.

Análisis histórico: sin embargo, el margen operativo de la empresa "D" es el de mayor crecimiento en los últimos años en el sector.

Cuadro 22.4 Ejemplo teórico de análisis histórico

Empresa	Ventas	Utilidad operativa	Margen operativo
A	20.0%	22.0%	19.2%
B	16.5%	16.0%	17.4%
C	11.0%	11.5%	12.4%
D	**9.0%**	**12.0%**	**15.0%**
E	12.0%	10.3%	10.3%
Promedio	**14.2%**	**14.6%**	**14.8%**

Fuente: Elaboración propia.

Análisis integral: por otra parte, la empresa es también la que tiene mayor capacidad de mejora en dicho margen, al mantener una mayor proporción de sus costos como costos variables.

Cuadro 22.5 Ejemplo teórico de análisis integral (% costos totales)

Empresa	Ventas	Utilidad operativa	Margen operativo
A	100.0%	80.0%	20.0%
B	100.0%	90.0%	10.0%
C	100.0%	65.0%	35.0%
D	**100.0%**	**50.0%**	**50.0%**
E	100.0%	74.0%	26.0%
Promedio	**100.0%**	**71.8%**	**28.2%**

Fuente: Elaboración propia.

Análisis financiero, fundamental, bursátil y técnico

Pasemos ahora a identificar los distintos tipos de análisis. Un error frecuente es calificar un análisis de tipo financiero como fundamental. La diferencia entre un análisis financiero y uno fundamental radica en que el segundo incorpora también aspectos cualitativos.

Cuadro 22.6 Ejemplos de análisis financiero *vs.* análisis fundamental

Tipo	Financiero	*Fundamental
Características	Solo cuantitativo	Cuantitativo y cualitativo
Ejemplos	Unidades vendidas	Reconocimiento de marca
	Precios	Calidad de dirección
	Materias primas	Política de competencia
	Tasa de impuestos	Relación con inversionistas

Fuente: Elaboración propia. * Además de los parámetros cuantitativos.

La diferencia entre un análisis fundamental y bursátil es que el primero se aplica para cualquier entidad física o moral, mientras que el segundo solo para aquellas empresas que cotizan en la Bolsa. Por lo tanto, el elemento básico para el análisis bursátil resulta ser: el precio de una acción en el mercado.

El análisis bursátil se concentra en aspectos de valuación (movimiento en precios) principalmente a partir del empleo de razones entre el precio de mercado y algunos resultados financieros (múltiplos). A su vez, estos múltiplos se analizan de diversas formas ("T" de análisis).

Cuadro 22.7 Ejemplos de análisis fundamental *vs.* análisis bursátil

Tipo	Fundamental	*Bursátil
Características	Cualquier entidad física o moral	Empresas que cotizan en la Bolsa
Ejemplos	Crecimiento en ventas	P/U
	Crecimiento en utilidad operativa	FV /Ebitda
	Margen operativo	P/VL
	ROE	*Yield* (Dividendo en efectivo / Precio medio)
	PT / CC	Movimiento en precio de la acción

Fuente: Elaboración propia. * *Además de los parámetros fundamentales.*

La diferencia entre el análisis fundamental (bursátil) y el técnico es que el primero identifica las mejores empresas para invertir a partir de sus elementos cuantitativos y cualitativos (valuaciones), mientras que el segundo se concentra en buscar los momentos oportunos de compra y venta de las acciones de dichas empresas.

El análisis técnico no toma en cuenta los motivos (fundamentales, económicos, políticos, internacionales, etc.) que originan un movimiento en el precio de la acción, tan solo analiza (utiliza) el movimiento gráfico del precio por medio de formaciones y tendencias con el objeto de anticipar el movimiento siguiente.

El análisis técnico asume que la medida (precio o tasa) de un bien (acción, moneda, etcétera) refleja todas las variables que inciden en él. También toma como punto de partida el principio de que los participantes del mercado son predecibles al reaccionar de manera similar ante situaciones similares y, por ello, busca anticipar dicha reacción.

El análisis técnico se relaciona directamente con las estrategias de *timing*, esto es, de momento de decisión.

El análisis técnico se fundamenta en 3 premisas fundamentales: 1) la actividad del mercado le resta importancia a todo lo demás; 2) los movimientos de precios ocurren en tendencias y 3) la historia se repite.

23

¡Gana evitando errores!

«La historia de los fracasos en las guerras
se resume en dos palabras: demasiado tarde.»
Douglas MacArthur

Similitud deportiva

Hacia finales de octubre comienza en Estados Unidos la temporada de basquetbol de la NBA (National Basketball Association). No obstante, días antes se celebran juegos preliminares. El sorpresivo desenlace de algunos encuentros siempre me recuerda lo parecido de la práctica de algunos deportes con la inversión bursátil.

Los equipos (portafolios) que cuentan con los mejores atletas (empresas), es decir, de mayor estatura, fuerza, rapidez, (crecimiento en utilidades, poca deuda, valuación atractiva), tienen una ventaja teórica que hipotéticamente debería reflejarse en el marcador final. Sin embargo, es de llamar la atención la manera en que muchas veces pierden los encuentros cerca del final del partido (último cuarto) por cometer errores (una falta indebida, un mal pase, un tiempo fuera no solicitado, etcétera).

En el mercado accionario es muy parecido: inversionistas que desarrollan una buena estrategia la mayor parte del tiempo, pero que toman decisiones equivocadas (cometen errores en los últimos minutos). Al igual que en una contienda deportiva, los inversionistas tienen mayor probabilidad de cometer errores cuando la presión crece, es decir, cuando la coyuntura de los mercados se torna más difícil y complicada.

Siete errores que deben evitarse

En este capítulo recordamos 7 errores comunes en la inversión bursátil identificados por reconocidos participantes del mercado una y otra vez. Se publican en el libro: *The Five Rules of Successful Stock Investing,* cuyo autor, Pat Dorsey, es director de la empresa de asesoría de inversiones Morningstar, en Estados Unidos.

Personalmente atestiguo dichos errores con frecuencia.

1. **Querer siempre "sacarla del parque" (pegar puros *home run*).** Error asociado con incorporar alto riesgo a un portafolio pensando en "todo o nada"; suponer que voy a participar en la próxima empresa que va a "estallar" en el mercado.

2. **Pensar que "esta vez será diferente".** Las 4 palabras más costosas en la historia de la inversión bursátil han sido: "Esta vez será diferente". La historia se ha repetido una y otra vez, e ignorarla representa perder ventaja, la ventaja de la experiencia.

3. **"Enamorarse" de productos.** Esta es una de las "trampas de inversión" más comunes. Consiste en invertir en una empresa luego de identificar que su(s) producto(s) es(son) atractivo(s) o tiene(n) potencial. Buen inicio, pero ¡es el negocio!

4. **Entrar en pánico cuando el mercado accionario va a la baja.** Ha demostrado ser más atractiva cuando nadie quiere saber de ella y no cuando el peluquero es también especialista en la Bolsa. Por ejemplo: modelos de opinión contraria, indicadores de confianza y sentimiento.

5. **Tratar de encontrar "el momento ideal" para el mercado.** Saber el momento ideal (exacto) para invertir en la Bolsa es uno de los grandes mitos de todos los tiempos. No existe una estrategia que, de forma constante, haya indicado de manera certera cuándo hacerlo.

6. **Ignorar las valuaciones**. Muchos inversionistas confunden los precios con las valuaciones.

7. **Confiarse por completo de la cifra de utilidades netas.** La "creatividad contable" y los resultados financieros en ocasiones se vuelven más importantes que los resultados operativos (la verdadera naturaleza de un negocio).

La conclusión de este capítulo es: desarrolle de manera disciplinada su estrategia, sea paciente y evite errores. Estos últimos son más recurrentes en "partidos complicados". Como lo mencioné en la Segunda sección, El rompecabezas bursátil (9 premisas para invertir en la Bolsa), la inversión bursátil no es una ciencia exacta, sino que requiere de: 1) conocimiento (capacidades) básico; 2) sentido común y 3) temperamento (paciencia y disciplina).

24

Otros dos grandes errores

«Un inversionista necesita hacer
muy pocas cosas bien para evitar grandes errores.»
Warren Buffett

En la misma línea de evitar errores a la que me referí en el capítulo anterior, aquí tiene otros 2 en los que coinciden distintos estrategas internacionales y que resultaron más evidentes durante los años posteriores a la crisis de 2008, cuando las Bolsas, principalmente de Estados Unidos, tuvieron una recuperación extraordinaria, pero muy pocos pudieron aprovecharla.

Demasiado efectivo y demasiadas operaciones

Los grandes perdedores en el mundo de las inversiones suelen hacer dos cosas mal: 1) acumulan demasiado efectivo y 2) compran y venden acciones (*trading*) con mucha frecuencia. Esto demuestra una vez más, la importancia del temperamento (disciplina y paciencia) en una estrategia exitosa. "La cualidad más importante de un inversionista es su temperamento, no el intelecto… Necesitas temperamento que evite sentir satisfacción por estar con la mayoría o en contra de la mayoría". Sobre el temperamento revise con mayor detalle la analogía de "invertir como niña" (Pieza 3 en el capítulo: "La inversión no es una ciencia exacta").

Pocos participaron del alza en Estados Unidos

La Bolsa en Estados Unidos ha tenido años extraordinarios. El índice S&P 500 acumuló en 2013-2014 un avance de más de 40%. Sin embargo, estudios en aquel país demuestran que cerca de 25% de los inversionistas se las arregló para perder dinero, según Openfolio, un sitio web que permite compartir y comparar sus carteras con los demás. Esta empresa hizo un análisis de 3,000 carteras en ese periodo para tratar de entender lo que salió mal.

"Las personas que observaron el peor desempeño fueron las que tradicionalmente mantienen una mayor proporción de dinero en efectivo (exceso de liquidez)", dijo David Ma, responsable de desarrollo de negocio de Openfolio, y agregó que aquellos que han perdido dinero tenían cerca de 20% en efectivo. "La memoria y los recuerdos duran mucho cuando se han tenido malas experiencias en una crisis financiera. Los inversionistas siguen guardando dinero debajo del colchón de manera sorprendentemente considerable", señala Suzanne Duncan, directora mundial de investigación del Centro de Investigación Aplicada State Street.

Duncan estudió un grupo de 2,800 inversionistas en Estados Unidos y encontró que tenían un promedio de 36% de la cartera asignada a dinero en efectivo. Para su mala fortuna, sucedió en un momento en que uno de los mercados accionarios de aquel país observó uno de los periodos de ganancias más largos en su historia. El dinero en efectivo no ha ganado nada en el banco (en Estados Unidos y la mayoría de los países del mundo) dado el nivel históricamente bajo que ofrecen, desde hace varios años, las tasas de interés. Y, contrario a esto, los inversionistas más exitosos representados por el "club de millonarios" (personas con más de $1 mdd para invertir) está manteniendo mucho menos dinero en efectivo, según Duncan.

Operaciones excesivas

Mientras que algunos inversores son demasiado conservadores e insisten en mantener el dinero en efectivo, otros son demasiado arriesgados. La mayoría de los inversionistas en Estados Unidos tienen una mezcla de fondos de inversión e instrumentos referenciados con índices bursátiles (sectoriales, regionales o por países) conocidos como ETFs en sus cuentas, especialmente para la jubilación. Pero algunas personas también operan con especial frecuencia acciones individuales buscando encontrar "mejores momentos" para tratar de aumentar sus rendimientos. No obstante, una operación excesiva deteriora la posibilidad de un mejor resultado en las carteras, las mayores comisiones asociadas con un mayor número de transacciones y decisiones equivocadas por la impaciencia o temor de tomar una decisión de corto plazo han disminuido sensiblemente los resultados respecto a aquellos inversionistas que muestran mayor permanencia y paciencia en sus decisiones.

Según las investigaciones de Duncan, quienes operan con mucha frecuencia (compraventa) acciones individuales suelen "inflar" su resultado verdadero. Les gusta decir que sus resultados son mejores de lo que en realidad fueron.

El estudio concluye con una reflexión sobre la manera en que los inversionistas aprenden y realizan inversiones más inteligentes a mayor edad. "Cuando envejeces, tus posibilidades de perder dinero caen a la mitad".

25

Diez señales de un portafolio equilibrado

«Al ojo del amo, engorda el caballo.»
Dicho popular

La razón del rebalanceo: menor riesgo

Rebalancear un portafolio significa mantener una proporción equilibrada en los instrumentos que su perfil como inversionista requiere. Esta proporción puede cambiar en el tiempo, pero porque su perfil ha cambiado, y no porque nunca hizo un rebalanceo o revisó su portafolio.

La principal razón para reequilibrar un portafolio de inversiones no es hacer más dinero; es para controlar la exposición al riesgo. La relación general más importante que debe buscarse es la proporción entre renta variable (acciones) y deuda (bonos).

Imagine que la distribución correcta en función a su perfil como inversionista (a partir del horizonte de inversión, aversión al riesgo y objetivos de retornos) es 60% de acciones para crecimiento patrimonial y 40% en bonos, para el ingreso y la estabilidad.

Si nunca reequilibra, a largo plazo un mayor retorno hará que su cartera sea cada vez más arriesgada. Después de 10 años, la proporción en acciones podría representar hasta 70%, y los bonos solo el 30% y, en 25 años, las acciones más de 80%. Esto origina sin duda, una ganancia acumulada favorable, pero también más riesgo. Ante la posibilidad de un mercado en un ciclo severo a la baja, una gran mayoría de su cartera se reducirá.

Veamos 10 señales que lo ayudarán a identificar si usted tiene un portafolio bien equilibrado.

1. **Está tan bien diversificado que siempre tiene en su portafolio por lo menos una inversión (acción o activo) con un mal desempeño.** Aunque suene extraño, esta es una buena señal pues difícilmente todas sus inversiones serán siempre ganadoras.

2. **La sustentabilidad de su forma de vida no depende únicamente de su sueldo como empleado ni de prestaciones de la empresa.** Esto significa que su portafolio ha funcionado y ha podido o está en el proceso de creación de un patrimonio.

3. **Si el rendimiento del mercado de valores en los próximos 5 años fuese lamentable, no lo será del todo malo para usted.** Es otra buena señal de que un portafolio equilibrado no "tiene todos los huevos en un mismo cesto".

4. **Usted puede recordar la última vez que llevo a cabo el rebalanceo de su portafolio.** Sinónimo de conocimiento, responsabilidad y conciencia por el valor de las empresas de las que es dueño.

5. **Usted no tiene ninguna "acción caliente" para presumir.** Aunque puede suceder, no es necesario. Un inversionista patrimonial no está buscando encontrar una empresa que tenga un resultado explosivo inmediato.

6. **Por cada inversión que no ha funcionado, usted tiene en mente una mejor alternativa y actúa en consecuencia.** Sinónimo de disciplina y congruencia.

7. **Desconoce asesores que recurrentemente le sugieren mover su portafolio.** Evita disminuir rendimiento por costo de comisiones y "ruido" en criterios de selección a mayor plazo.

8. **Dentro de un año, piensa ser dueño de las mismas inversiones.** Representa un buen conocimiento y enfoque de largo plazo en sus inversiones.

9. **No se dice a sí mismo con frecuencia: "Vaya, no esperaba eso".** Refleja de nuevo el conocimiento, lo bien informado y la anticipación de escenarios probables.

10. **Tomar pérdidas cuando son necesarias, pero esto no sucede frecuentemente.** Con un portafolio diversificado, el impacto de un mal resultado es menor para el portafolio total. Si lo amerita (cambian fundamentales), una reestructura es siempre bienvenida.

Otros factores importantes en el rebalanceo

En la proporción del portafolio destinada a acciones (renta variable), vale recordar que el número mínimo de empresas en un portafolio para no tener riesgo de concentración son 6.

Le recuerdo que el reconocido inversionista Warren Buffett señala con acierto que un portafolio con un número excesivo de empresas es sinónimo de desconocimiento.

Las 2 preguntas: al momento de construir un portafolio en acciones, un buen inversionista debe ser capaz de conocer (preguntar) la relación riesgo-rendimiento del mismo y de esta manera saber si es el óptimo.

Sin ser garantía absoluta, los precios objetivos y la distribución de emisoras permite conocer el rendimiento potencial de un portafolio en un periodo determinado y el riesgo asociado en función de su parámetro a vencer o *benchmark* (en el caso de México es el Índice de Precios y Cotizaciones (IPyC).

Recuerde que no todos los inversionistas asumen el mismo riesgo y tampoco son sujetos al mismo resultado potencial solamente por invertir en la Bolsa.

Las clases de activo: también puede reequilibrar 2 clases de activos de renta variable, por ejemplo, acciones de gran capitalización y acciones de pequeña capitalización (tamaño o bursatilidad) independientemente de sus buenos fundamentales. Se espera que ambos grupos tengan rendimientos favorables a largo plazo, pero, en cierta medida, se puede subir y bajar en diferentes momentos (no correlacionados, en otras palabras).

Al reequilibrar las clases de activos no correlacionados que tienen rendimientos similares a largo plazo es posible que se producirá un rendimiento más alto que el de cualquiera de las clases de activos individuales por sí mismo.

Comprar barato, vender caro (no por pecios, sino por valuación): recuerde que nuestro principio de selección de emisoras consiste primero en identificar empresas "extraordinarias" en sus fundamentales (crecimiento estimado, rentabilidad, solidez financiera, poca competencia, política de dividendos y buena administración) y con una valuación atractiva.

Una fórmula de inversión de larga tradición exige comprar barato y vender caro. Reequilibrar es la mejor manera para lograrlo si los activos que posee tienen una larga historia de avance después de considerar los rubros que a continuación detallo.

Momento: históricamente, el primer trimestre de un ciclo anual es el mejor momento para rebalancear un portafolio. Muchos expertos han examinado esta cuestión y coinciden en ello. Estrategias de tipo fiscal también justifican la identificación de este periodo.

Frecuencia: la pregunta sobre rebalanceo que escucho con mayor recurrencia es respecto a la frecuencia con la que debe hacerse. No hay una respuesta correcta absoluta, pues es un equilibrio entre riesgo y rentabilidad.

En teoría, cuanto más tiempo se pospone el reequilibrio, mayor será su rendimiento, pero recuerde que posiblemente también el nivel de riesgo. En el otro extremo, podría reequilibrar sus fondos todos los días, con lo que impide que su nivel de riesgo se desvíe de sus objetivos.

Sin embargo, también impediría madurar algunas ideas de inversión en términos de rendimiento. Los expertos proponen hacerlo una vez al año, pues evita también costos asociados a comisiones de compraventa.

En conclusión: recomiendo el reequilibrio una vez al año.

26

La regla no escrita

«Establecemos reglas para los demás
y excepciones para nosotros.»
François de La Rochefoucauld

Entre los asesores bursátiles de Wall Street (Estados Unidos) hay una regla no escrita que dice: "Nunca vas a perder tu trabajo si tus clientes tienen minusvalías que provengan de acciones de empresas famosas y grandes como IBM... Si IBM va mal y la recomendaste, tus clientes y jefes se preguntarán: '¿qué ha estado sucediendo recientemente con la maldita acción de IBM?' Pero si le va mal a una acción poco conocida, ellos se preguntarán: '¿qué le está sucediendo al maldito asesor?'".

Esta "regla" hace evidente, no solamente en Estados Unidos, sino en muchos otros países, la manera en que un inversionista y un asesor pueden dejar pasar oportunidades por el temor de considerar nuevas ideas al estructurar un portafolio.

Si bien las empresas grandes o famosas son bienvenidas en la construcción de un portafolio, siempre y cuando cumplan los requisitos de ser extraordinarias detallados en la "Pieza 8" de la Segunda sección ("La clave: identificar empresas extraordinarias a valor atractivo"), su perspectiva de rendimiento suele ser más moderada al tratarse de compañías por lo general más maduras y con un potencial de crecimiento menos fuerte en sus resultados a futuro (existen como siempre excepciones que se presentan cuando hay decisiones de fusión o adquisiciones de nuevos negocios). Son emisoras que generalmente forman parte de índices bursátiles utilizados como referencia para construir portafolios y, por ello, se califican como "necesarias". No obstante, muchas veces son empresas menos conocidas o de menor tamaño, pero con gran potencial, las que marcan la diferencia en el mejor resultado (rendimiento) de un portafolio.

Equilibrio: la búsqueda de este equilibrio es precisamente el que propone nuestro modelo de diversificación en el que, una vez identificadas las emisoras extraordinarias por sus fundamentales y por sus atractivas valuaciones, se recomienda construir un portafolio con una representatividad cercana a 50% del índice de referencia (en el caso de México, el Índice de Precios y Cotizaciones – IPyC). ¿Lo recuerda?

¡Sí!, la diversificación será siempre el elemento básico para disminuir el riesgo en el proceso de construcción de un portafolio, no obstante, es importante cuidar que no sea excesivo; un portafolio accionario con emisoras en exceso es también sinónimo de inseguridad y desconocimiento. El número mínimo de emisoras que se recomienda son 6, procurando tampoco repetir muchas de un sector.

27

Factor "N" de novedad

«Ninguna cosa despierta tanto el bullicio
del pueblo como la novedad.»
Francisco de Quevedo

De acuerdo por completo con la idea de estar abierto a escuchar propuestas para ser dueño de nuevas empresas, el presente capítulo ofrece información que le resultará muy atractiva relacionada con el factor *novedad*.

William J. O'Neil, reconocido estratega e inversionista autor del libro *How to Make Money in Stocks* (Cómo hacer dinero con las acciones de la Bolsa) presentó un estudio en el que concluye que lo nuevo o la novedad ha sido históricamente uno de los factores más importantes para el crecimiento de los resultados financieros de las empresas en el mercado accionario y ha mostrado un desempeño relevante para otros de los criterios que identificamos antes en la búsqueda de una empresa extraordinaria.

Estos mayores crecimientos en utilidades finalmente se traducen en destacados avances en los precios de sus acciones. O'Neil considera como novedad lo siguiente:

1. **Nuevo producto o servicio** que se venda rápido y mucho, y genere utilidades mayores al promedio del negocio;

2. **Nueva dirección**: con líder(es) que aporten nuevo entusiasmo, vigor, ideas, cambios "o por lo menos nuevas 'escobas' para limpiar lo obsoleto";

3. **Nuevas condiciones en una industria**, que cambien el consumo y abastecimiento de productos, que generen aumento de precios o la introducción de una nueva tecnología.

En el estudio de la historia de las grandes empresas ganadoras de 1880 a 2008 en Estados Unidos, más de 95% de las acciones exitosas pertenecieron por lo menos a una de estas categorías de aspectos nuevos.

¡Olvídese de la "regla no escrita" del capítulo anterior! ¡Conozca, infórmese bien y atrévase a considerar historias nuevas en su portafolio!

25 historias de novedad... en su momento

A finales de 1800 se desarrolló una nueva industria ferroviaria que conectó todo Estados Unidos, así como electricidad, teléfono y la cámara fotográfica de George Eastman. Edison creo el fonógrafo, la cámara de cine y el bulbo eléctrico; después vino el auto, el avión y más adelante, la radio. Los refrigeradores sustituyeron las cajas con hielos. Siguieron la televisión, la computadora, los aviones jet, la computadora personal, la máquina de fax, el internet y los teléfonos celulares. Ahora piense en todo lo que viene a futuro y en las oportunidades para quienes percibimos y participamos en la Bolsa como dueños proporcionales de estas nuevas empresas o de las que están muy relacionadas con la novedad.

Aquí tiene usted algunos ejemplos del interesante estudio que presentó William J. O'Neill sobre la importancia de la novedad (lo nuevo) en los resultados financieros de una empresa y por ende en el precio de las acciones.

1. **Cuando la empresa *Northern Pacific*** se constituyó como el primer ferrocarril trascontinental alrededor de 1900, los precios de sus acciones avanzaron más de 4,000% en solo 197 semanas.

2. **Cuando *General Motors*** inició como la empresa *Buick Motor*, entre 1913 y 1914, la acción subió 1,368%.

3. **Cuando la disquera *RCA*** comenzó a capturar el mercado para la comercialización de la radio en 1926, la acción en el mercado tenía un precio de $50. Para junio de 1927 alcanzó $575.

4. **Después de la II Guerra Mundial, *Rexall*,** una división de la empresa *Tupperware*, propició que el precio de su acción se cotizara en $50 en 1958, cuando venía de $16.

5. **La empresa *Thiokol*** desarrolló un nuevo combustible para proyectiles durante 1957 y 1959, impulsando el precio de sus acciones de $48 a $355.

6. ***Syntex*** mercadeó la píldora anticonceptiva oral en 1963. En 6 meses la acción pasó de $100 a $550.

7. ***McDonald's*,** al desarrollar una franquicia de comida rápida a precios bajos, hizo crecer los rendimientos de sus accionistas de 1967 a 1971 en 1,100%.

8. **La compañía de muebles *Levitz*** aumentó 660% en 1970-1971 al ofrecer un nuevo formato de grandes tiendas de descuento para sus productos.

9. **La petrolera *Houston Oil & Gas*,** al anunciar su nuevo y mayor campo petrolero, hizo subir el precio de sus acciones 968% en 61 semanas durante los años 1972-1973 y otro 367% en 1976 con el anuncio de otro descubrimiento.

10. **Las acciones de la tecnológica *Computervision*** aumentaron 1,235% de 1978 a 1980 al introducir nuevos equipos de fabricación automática (CAD-CAM).

11. **Las acciones de *Wang Labs*** crecieron 1,350% de 1978 a 1980 por el desarrollo de un nuevo procesador de palabras para equipos de oficina.

12. **Las acciones de la compañía** ***Price*** aumentaron más de 15 veces (1,500%) de 1982 a 1986 con la apertura de una innovadora cadena de tiendas de membresía para artículos electrónicos y de enseres domésticos en la región del sur de California.

13. **El laboratorio** ***Amgen*** desarrolló 2 nuevos y exitosos medicamentos (Epogen y Neupogen), con lo que su acción pasó de $60 en 1990 a $460 en 1992.

14. ***Cisco Systems*** creó enrutadores y equipo para redes de computación para habilitar compañías que pudieran enlazar otras redes geográficas dispersas. Sus acciones aumentaron cerca de 2,000% de noviembre de 1990 a marzo de 1994. En 10 años (1990-2000) aumentaron la increíble proporción de 75,000%.

15. **International** ***Game Technology*** avanzó 1,600% de 1991 a 1993 con el desarrollo de un nuevo microprocesador para productos de juegos de apuestas.

16. **Las acciones de** ***Microsoft*** subieron casi 1,800% de marzo de 1993 a finales de 1999 como resultado de la innovación de los productos de *software* (programas) para Windows que han dominado el mercado de computadoras personales.

17. ***PeopleSoft***, la empresa líder en el desarrollo de programas personales para computación registró 20 "dobletes" en 3 años y medio a partir de agosto de 1994.

18. ***Dell Computer***, empresa líder e innovadora en el servicio de construcción y ventas de computadoras personales a través de órdenes directas, avanzó 1,780% de noviembre de 1996 a enero de 1999.

19. ***EMC***, empresa líder en dispositivos de memoria para equipos de cómputo, capitalizó el aumento en las necesidades de almacenamiento de información en redes de información, con lo que sus acciones aumentaron 478% en 15 meses desde enero de 1998.

20. Cuando *AOL* y *Yahoo!*, las 2 empresas más importantes de internet, comenzaron a ofrecer a los consumidores nuevos portales con mayor riqueza de servicios e información, ambas produjeron ganancias en los precios de sus acciones de 500% desde la caída de 1998 hasta sus máximos en 1999.

21. *Oracle*, la compañía tecnológica de bases de datos y aplicaciones de negocios por internet, observó en el precio de sus acciones niveles de $20 hasta $90 en solamente 29 semanas desde el inicio de 1999.

22. *Charles Schwab*, la empresa número uno en operaciones de mercado en línea al ofrecer atractivos descuentos en comisiones, vio aumentar el precio de su acción 414% en únicamente 6 meses, desde finales de 1998.

23. La empresa de bebidas energéticas *Monster* fue un éxito entre la población deportista y el precio de su acción se "destapó" a 1,219% en 86 semanas a partir de finales de 2004.

24. *Google* ofreció al mundo información instantánea vía internet y el precio de sus acciones avanzó 536% desde su oferta inicial en 2004.

25. *Apple* y el nuevo reproductor de música iPod generó tal sensación, que el precio de la acción creció 1,580% desde finales de febrero de 2004.

¿Qué le parece? ¡Listos entonces para la siguiente novedad!

28 Lunes y viernes en la Bolsa

«El que ahorcan el lunes, mal inicia la semana.»
Refrán popular

Los viernes y los lunes son los días más importantes de la semana en el ambiente bursátil.

Viernes: son días de "cuadrar" —cubrir posiciones cortas o largas antes del fin de semana—; esto significa que inversionistas o participantes construyen estrategias de muy corto plazo buscando ganar con comportamientos de mercados tanto de alza como de baja.

Este mismo grupo de inversionistas de corto plazo (*traders*) también utilizan los viernes para "moderar" sus exposiciones, particularmente aquellas acciones que no han tenido un buen desempeño, con el objetivo de disminuir cualquier riesgo (noticia o evento) que pueda suceder durante el fin de semana.

Lunes: son importantes porque los mercados tienen la oportunidad de reflejar eventos del fin de semana que recién concluyó, además de que muchos participantes "digieren" los acontecimientos de la semana anterior y de varias notas tipo resumen semanal de análisis que se distribuyen durante el fin de semana o el lunes muy temprano.

Procure no vender en lunes y viernes

Estrategas cuantitativos en Estados Unidos publican estadísticas interesantes en las cuales identifican a la coincidencia de viernes y lunes seguida de comportamiento de baja en el mercado accionario. Cuando esto sucede no ha sido una buena señal y ha dado lugar a movimientos de corrección más profundos y por mayor tiempo.

Desde 1995, el Índice Dow Jones en Estados Unidos, registró 179 bajas seguidas de viernes y lunes (*Down Friday / Down Monday* – DF/DM), 57 de ellas (32%) sucedieron en años de mercados de baja (2001, 2002, 2008 y 2011) con una baja posterior promedio de 12.8%.

En México, aunque no tenemos una estadística puntual, no es muy diferente, pues las variables y participantes son los mismos. Este tipo de estadísticas ha dado como resultado la recomendación de procurar no realizar operaciones de venta los días viernes ni lunes.

Cuadro 28.1 Estadística de lunes y viernes negativos en Dow Jones (Estados Unidos) 1995-2012

Año	Número de ocasiones	Proporción	Días promedio
1995	8	-1.2%	18
1996	9	-3.0%	28
1997	6	-5.1%	45
1998	9	-6.4%	47
1999	9	-6.4%	39
2000	11	-6.6%	32
2001	**13**	**-13.5%**	**53**
2002	**18**	**-11.9%**	**54**
2003	9	-3.0%	17
2004	9	-3.7%	51
2005	10	-3.0%	37
2006	11	-2.0%	14
2007	8	-6.0%	33
2008	**15**	**-17.0%**	**53**
2009	10	-8.7%	15
2010	7	-3.1%	10
2011	**11**	**-9.0%**	**53**
2012	6	-3.8%	45
Promedio	**10**	**-6.3%**	**36**

Fuente: Hirsch, J. y Person, J. (2012). *Stock Trader's Almanac 2013*. New Jersey, John Wiley & Sons Inc.

29

Casa habitación *vs.* casa de bolsa

«Trabaja uno toda la vida para comprar una casa y, cuando por fin la casa ya es de uno... no hay quien viva en ella.»
Benjamín Franklin

A lo largo de mi actividad profesional, la pregunta sobre invertir en bienes raíces o en mercado accionario ha sido una de las de mayor consulta. Yo soy especialista en acciones, pero comparto en este capítulo información valiosa de expertos sobre los bienes raíces.

Bienes raíces

Cuando se considera invertir en bienes raíces, se espera que el valor del inmueble aumente para luego venderlo o para rentarlo, o para repararlo, remodelarlo y luego venderlo o rentarlo, o para construir (en el caso de un terreno). La inversión en bienes raíces es considerada por muchos como una de las mejores alternativas de inversión por ser un activo que difícilmente se deprecia, sino que aumenta de valor y su renta supera casi siempre una tasa bancaria, es decir, una inversión de bajo riesgo, segura y rentable. Por otra parte, en apariencia, precisa de pocos conocimientos técnicos y su administración se considera relativamente sencilla *vs.* los conocimientos requeridos para la inversión bursátil. No obstante, no es una inversión sencilla, además de requerir mayor capital (en la Bolsa hay fondos de inversión desde $10,000), se necesitan ciertas habilidades para escoger bien el inmueble, para saber cómo financiarse y asegurarse de que el inmueble aumentará su valor en el tiempo o que podrá rentarlo durante todo el año. Muchos inversionistas han sufrido grandes pérdidas por haber comprado un inmueble mal ubicado, por no encontrar posteriormente a quién rentarlo o por tener que hacer reparaciones o remodelaciones que al final terminaron siendo más caras de lo esperado.

Bienes raíces *vs.* la Bolsa

La estadística y experiencia de participantes en ambas alternativas indica que una inversión acertada en bienes raíces tiene su mayor plusvalía en los primeros 2-3 años (30% aproximadamente) mientras que la inversión bursátil contribuye a la creación de patrimonios a plazos mayores de 3 años. La grafica anexa, ilustra el comportamiento teórico entre ambas alternativas en el tiempo.

Cuadro 29.1 Comportamiento teórico de inversión inmobiliaria *vs.* la Bolsa

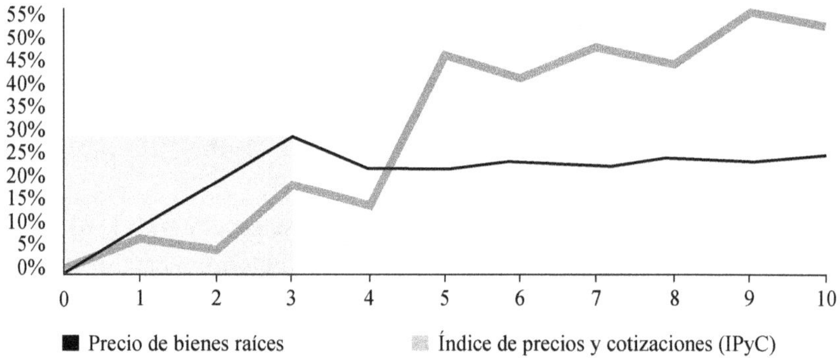

Fuente: Elaboración propia.

Rendimientos históricos

Las gráficas siguientes comparan el comportamiento histórico entre el Índice de Precios de Vivienda de la Sociedad Hipotecaria Federal (SHF) *vs.* el Índice de Precios y Cotizaciones (IPyC). En 10 y 5 años el mercado bursátil acumula mayores plusvalías.

El Índice de Precios de Vivienda y el indicador accionario no representan necesariamente el comportamiento de todos los bienes raíces ni de todas las acciones del mercado. En ambos casos existen alternativas con mayor y menor rendimiento que sus respectivos índices.

Mientras que en vivienda los crecimientos nominales fueron de 17% y 60% respectivamente, los de Bolsa (IPyC) acumularon 35% y 234% para los mismos periodos.

Mi conclusión es que no son alternativas que compiten, sino que complementan portafolios diversificados de inversión. Por otra parte, los rendimientos observados en índices son referencias; tanto en acciones como en inmuebles puede haber rendimientos mayores o inferiores.

Cuadro 29.2 Comportamiento Índice SHF *vs.* IPyC. Rendimiento acumulado a 10 años (%)

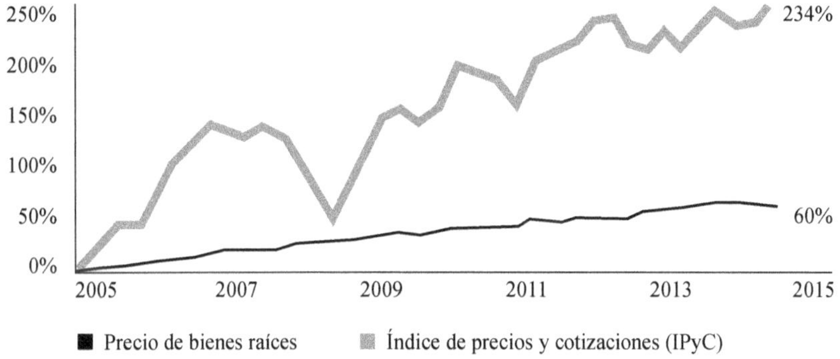

Cuadro 29.3 Comportamiento Índice SHF *vs.* IPyC. Rendimiento acumulado a 5 años (%)

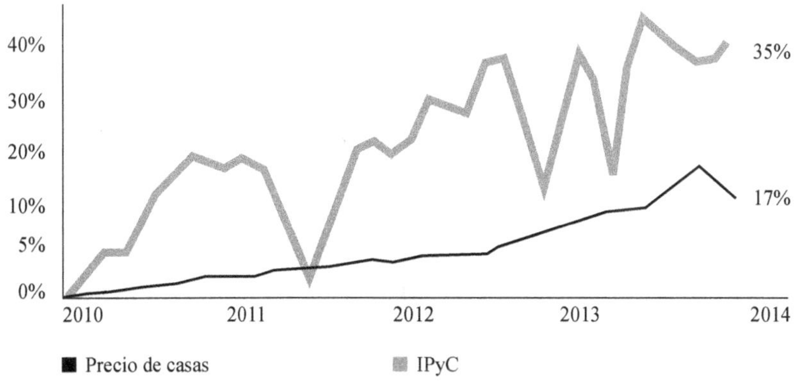

Fuente: Bolsa Mexicana de Valores, BMV / Sociedad Hipotecaria Federal.

Los expertos recomiendan

Debe determinarse la cantidad de dinero destinada a dicha inversión, considerar que se trata de una inversión de largo plazo (de 2 a 5 años) y que no es líquida. A partir de $1.5 millones de pesos es una cantidad aceptable para invertir en un inmueble, con menos de eso se reducen las "buenas opciones". Por otra parte, para generar plusvalía (diferencia al realizar la compra contra la venta) debe dejarse madurar la inversión de 3 a 5 años. La plusvalía de un inmueble depende de que exista un gran proyecto inmobiliario, que en la zona se hayan proyectado importantes vialidades o que se convierta en una zona de moda; características que un asesor inmobiliario llega a vislumbrar.

Riesgos y beneficios

Tener necesidad de liquidez inmediata, que se pretenda vender por arriba del valor de mercado y considerar que el tiempo en que se va a realizar la venta puede variar entre 6 y 12 meses son algunos de los riesgos que tiene invertir en bienes raíces.

En tanto que, si se hace una correcta elección, la ventaja es la obtención de utilidades de hasta 30% en un periodo promedio de 3 años, pero depende del tipo de propiedad, del lugar donde se encuentre, del tiempo en que se asiente en la propiedad y que no hayan existido circunstancias adversas durante el periodo en que haya tenido la propiedad.

Factores que deben considerarse

A nivel general, al invertir en bienes raíces debe considerarse que la propiedad esté inscrita en el Registro Público de la Propiedad, que conozca su situación fiscal, que pueda escriturarse, que pueda tramitarse legalmente (con escrituras), que no esté intestado, que identifique vicios ocultos de la propiedad y que se conozca la zona. Por otra parte, debe considerarse que aproximadamente 8% del valor de la propiedad va a corresponder a los gastos notariales y de impuestos. Por ello, hay que acercarse a un especialista inmobiliario con larga trayectoria, debido a que desafortunadamente cualquier persona puede comprar o vender un inmueble, pero sin ninguna experiencia o conocimiento. Un intermediario bursátil o de seguros necesita licencia para practicar; un asesor inmobiliario no, poniendo así en riesgo el patrimonio.

Preventa

Adquirir un bien en preventa es una opción atractiva para invertir por los altos niveles de plusvalía, si se adquiere un proyecto que está en maqueta o en plano, cuyo valor en ese momento es de 1 millón de pesos pero se prevé que al concluir el proyecto (de 12 a 18 meses) su valor aumentará a 2 millones de pesos. Sin embargo, hay que considerar al desarrollador, investigar en la Procuraduría Federal del Consumidor (Profeco), visitar sus oficinas y pedir recomendaciones, con lo cual se reduce el riesgo, aunque nunca se elimina.

Remodelar para vender

Otra opción para invertir en bienes raíces es comprar para remodelar y vender, obteniendo utilidades de hasta 30%.

Otras variables

Los incrementos o decrementos en el valor de un bien raíz están en función de varias variables. Algunas son:

1. **La oferta y demanda;**
2. **Cambios en el uso de suelo;**
3. **Crédito disponible;**
4. **Percepción de la zona;**
5. **Nivel de la población;**
6. **Infraestructura;**
7. **Vocación del lugar donde se encuentra el bien raíz (por ejemplo: si está en la playa tiene vocación turística);**
8. **Transformación de la zona causada por el paso del tiempo;**
9. **Seguridad pública de la zona;**
10. **Situación económica en general (inflación, crecimiento, etcétera);**
11. **Condiciones del edificio;**
12. **Situación jurídica de la propiedad (por ejemplo: pudo haber sido invadida).**

Es importante mencionar que los bienes raíces pueden subir o bajar de precio. Mucha gente cree en el mito de que los bienes raíces siempre subirán de precio, y muchos lo hacen, pero otros bajan. El ejemplo más claro es el precio de las casas en Estados Unidos durante la crisis de 2008; personas han vendido sus propiedades con pérdida debido al incremento de la inseguridad en la zona donde viven. Adicionalmente, en México muchos desarrolladores y vendedores de bienes raíces indizan el precio de la propiedad al dólar estadounidense, lo que puede hacer que su precio fluctúe de acuerdo con la divisa.

El Indice SHF

En México, la Sociedad Hipotecaria Federal (SHF) elabora una evaluación de la oferta de vivienda para determinar su comportamiento en precios y características. Su funcionamiento es sencillo y sirve como referencia para determinar las zonas de mayor apreciación o devaluación de casas.

Para elaborar el índice, la SHF se vale de prácticas internacionales y considera aspectos hipotecarios, financieros de los hogares y físicos de la vivienda para monitorear los mercados. De esta manera obtiene las tasas de apreciación o depreciación de las regiones geográficas de México.

La principal función de este índice es registrar la expansión o contracción del mercado de la vivienda e identificar "burbujas" (alteraciones extremas y repentinas en demanda y precios para un sector de vivienda y precios), para contrarrestar a tiempo los efectos de una variación en los precios de las viviendas y las tasas de incumplimiento de pagos.

Para elaborar el índice, la SHF considera una división en los tipos de vivienda por su ubicación (casa sola, en condominio o departamento); por su nivel económico (interés social, económica, media y residencial), y por su uso (nueva o usada).

La medición se realiza cada trimestre y para determinar el valor de cada inmueble toma en cuenta los siguientes datos:

- Superficie construida
- Superficie accesoria
- Recámaras y baños
- Estacionamientos
- Niveles
- Proximidad urbana
- Densidad de población
- Grado de desarrollo de la entidad y el municipio
- Equipamiento urbano

30 Características generacionales

«Nuestro corazón tiene la edad de aquello que ama.»
Marcel Prévost

Entre las distintas variables que sugerimos considerar desde la óptica de un empresario, la información relacionada con el mercado o segmento objetivo resulta especialmente importante.

Entre los factores de fracaso corporativo, algunos de los "pecados" más frecuentes al elaborar un plan de negocios son el desconocimiento de los consumidores potenciales, la poca atención a la calidad, a la competencia y la ausencia de estrategias de marketing.

De manera particular, el análisis del cliente potencial de un producto o servicio debe atender sus características y necesidades particulares, mismas que están dadas por patrones generacionales. El entendimiento y conocimiento de tales patrones marcan las tendencias de consumo hoy y a futuro.

Las generaciones entre individuos se dividen en periodos aproximados de 20 años. Históricamente, la generación que ha registrado la tasa de mayor nacimiento fue la llamada *Baby Boomers*, formada por personas cuya edad actual oscila entre 55 y 72 años. La teoría ondulatoria de edad sugiere una inminente desaceleración económica mundial cuando empiece su jubilación, empezando en los años 2007-2009.

En México, los sectores de mayor ingreso y crecimiento de edad son de 41 a 60 años (Generaciones X y una parte de *Baby Boomers*); nuestro país está dejando de ser joven, con todos los beneficios y oportunidades que esto representa. A continuación, una segmentación de identificación de generaciones por edad.

- **1901 - 1924.** La generación grandiosa (+92 años)
- **1925 - 1942.** La generación silenciosa (75-92 años)
- **1943 - 1960.** La generación *Baby Boomers* (57 a 74 años)
- **1961 - 1981.** La generación X (36 a 56 años)
- **1982 - 2001.** La generación Y - *Millennials* (16 a 35 años)
- **2002 – Hoy.** La generación Z (-16)

A lo largo de este capítulo compartiré con usted las características de cada generación, profundizando un poco más en las que están más relacionadas con patrones de consumo. El siguiente cuadro ofrece un resumen general.

Cuadro 30.1 Resumen de características por generación y patrón de consumo

Segmento	Mayor dificultad económica	Mayor adaptación a cambios	Mayor independencia	Mayor uso de tecnología	Mayor gasto no discrecional	Mayor gasto en salud
Generación Z (0-16 años)						
Generación Y - *Millennials* (16 a 35)			X	X	X	
Generación X (36 a 56)		X				
Baby Boomers (57 a 74)	X				X	X
Generación silenciosa (75 a 92)						X
Generación grandiosa (+92)						

Fuente: elaborado por el Departamento de Análisis de B×+ con varias fuentes.

Hacia dónde vamos

Estudios serios pronostican que para 2050 la mayor cantidad de habitantes en México tendrá un rango de edad de 40 a 60 años. En 2030, los habitantes de más de 60 años pasarán de 11 a 19 millones (9% a 14% del total). El sector de 21 a 30 años se mantiene con 15%.

Cuadro 30.2 Cambio en el bono demográfico

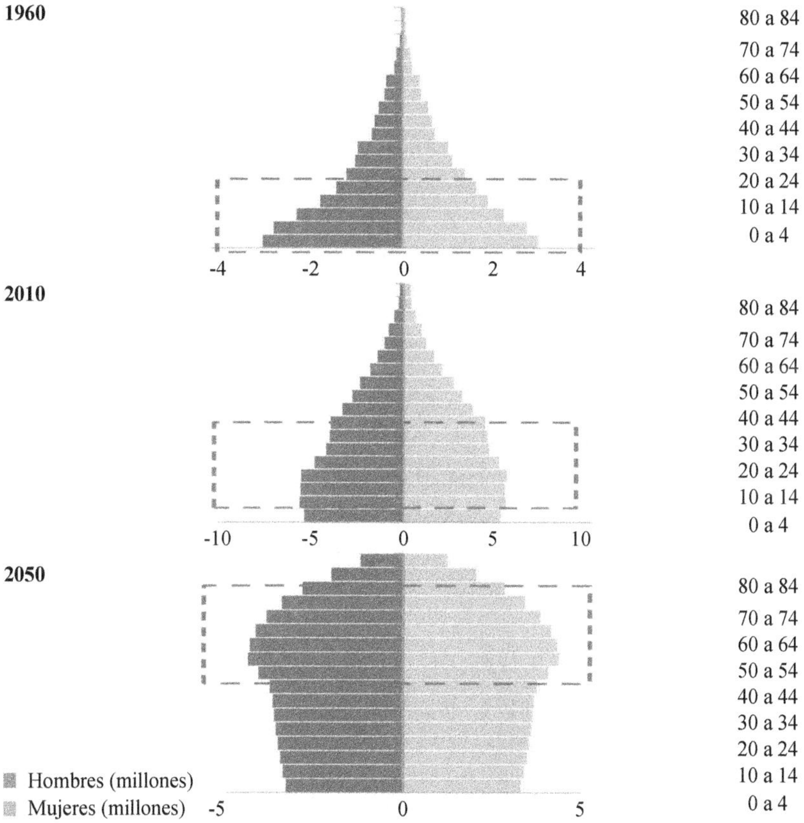

Fuente: Consejo Nacional de Población (CONAPO).

Le recomiendo atender el contexto y la circunstancia de cada generación, si bien es difícil calificar como válido el 100% de los atributos descritos, resulta interesante y útil en términos de estrategia.

Baby boomers (1943-1960). Hoy de 57 a 74 años

Tras la Segunda Guerra Mundial, varios países experimentaron un inusual repunte en las tasas de natalidad, fenómeno comúnmente denominado *baby boom*.

Los *Boomers* han encontrado más dificultades para administrar su tiempo y dinero (otras generaciones no las han tenido). Este problema es creado por las siguientes circunstancias: 1) sus padres viven más tiempo que los de generaciones anteriores; 2) están en busca de una mejor y más amplia educación universitaria; 3) optaron por engendrar hijos a una edad más avanzada que generaciones previas.

Es la "generación del emparedado". Se ven obligados a cuidar de padres ancianos y a la vez de sus nietos.

La teoría ondulatoria de edad sugiere una inminente desaceleración económica cuando se jubilaron, empezando en los años 2007-2009 (¡Ya sucedió!).

Generación X (1961-1981). Hoy de 36 a 56 años

El término se acuñó en 1964 para definir una serie de conductas en los jóvenes británicos que rompían las pautas y costumbres. El estudio original revelaba actitudes en los adolescentes tales como no creer en Dios, no gustar de la reina, tener relaciones sexuales antes del matrimonio y no respetar a sus padres.

Es la generación que ha vivido de todo: desde las televisiones en blanco y negro hasta las pantallas más nítidas (Thin Film Transistor). Gente que ha jugado canicas, a la cuerda, ping pong, Atari y también Playstation.

Generación Y - *Millennials* (1982-2001). Hoy de 16 a 35 años

- Esta generación ha experimentado, tal vez más que cualquier otra, la disolución de la familia con una mayor incidencia en las tasas de divorcio y hogares donde ambos padres trabajan. En comparación con sus padres y abuelos, esto ha cambiado radicalmente sus relaciones familiares.

- Están más orientados hacia los de su propia edad y le dan muchísima importancia a la cultura del lugar donde trabajan.

- Tienen una relación íntima con la tecnología.

  —97% posee su propia computadora.

  —94% posee un teléfono celular.

  —76% hace uso de *instant messaging* y de sitios de *networking* social.

  —66.6% tiene un sitio en Facebook.

  —60% posee algún dispositivo portátil de música o video (por ejemplo, iPod).

  —34% usa sitios de internet como su fuente principal para noticias.

  —15% de los usuarios de internet está conectado las 24 horas del día, los 7 días de la semana.

Edades de mayor gasto

De acuerdo con la reconocida empresa internacional de estudios de mercado Nielsen, para productos de consumo masivo las 3 generaciones más rentables son: 1) de 19-25 años; 2) de 26-35 años y 3) mayores de 56.

- En México, los veinteañeros (*Millennials*) son los que más gastan. Las marcas de consumo masivo dirigidas a jóvenes entre 19 a 25 años crecen a ritmo de 12.6% anual (tiene ingreso, pero no gastos relacionados con el hogar. Se les denomina "soñadores").

- La generación de 19 a 25 años representa 19% de la población; 6 de cada 10 son solteros y tienen un rol de hijos en el hogar; 63% tiene algún tipo de ingreso.

- Es el grupo de edad que ante movimientos en precio suelen ser los consumidores más leales a sus marcas.

- Destinan el mayor presupuesto a la compra de teléfonos inteligentes. En México los jóvenes gastan 60% de su presupuesto en celulares o en tecnología asociada con estos. El siguiente rubro es el de entretenimiento: salidas al cine con los amigos, a comer, etcétera.

La segunda generación con mayor crecimiento en ventas es la de "los años dorados", es decir, mayores de 56 años (generación X), este segmento representa 13% de la población y la salud es una de sus prioridades.

- Cerca de 80% de las personas de la tercera edad carece de pensión, así que deben gastar en servicios privados sin mayor apoyo del Estado, aun cuando están en riesgo de enfermarse más (¿cómo quiero llegar a esta edad?).

- En el tercer lugar de las generaciones que más gastan, están las personas de entre 26 y 35 años (*Millennials*) o grupo que está "despegando"; representa 15% de la población y se caracteriza porque están en proceso de formar una familia, alternando con su crecimiento laboral (¡hijos!).

Como se lo decía al inicio del capítulo, esta es información interesante pero, sobre todo, valiosa para la toma de decisiones de quien considera importante conocer tendencias y características de consumidores como parte indispensable de su estrategia empresarial.

Popular *vs.* fundamental

Para cerrar este capítulo y poder asociarlo de manera más directa a las estrategias e inversiones en la Bolsa (dueño de empresas), comparto con usted el resultado de un artículo del portal CNN Money, publicado en 2015, que indica las empresas que forman los portafolios de la mayoría de inversionistas en los grupos de *Baby Boomers* (más de 35 años) y en el de los jóvenes *Millennials* (de 25 a 34 años).

Al igual que la moda y la música, el gusto e interés por las emisoras es distinto. Lo importante, insistimos, es que las emisoras se acompañen de expectativas favorables. En los mismos cuadros presentamos indicadores de rendimiento histórico a 12 meses y acumulado en el año 2015. En los últimos 12 meses, el rendimiento promedio de los más jóvenes superó a los de mayor "experiencia" (27.5% *vs*. 15.4%).

Cuadro 30.3 *Baby boomers* (mayores de 35 años)

Emisoras	$Precio actual	Rendimiento a 12 meses	Rendimiento 2015
Apple	128.59	52.87%	16.50%
Ge	27.3	2.63%	8.03%
Facebook	80.4	38.81%	3.05%
Microsoft	48.2	21.72%	3.77%
AT&T	34.2	-6.35%	1.82%
Exxon Mobil	87.48	-13.20%	-5.38%
Bank Of America	16.32	12.16%	-8.78%
Berkshire H.	145.15	14.87%	-3.33%
Promedio (%)		**15.44%**	**1.96%**

Millennials (25 a 34 años)

Emisoras	$Precio actual	Rendimiento a 12 meses	Rendimiento 2015
Apple	128.59	52.87%	16.50%
Facebook	80.4	38.81%	3.05%
Bank Of America	16.32	12.16%	-8.78%
Ge	27.3	2.63%	8.03%
Berkshire H.	145.15	14.87%	-3.33%
Tesla	247.7	31.34%	11.37%
Alibaba	88.73	30.49%	-14.63%
Disney	109.86	37.07%	16.64%
Promedio (%)		**37.07%**	**3.61%**

Fuente: CNNMoney / *C-R-V: Proporción de recomendaciones de Compra, Retener y Venta.

31

El dinero y la felicidad

«El éxito es tener lo que quieres;
la felicidad, querer lo que tienes.»
Marthita Ramírez

Este es el capítulo al que hacía referencia en la introducción y cuya esencia utilizo para despertar aún más la atención sobre la inversión bursátil. En este caso, después de haber: 1) evidenciado de una manera distinta la realidad de la inversión bursátil y su oportunidad para ser empresario; 2) armado el rompecabezas bursátil y descubierto que es menos complicado lograr un buen resultado de lo que aparenta y 3) considerado reflexiones finales complementarias, creo que el tema del dinero y la felicidad resulta perfecto para concluir la "conversación" que usted me ha permitido tener a través de este libro.

El tema de la felicidad puede ocupar una enciclopedia completa. Yo le dedicaré únicamente algunas páginas, pues considero que la felicidad es un objetivo y una circunstancia muy personal.

Un vaquero, originario de Utah, llamado Kid Russell es recordado por ser el creador de las 5 reglas de todo hombre para tener una vida feliz:

1. **Es importante tener una mujer que ayude en la casa, cocine, limpie y tenga un empleo.**

2. **Es importante tener una mujer que te haga reír, que no te traiga solo problemas.**

3. **Es importante tener una mujer en la que puedas confiar, no malgaste el dinero y no mienta.**

4. **Es importante tener una mujer que te ame y a la que siempre le guste estar contigo.**

5. **Y la última regla es la más importante: que estas 4 mujeres no se conozcan entre sí o podría uno terminar muerto de un balazo, como sucedió con Mr. Russell.**

¿Se da cuenta? Es un tema muy personal

Por cierto, la cita al inicio de este capítulo ("El éxito es tener lo que quieres; la felicidad, querer lo que tienes") no es de mi esposa Martha, pero la compartió conmigo hace muchos años (me la regaló en un pequeño marco) y me ha servido tanto que se la atribuyo a ella.

Un buen amigo y consejero, que es además un exitoso empresario, Sam Podolsky, me dijo alguna vez que existen 3 elementos importantes para ser feliz. Me convenció y desde entonces los he hecho míos.

- **Compañía**: nadie puede ser feliz sin tener con quien compartir su felicidad. Una persona aislada y sola difícilmente puede sentirse plena. La compañía va más allá de la familia, los amigos o hasta las mascotas, incluye aspectos espirituales muy individuales y siempre indispensables.

- **Salud**: poco que agregar. Hay enfermedades que el dinero no puede curar. Quien ha padecido una enfermedad o un dolor, sabe que difícilmente puedes disfrutar todo de la misma manera que cuando estas sano.

- **Estabilidad económica**: esto es, ni poco ni demasiado, ambos extremos son malos, generan preocupación y nos distraen para atender cosas más importantes y lograr ese buen equilibrio del que platiqué en la introducción del libro.

A los ojos de muchos externos pareciera que para quienes nos desarrollamos profesionalmente en el medio financiero "el dinero es lo más importante". No obstante, los verdaderos asesores financieros estamos convencidos de que nuestra función es proveer servicio, ayudar.

La idea de que tener dinero produce automáticamente felicidad ha sido una tesis muy discutida en el mundo desde hace muchos años y da origen a una permanente reflexión.

Muchos validan la leyenda de que el dinero no compra la felicidad a partir de la evidencia científica que en 1974 presentó Richard Easterlin (profesor de la Universidad del Sur de California en Estados Unidos y miembro de la Academia Nacional de Ciencias y Artes) al estudiar la relación en diferentes países y concluir que, a partir de un cierto nivel de ingreso per cápita ($15,000 dólares anuales a valor actual) más dinero no aportaba más felicidad. Ese resultado se llamó la Paradoja de Easterlin. El descubrimiento tuvo consecuencias importantes:

1. **Psicólogos** desarrollaron teorías económicas que utilizaban el concepto de renta relativa ("Yo soy más feliz no si mi renta sube en valor absoluto, sino si sube en relación con la de mis vecinos");

2. **La ONU** creó un índice de desarrollo humano que incluye salud, mortalidad infantil y educación, entre otras variables para medir el progreso de las naciones en sustitución del PIB o la renta per cápita que utilizan los economistas;

3. **El movimiento ecologista** no se ruboriza en lo más mínimo cuando propone el cese del crecimiento económico para preservar otras cosas importantes (como el caribú canadiense, el buitre leonado y la temperatura global del planeta).

Sin embargo, otros investigadores como Xavier Sala-i-Martin (catedrático de la Universidad de Columbia) insiste en que las conclusiones de Easterlin siempre fueron mal interpretadas y que no probó que no había relación entre renta y felicidad a partir de $15,000 dólares anuales, sino que nunca pudo demostrar que existía tal relación. Entre otras cosas, el problema es que su estudio no incluía casi a ningún país pobre. Justin Wolfers y Betsey Stevenson, de la Universidad de Pennsylvania, han analizado nuevos datos y su estudio arroja resultados interesantes:

La gente de los países ricos dice ser más feliz que la de los países pobres. La correlación, de 80%, es muy importante. Parece que la visión idílica de la pobreza que hacemos desde nuestra prosperidad es un espejismo que los pobres no comparten.

A las personas que cobran cerca de $10,000 euros anuales también les produce felicidad un aumento de salario. De hecho, la relación entre felicidad y prosperidad no solo no se detiene, sino que se acentúa a partir de los $15,000 dólares. Dentro de cada país, la gente rica es más feliz que la pobre.

La felicidad de casi todos los países aumenta con el paso del tiempo. Hay excepciones como Bélgica, cuya felicidad ha decrecido (eso de tener tanto gobierno europeo parece que no le gusta a los belgas) y Japón, donde la felicidad se estancó en 1990 a raíz de la profunda crisis económica que aún no supera ese país.

El estudio resaltó algunos aspectos curiosos. Por ejemplo, la felicidad de las mujeres ha decaído desde 1970. Parece que el importante progreso social de la mujer en ámbitos como la educación, el trabajo, el control de la reproducción o la creciente participación masculina en las tareas del hogar y la educación de los hijos no se ha plasmado en una mayor felicidad. Es más, la creciente insatisfacción femenina se da tanto en trabajadoras como en amas de casa, tanto en las casadas como en la solteras y separadas, tanto en las de altos niveles de educación como en las de bajos niveles, y tanto en jóvenes como en mayores.

Otro resultado destacable es que la gente de regímenes políticos de izquierda es más infeliz que la de derecha, aunque la explicación parece no tener nada que ver con la política: los de derecha son más religiosos y tienden a estar casados en mayor proporción, y resulta que, a igualdad de ingresos, la gente religiosa y casada tiende a ser más feliz.

Y, finalmente, la renta no está correlacionada con el amor. Parece que el dinero compra casi todo lo que genera felicidad, desde comida a educación, pasando por salud, libertad, cultura, viajes, sexo o matrimonio, pero no puede comprar el amor. Xavier concluye que vistos los resultados del estudio, el amor solo debe representar una pequeña parte del bienestar. Si no, no existiría esa relación tan fuerte entre dinero y felicidad.

Un respetado economista llamado Tibor Scitovsky, en su libro *The Joyless Economy* (1977) concluye que muchos de los placeres de esta vida ni se compran ni se venden. Entre ellos, afirmó, están la satisfacción en el trabajo, la amistad, los placeres de la meditación personal, la lectura y otras formas de esparcimiento no comercial.

La forma en que nos relacionamos con el dinero determina nuestros valores y el lugar que le damos en nuestras vidas, y la importancia que tiene para nosotros expresa nuestra forma de ver el mundo. Psicólogos señalan que soñar con excrementos significa dinero, tal vez porque se le identifica con algo sucio; y las personas estreñidas suelen ser avaras porque les resulta muy difícil desprenderse de algo. El dinero significa poder. El poderoso necesita dinero para sentirse superior, en cambio, un delincuente solamente necesita un arma y curiosamente cuando roba mucho dinero, lo malgasta. Sin embargo, las encuestas dicen que, para la mayoría, a la hora de buscar trabajo, el dinero no ocupa el primer lugar en importancia, porque le da prioridad al tipo de tarea que va a desarrollar.

Para el adicto al juego parece ser que tampoco el dinero es lo más importante, porque lo principal para él es el desafío y el riesgo. Si el dinero fuera la felicidad, los ricos serían felices; sin embargo, muchas veces su dinero se convierte en su peor enemigo, dividiendo a su familia, creando resentimientos y envidias, además de convertirse con más frecuencia en blanco de secuestradores y ladrones. Asimismo pueden llegar a ser esclavos de su fortuna que a menudo los conduce a la decadencia moral.

Quienes comparten las reflexiones e interpretaciones anteriores concluyen lo siguiente: no tener dinero es malo, tener dinero es mejor, pero tener mucho dinero es peor.

La prestigiada escuela de negocios de Harvard en Estados Unidos realizó también una investigación en la que concluyó que, "efectivamente, el dinero puede comprar la felicidad". Sin embargo, la variable clave no es la cantidad de cifras de su cuenta bancaria, sino la manera en que usted gasta su dinero. En 3 experimentos separados, los investigadores lograron los mismos resultados: los más felices no eran los más ricos, sino aquellos que gastaban una mayor proporción de su riqueza en el bienestar de otros.

Para ser feliz no es necesario donar millones a instituciones de caridad ni ser un reconocido filántropo que figure en las portadas de revistas. Una donación de apenas 5 dólares es suficiente. La felicidad propia, al menos en estos experimentos, se encuentra vinculada con una actitud tendiente a favorecer el bienestar del prójimo.

La fórmula de la felicidad

Aquí tiene usted otra "fórmula" de la felicidad desarrollada por Albert Einstein: **A= X+Y+Z**

A= Felicidad

X = Trabajo

Y= Azar

Z= Silencio

Después de la Primera Guerra Mundial, los alemanes pasaron muchos años siendo infelices al reconocer su mala actuación histórica (lo siguieron haciendo hasta la Segunda Guerra Mundial). En invierno de 1929 se descubrió un escrito de Albert Einstein que trataba de resolver el problema.

En 2013, un estudio en Alemania documentó que 75% de la población era feliz. El resultado del Mundial de Futbol de 2014 comprobó la teoría. El equipo alemán trabajó mucho en preparar a su selección, contó con una dosis de azar y se fue en silencio sin presumir su trabajo.

Le agradezco nuevamente el interés y la confianza prestada a las páginas de este libro y le deseo todo el éxito y toda la felicidad posibles.

Carlos Ponce Bustos

25 años

nos queda mucho por hacer

LID

- 1993 Madrid
- 2008 Ciudad de México y Monterrey
- 2010 Londres
- 2011 Nueva York y Buenos Aires
- 2012 Bogotá
- 2014 Shanghái y San Francisco

www.ingramcontent.com/pod-product-compliance
Lightning Source LLC
Chambersburg PA
CBHW070535250926
51846CB00015B/139
* 9 7 8 6 0 7 8 7 0 4 0 2 6 *